THE YACHT IN FIELD

游艇实操

邢增乐　主　编

孟东明　副主编

中国海洋大学出版社

·青岛·

图书在版编目（CIP）数据

游艇实操 / 邢增乐主编. —青岛：中国海洋大学
出版社，2018.10（2021.5重印）
ISBN 978-7-5670-2103-7

Ⅰ.①游… Ⅱ.①邢… Ⅲ.①游艇—高等学校—教材
Ⅳ.①U674.91

中国版本图书馆CIP数据核字（2019）第026069号

游艇实操

出版发行	中国海洋大学出版社
社　　址	青岛市香港东路23号　　邮政编码　266071
网　　址	http://www.ouc-press.com
出 版 人	杨立敏
责任编辑	矫恒鹏
电　　话	0532-85902349
电子信箱	2586345806@qq.com
印　　制	日照报业印刷有限公司
版　　次	2019年2月第1版
印　　次	2021年5月第2次印刷
成品尺寸	185 mm×260 mm
印　　张	12.5
字　　数	274千
印　　数	1001~2000
定　　价	58.00元
订购电话	0532-82032573（传真）

发现印装质量问题，请致电0633-8221365，由印刷厂负责调换。

前　言

随着社会的发展，国家经济实力的不断增强，人们生活水平有了很大的提高，我国拥有游艇的人数也越来越多。近十年来，我国沿海城市修建了相当数量的游艇码头，游艇公司和游艇培训机构也随之诞生。目前，我国许多高校也纷纷进入游艇这一领域，并开展相关的活动，有些高校还开设了相关的专业。

为了使游艇行业得到健康的发展，国家出台了相关的法律法规，使游艇拥有者的合法利益得到保护。

根据中华人民共和国海事局颁布的《中华人民共和国游艇操作人员培训、考试和发证办法》和其配套的《游艇操作人员理论培训与考试大纲》，以及《游艇操作人员实际操作培训与评估大纲》等文件进行研究，并经过筛选和提炼，最终完成了本教材的编写工作。

本教材内容丰富，知识全面，内容编排具有针对性和实用性，注重实际操作，紧靠教学大纲，理论与实践相结合，适合大学及院校进行教学，是游艇公司和游艇培训机构进行游艇培训的重要教材，也是游艇从业人员和游艇爱好者的参考书。

本教材由海南热带海洋学院邢增乐任主编，海南热带海洋学院孟东明任副主编。全书共有十一章，内容主要包括游艇基本安全知识、游艇操纵技术、游艇靠离泊位的方法、游艇缆绳的使用、游艇助航设备、航海海图、潮汐与气象、游艇安全航行、游艇的维护与保养、帆船基础理论与实践和游艇法律法规等。邢增乐负责第二章、第三章、第四章、第五章、第六章、第八章和第十章的编写工作，孟东明负责第一章、第七章、第九章和第十一章的编写工作。

在本教材编写过程中，我们参考了国内外有关航海院校和游艇驾校培训的相关材料，得到了业内人士的大力支持，在此表示衷心感谢。

由于作者水平所限，书中不妥之处在所难免，恳请各位读者批评指正。

编　者

2018年9月

目 录

第一章 游艇基本安全知识

第一节 游艇救生设备

游艇救生设备是指游艇失事时使乘员安全获救的各种装置和系统的总称。尽管游艇在设计建造过程中，已经对安全保障问题有了充分的考虑，但游艇的海上事故还是时有发生。因此，为了保障海上事故中船上全体乘员的生命安全，除了有可呼救的通信设施外，还必须配置各种救生设备，常有的救生设备有救生筏、救生衣和救生圈等。

一、救生筏

救生筏是游艇配备用于紧急情况下脱离危险区域或从失事游艇紧急撤离的救生设施和装备，也作为抗洪防灾专用装备。

救生筏是用人工合成材料制作的现代筏船，是由金属管、复合管、塑料管、合成树脂或玻璃纤维管等材料制成。

救生筏的首部设有艏缆，它是在救生筏与固定物之间起连接作用的缆绳。救生筏在载满额定乘员和全部属具后要保持正常的漂浮状态。救生筏至少分隔成2个独立气室，气室的设置应能在任一个气室受到损坏时，救生筏仍能正常使用。

救生筏总重量不应超过185 kg，外观应匀称，色泽均匀，不得有开胶、离层、气泡等影响使用的缺陷，能在 $-10 \sim +65℃$ 环境温度下存放而不致损坏，并能在 $-1 \sim +30℃$ 水温度范围内使用。

救生筏平时包装存放在玻璃钢存放筒内，救生筏安装在船舷专用筏架上，使用时可直接抛入水中，可自动充胀成型，供遇险人员乘坐。如果船舶下沉太快，来不及将救生筏抛入水中，当船舶沉到水下一定深度时，救生筏架上的静水压力释放器会自动脱钩，释放出救生筏，如图1.1所示。

图1.1　救生筏示意图

游艇救生筏的使用步骤如下。

（1）将救生筏拉绳一端固定在大船上。

（2）操作手动释放装置，将救生筏抛出船外。

（3）拉绳受力后，救生筏充气膨胀成型。

（4）人员登上救生筏。

（5）用刀割断与大船连接的缆绳，迅速驶离大船。

二、救生衣

救生衣又称救生背心，是一种救护生命的服装，设计类似背心，采用尼龙面料或氯丁橡胶、浮力材料或可充气的材料、反光材料等制作而成。一般使用年限为5~7年，是游艇上的救生设备之一。

一般用的救生衣都是属于海用救生衣，其内部采用EVA发泡素材，经过压缩3D立体成型，其厚度为4 cm左右，如图1.2所示。按照标准规格生产的救生衣，都有它的浮力标准：一般成年人为7.5 kg/24 h，儿童则为5 kg/24 h，这样才能确保胸部以上浮出水面。

海用救生衣，适合远洋沿海及内河各类人员救生使用，救生衣浮力大于113N，救生衣在水中浸泡24 h后，救生衣浮力损失应小于5%。

使用方法：将救生衣口哨袋朝外穿在身上，拉好拉链，穿妥后检查每一处是否缚牢。

使用颜色：救生衣中鲜艳的颜色或者带有荧光成分的颜色，会刺激视神经的。可能和这种色彩的波长有关，是人的眼睛很容易接受且不易被其他颜色混淆的。这样就会比较显眼。这样穿着救生衣万一出了事故，就很容易被人发现，可以尽快地实施救援。

图1.2　发泡素材海用救生衣示意图

充气救生衣是通过用力拉动充气装置上的拉绳，使拉杆转至不小于90°，刺针刺破高压储气钢瓶中的膜片，高压二氧化碳气体冲入气囊，气体膨胀后产生浮力，从而达到救生的目的。充气救生衣主要由密封充气式背心气囊、微型高压气瓶和快速充气阀等组成，在有掉入水中可能性的工作中经常使用。正常情况下，整个充气式救生衣如同带状穿戴、披挂在人的肩背上，由于体积小巧，并不妨碍人们的作业自由，一旦落入水中，在水中遇到危险需要浮力的紧急时刻，可根据水的作用自动膨胀充气（全自动充气救生衣），或用手拉动充气阀上的拉索（手动充气救生衣），便会在5 s内完成充气，产生8~15 kg浮力，向上托起人体，使不慎落水者头、肩部露出水面，及时获得安全保护，如图1.3所示。

图1.3 手动充气救生衣

游艇上常用的救生衣是脖挂式救生衣，气胀前如同一件背心穿在上，落水或在水中遇险时，拉开手动阀，5 s内迅速充气，人体被浮上水面实现救生。救生衣上有吹嘴，也可吹气。遇险时拉开手动阀，钢瓶高压气体充入救生衣，背心的前胸和后背迅速气胀形成气囊，在水中能产生10 kg浮力将人体浮于水面。

温馨提示：

（1）救生背心应尽量选择橙色、红色、黄色等较鲜艳的颜色，因为一旦穿戴者不慎落水，可以让救助者更容易发现你。

（2）在救生背心上应该有一枚救生哨子，以让落水者进行哨声呼救。

（3）为了在大海中很容易地找到落水者，救生衣的面料颜色都采用比较鲜艳的颜色之外，在救生衣两肩头处装有反射板，选购时应注意。

三、救生圈

救生圈是水上救生设备的一种，通常由软木、泡沫塑料或其他比重较小的轻型材料制成，外面包上帆布、塑料等。

救生圈外表颜色应为橙红色，且无色差，表面应无凹凸、无开裂，沿救生圈周长四个相等间距位置，应环绕贴有50 mm宽度的逆向反光带。救生圈外径应不大于800 mm，内径应不小于400 mm。救生圈外围应装有直径不小于9.5 mm、长度不小于救生圈外径四倍的可浮把手绳索。把手绳索应紧固在圈体周边四个等距位置上，并形成四个等长的索环，如图1.4所示。

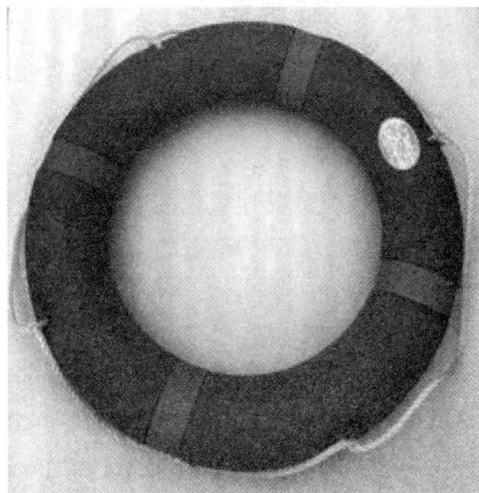

图1.4 救生圈示意图

救生圈性能如下。

（1）救生圈应耐高低温，无皱缩、破裂、膨胀、分解。

（2）救生圈从规定高度投落后，应无开裂或破碎。

（3）救生圈应耐油，无皱缩、破裂、膨胀、分解。

（4）救生圈应耐火，不应燃烧或过火后继续熔化。

（5）救生圈应能支承14.5 kg的铁块在淡水中持续漂浮24 h。

（6）当救生圈被自由的悬挂时的时候，它应该是可以在30 min承受90 kg的重物的，且在这一时间段内，救生圈不会破裂，更不会变形。

（7）每个救生圈上应标明其名称、制造厂名、制造编号、制造日期及批号、检验机构检验标志。

第二节　游艇消防知识

一、燃烧的实质

燃烧是一种放热、发光的剧烈的化学反应。燃烧的特征如下。

（1）有氧参加。物质燃烧是可燃物质与氧或其他氧化剂进行反应的结果。物质燃烧是氧化反应，而氧化反应不一定都是燃烧，能氧化的物质，不一定都是可燃物质。

（2）一种化学反应。可燃物质在燃烧过程中变成了在性质上与原来物质完全不同的新物质。例如：木材在空气中燃烧时生成二氧化碳和水蒸气。

（3）燃烧必须有热、有光。

二、燃烧三要素

燃烧不是随便发生的，而是要有一定条件。人们从实践中发现，燃烧必须同时具备三个基本条件，缺一不可，即可燃物、助燃物、着火源。

（一）可燃物质

能在空气或其他氧化剂中发生燃烧反应的物质称为可燃物质，可燃物质分为固体、液体和气体。在三种形态的可燃物质中，可燃气体最易燃烧，而可燃固体或可燃液体是先汽化后燃烧。

（二）助燃物质

与可燃物质相互结合能导致燃烧的物质都叫助燃物质。氧气本身不会燃烧，所以不是可燃物质，但没有它就引不起剧烈的氧化反应，也就没有燃烧，所以氧气是起帮助燃烧作用的，人们把氧气称为助燃物质。没有助燃物，任何物质都燃烧不起来。如空气含氧量降到11%以下，一般物质的燃烧就会熄灭。

（三）着火源

凡能引起可燃物质燃烧的热能源都叫作着火源。最常见的有明火焰、赤热体、辐射热、火星和电火花、雷击化学能以及聚焦日光等。

明火焰是比较强的热源，它可点燃任何可燃物质，火焰的温度在700～2 000℃之间，高于可燃物质的自燃点。

赤热体是指本身受高温作用，由于蓄热而具有较高温度的物体，如赤热的铁块、烧红了的金属设备。赤热体与可燃物接触引起燃烧有快有慢，这主要决定于物质的性质和状态，其点燃过程是从一点开始扩及全面。

火星是在铁与铁、铁与石、石与石等物体之间强力摩擦撞击时产生的，是机械能转为热能的一种现象。这种火星的温度根据光测量计测量，约有1 200℃，可引燃可燃气体或液体蒸气、可燃性粉尘与空气的混合物，也能引燃某些固体物质，如棉花、布料、干草、糠、绒毛等。

电火花是在两极放电时放出的火花，或者是击穿物体的电弧光，或接点的接上或断开时放出的电火花。还有静电火花，这种火花能引起可燃气体、液体蒸气、粉尘和某些固体物质着火。由于这种火花较普遍，所以是较危险的着火源。

三、燃烧类型

所谓燃烧类型，是具有共同特征但表现形式不同的燃烧现象。根据燃烧所表现的不同形式，可分为闪燃、着火、自燃和爆炸四种。

（一）闪燃

在一定温度下易燃或可燃液体蒸气与空气混合后，达到一定浓度时，遇明火源而一闪即灭（5 s以内）的燃烧现象。

（二）着火

可燃物在一定的温度条件下遇明火源能产生一种持续（5 s以上）燃烧的现象。

（三）自燃

可燃物质在空气中未接触明火源，在一定温度时发生的燃烧现象。

（四）爆炸

物质发生变化的速度不断急剧增加，并在极短时间内突然放出大量的热和机械能的现象。爆炸时，温度和压力急剧升高，发出光和声，产生爆炸和推动作用。

四、火的分类

（一）甲类火（A类火）

普通可燃固体着火称为甲类火，如木材、棉花、绳索、衣服和煤炭等的着火。这类火的特点是不仅在物体表面燃烧，而且能深入内部。灭火时，如果只将其表面火熄灭，而内部还有余燃，一旦条件具备，又会复燃。对于这类火，主要是用水来扑灭。

（二）乙类火（B类火）

可燃液体或受热熔融固体着火称为乙类火，如石油、油漆、酒精和动植物等的着火，这类火只限于表面燃烧，但有爆炸的危险。这类火的特点是燃烧速度很快，温度也高，易引起爆炸，多采用干粉、泡沫、二氧化碳等来扑灭。油类密度比水小，还会在水面漂浮而使火灾扩散，所以不能用水扑救。

（三）丙类火（C类火）

可燃气体着火称为丙类火，如液化石油气、天然气及各种可燃性气体所引起的火。这类火易燃易爆性，大爆炸的危险性比乙类火大，适宜的灭火剂为干粉。

（四）丁类火（D类火）

可燃金属引起的火称为丁类火，如轻金属中的钾、钠、锂等所引起的火。这类火的特点是燃烧温度极高，不准用水扑救，可用金属型干粉或沙子扑救。对于电气火灾，如电机电气设备等着火，其灭火的原则，首先切断电源。断电后的电气火灾可作为甲类火扑救，如无法断电，应采用不导电的卤代烃干粉和二氧化碳等灭火剂加以扑救。

五、灭火方法

（一）隔离法

如果不存在可燃物质，火就肯定燃烧不起来。隔离法就是将可燃物质从燃烧的地方移走，将火与可燃物质隔开，或迅速将燃烧物转移到安全地点或投入海中，或拆除火场附近的易燃物质，或关闭可燃气体和可燃液体的阀门等，都是采取隔离法进行的灭火措施。

（二）窒息法

使可燃物质与空气隔绝，火因缺氧而窒息，达到灭火的目的，这种方法称为窒息法。如用不燃的石棉毯、泡沫、干粉、沙子等覆盖在燃烧物表面，使空气中的氧起不了助燃作用，或向燃烧的舱室、容器罐喷洒惰性气体及二氧化碳，来降低空气中的含氧量。或关闭火场的门窗、通气筒、舱盖入孔等以停止或减小空气中氧气的供应，使空气中含氧量迅速减少。当火灾区域中空气的含氧量降到11%以下时，对一般可燃物质来说因缺氧而使火熄灭。

（三）冷却法

降低燃烧物的温度，当燃烧温度低于燃烧物质的燃点温度时，火因失去热量而熄灭。如用水、二氧化碳等直接喷洒在燃烧物上来降温灭火，也可用水对火源附近的可燃物进行喷射降低温度，阻止火灾的蔓延。

（四）抑制法

就是使用灭火剂渗入到燃烧反应中去，使助燃的游离基消失，或产生稳定的或活动性很低的游离基，使燃烧反应终止，如卤代烷灭火剂等。

第三节　游艇的消防设备及其使用方法

　　游艇的消防设备由游艇上的消防器材组成，消防器材是指用于灭火、防火以及火灾事故的器材。

一、灭火器

　　游艇常用的灭火器是手提式灭火器，常用的手提式灭火器有三种：手提式干粉灭火器、手提式泡沫灭火器和手提式二氧化碳灭火器。

（一）干粉灭火器

1.适用范围

　　碳酸氢钠干粉灭火器适用于可燃、易燃液体、气体及带电设备的初起火灾。磷酸铵盐干粉灭火器除可用于上述几类火灾外，还可扑救固体类物质的初起火灾，但都不能扑救金属燃烧火灾。干粉灭火器（图1.5）扑救可燃、易燃液体火灾时，应对准火焰根部扫射，如果被扑救的液体火灾呈流淌燃烧时，应对准火焰根部由近而远，并左右扫射，直至把火焰全部扑灭。如果可燃液体在容器内燃烧，使用者应对准火焰根部左右晃动扫射，使喷射出的干粉流覆盖整个容器开口表面。当火焰被赶出容器

图1.5　手提式干粉灭火器示意图

时，使用者仍应继续喷射，直至将火焰全部扑灭。在扑救容器内可燃液体火灾时，应注意不能将喷嘴直接对准液面喷射，防止喷流的冲击力使可燃液体溅出而扩大火势，造成灭火困难。如果当可燃液体在金属容器中燃烧时间过长，容器的温度已高于扑救可燃液体的自燃点，此时极易造成灭火后再复燃的现象，若与泡沫类灭火器联用，则灭火效果更佳。

2.使用方法

　　灭火时，可手提或肩扛灭火器快速奔赴火场，在距燃烧处5 m左右，放下灭火器。如在室外，应选择在上风方向喷射。使用的干粉灭火器若是外挂储压式的，操作者应一手紧握喷枪，另一手提起储气瓶上的开启提环。如果储气瓶的开启是手轮式的，则向逆时针方向旋开，并旋到最高位置，随即提起灭火器。当干粉喷出后，迅速对准火焰的根部扫射。使用的干粉灭火器若是内置式储气瓶或是储压式的，操作者应先将开启把上的保险销拔下，然后握住喷射软管前端喷嘴部，另一只手将开启压把压下，打开灭火器进行

灭火。有喷射软管的灭火器若是储压式灭火器，在使用时，一手应始终压下压把，不能放开，否则会中断喷射。

3. 注意事项

使用磷酸铵盐干粉灭火器扑救固体可燃物火灾时，应对准燃烧最猛烈处喷射，并上下、左右扫射。如条件许可，使用者可提着灭火器沿着燃烧物的四周边走边喷，使干粉灭火剂均匀地喷在燃烧物的表面，直至将火焰全部扑灭。

（二）泡沫灭火器

1. 适用范围

适用于扑救一般B类火灾，如油制品、油脂等火灾，也可适用于A类火灾，但不能扑救B类火灾中的水溶性可燃、易燃液体的火灾，如醇、酯、醚、酮等物质火灾；也不能扑救带电设备及C类和D类火灾。

2. 使用方法

可手提筒体上部的提环，迅速奔赴火场。这时应注意不得使灭火器过分倾斜，更不可横拿或颠倒，以免两种药剂混合而提前喷出。当距离着火点10 m左右，即可将筒体颠倒过来，一只手紧握提环，另一只手扶住筒体的底圈，将射流对准燃烧物。在扑救可燃液体火灾时，如已呈流淌状燃烧，则将泡沫由远而近喷射，使泡沫完全覆盖在燃烧液面上；如在容器内燃烧，应将泡沫射向容器的内壁，使泡沫沿着内壁流淌，逐步覆盖着火液面。切忌直接对准液面喷射，以免由于射流的冲击，反而将燃烧的液体冲散或冲出容器，扩大燃烧范围。在扑救固体物质火灾时，应将射流对准燃烧最猛烈处。灭火时随着有效喷射距离的缩短，使用者应逐渐向燃烧区靠近，并始终将泡沫喷在燃烧物上，直到扑灭。使用时，灭火器应始终保持倒置状态，否则会中断喷射。

3. 注意事项

手提式泡沫灭火器存放应选择干燥、阴凉、通风并取用方便之处，不可靠近高温或可能受到曝晒的地方，以防止碳酸分解而失效；冬季要采取防冻措施，以防止冻结；并应经常擦除灰尘、疏通喷嘴，使之保持通畅。

（三）二氧化碳灭火器

1. 适用范围

二氧化碳灭火器主要用于扑救贵重设备、档案资料、仪器仪表、600 V以下电气设备以及油类的初起火灾，如图1.6所示。在使用时，应首先将灭火器提到起火地点，放下灭火器，拔出保险销，一只手握住喇叭筒根部的手柄，另一只手紧握启闭阀的压把。对没有喷射软管的二氧化碳灭火器，应把喇叭筒往上扳70°～90°。使用时，不能直接用手抓住喇叭筒外壁或金属连接管，防止手被冻伤。

图1.6　二氧化碳灭火器示意图

2. 使用方法

灭火时可将灭火器提到或扛到火场，在距燃烧物5 m左右使用。灭火时，当可燃液体呈流淌状燃烧时，使用者将二氧化碳灭火剂的喷流由近而远向火焰喷射。如果可燃液体在容器内燃烧时，使用者应将喇叭筒提起。从容器的一侧上部向燃烧的容器中喷射。但不能将二氧化碳射流直接冲击可燃液面，以防止将可燃液体冲出容器而扩大火势，造成灭火困难。

3. 注意事项

使用二氧化碳灭火器时，在室外使用的，应选择站在上风方向喷射，并且手要放在钢瓶的木柄上，防止冻伤。在室内窄小空间使用的，灭火后操作者应迅速离开，以防窒息。

二、灭火器的选择

（1）扑救A类火灾即固体燃烧的火灾应选用水型、泡沫、磷酸铵盐干粉、卤代烷型灭火器。A类火灾：指固体物质火灾。这种物质往往具有有机物性质，一般在燃烧时能产生灼热的余烬。

（2）扑救B类即液体火灾和熔化的固体物质火灾应选用干粉、泡沫、卤代烷、二氧化碳型灭火器。这里值得注意的是，化学泡沫灭火器不能灭B类极性溶性溶剂火灾，因为化学泡沫与有机溶剂接触，泡沫会迅速被吸收，使泡沫很快消失，这样就不能起到灭火的作用，醇、醛、酮、醚、酯等都属于极性溶性溶剂。

（3）扑救C类火灾即气体燃烧的火灾应选用干粉、卤代烷、二氧化碳型灭火器。C类火灾：指气体火灾。如煤气、天然气、甲烷、乙烷等。

（4）扑救D类火灾即金属燃烧的火灾，就我国情况来说，还没有定型的灭火器产品。国外灭D类火灾的灭火器主要有粉装石墨灭火器和灭金属火灾专用干粉灭火器。在国内尚未定型生产灭火器和灭火剂的情况下可采用干砂或铸铁末灭火。

（5）扑救E类火灾应选用磷酸铵盐干粉、卤代烷型灭火器。E类火灾：指带电物体的火灾。如发电机房、变压器室、配电间、仪器仪表间和电子计算机房等在燃烧时不能及时或不宜断电的电气设备带电燃烧的火灾。

（6）扑救F类火灾，即烹饪器具内的烹饪物（动植物油脂）火灾。灭火时忌用水、泡沫及含水性物质，应使用窒息灭火方式隔绝氧气进行灭火。

三、灭火的方法

（一）冷却灭火法

这种灭火法的原理是将灭火剂直接喷射到燃烧的物体上，以降低燃烧的温度于燃点之下。冷却灭火法是灭火的一种主要方法，常用水和二氧化碳作灭火剂冷却降温灭火。灭火剂在灭火过程中不参与燃烧过程中的化学反应。这种方法属于物理灭火方法。

（二）隔离灭火法

隔离灭火法是将正在燃烧的物质和周围未燃烧的可燃物质隔离或移开，中断可燃物质的供给，使燃烧因缺少可燃物而停止。具体方法有：

（1）把火源附近的可燃、易燃、易爆和助燃物品搬走；

（2）关闭可燃气体、液体管道的阀门，以减少和阻止可燃物质进入燃烧区；

（3）设法阻拦流散的易燃、可燃液体；

（4）拆除与火源相毗连的易燃建筑物，形成防止火势蔓延的空间地带。

（三）窒息灭火法

窒息灭火法是阻止空气流入燃烧区或用不燃烧区或用不燃物质冲淡空气，使燃烧物得不到足够的氧气而熄灭的灭火方法。具体方法有：

（1）用沙土、水泥、湿麻袋、湿棉被等不燃或难燃物质覆盖燃烧物；

（2）喷洒雾状水、干粉、泡沫等灭火剂覆盖燃烧物；

（3）用水蒸气或氮气、二氧化碳等惰性气体灌注发生火灾的容器、设备；

（4）密闭起火建筑、设备和孔洞；

（5）把不燃的液体或不燃气体（如二氧化碳、氮气、四氯化碳等）喷洒到燃烧物区域内或燃烧物上。

四、灭火毯

灭火毯或称消防被、灭火被、防火毯、消防毯、阻燃毯、逃生毯，是由玻璃纤维等材料经过特殊处理编织而成的织物，能起到隔离热源及火焰的作用，可用于扑灭油锅火或者披覆在身上逃生。如图1.7所示。

灭火毯由纤维状隔热耐火材料、耐火纤维制成，耐火纤维具有一般纤维的特性，如柔软、有弹性、有一定的抗拉强度，可以进一步把它加工成各种纸、线、绳、带、毯和毡等制品，又具有一般纤维所没有的耐高温、耐腐蚀性能。作为耐火隔热材料，已被广泛应用于造船、航空、航天、冶金、化工、机械、建材等工业部门。

灭火毯按用途可分为家庭用灭火毯和工业用灭火毯，特别适用于家庭和饭店的厨房、游艇、宾馆、娱乐场所、加油站等一些容易着火的场所。

灭火毯的特点是不燃、耐高温（550～1 100℃）、质地柔软、光滑、紧密，且不刺激皮肤，对需远离热源体的人、物是一个理想有效的外保护层，并且非常容易包扎表面凹凸不平的物体，在无破损的情况下可重复使用。在起火初期，将灭火毯直接覆盖住火源，火源可在短时间内扑灭。

在发生火灾时，将防火逃生毯披盖在自己身体或包裹住被救对象的身体，迅速逃离火场，为自救或安全疏散人群提供了很好的帮助。如果真正出现火灾意外后，穿上灭火毯，那就可以大大减少被烧伤的危险，是游艇必备的灭火工具。

图1.7　灭火毯示意图

第四节　游艇海上遇险

一、全球海上遇险与安全系统（GMDSS）

全球海上遇险与安全系统（Global Maritime Distress and Safety System，简称GMDSS）是利用卫星通信和数字选呼技术，通过岸台、船台、飞机和卫星上的设备，提供全球性有效搜救的通信系统。全球海上遇险与安全系统是国际海事组织（IMO）利用现代化的通信技术改善海上遇险与安全通信，建立的海上搜救通信程序，并用来进一步完善现行常规海上通信的一套庞大的、综合的、全球性的通信搜救网络。该系统主要由卫星通信系统——INMARSAT（海事卫星通信系统）和COS_PAS SARSAT（极地轨道卫星搜救系统）、地面无线电通信系统（即海岸电台）以及海上安全信息播发系统构成。全球海上遇险与安全系统具有以下通信功能。

（1）遇险报警是指向能提供协调援助的单位迅速成功地报告遇难事件，这类单位可以是救助协调中心（RCC）或在事故地点附近的船舶。遇险报警应指出遇难船舶的识别、地理位置以及事故的性质和其他可能有利于救助行动的信息。遇险报警有船到岸、船到船和岸到船3个方向，通常以卫星和地面两种方式传送。

（2）搜救协调通信是指在继续遇险报警之后，协调参加搜救行动的飞机和船舶所必要的通信，包括RCC和遇险事件海区任何"现场指挥者（OSC）"或"海面搜寻协调人（CSS）"之间的通信。这类通信经常使用无线电话和直接数字电报进行。

（3）现场通信是遇险船与现场救助单位之间的通信联系，通常使用无线电话或直接数字电报，在中频或甚高频指定用于遇险和安全通信的频率上通信。

（4）定位信号是寻找遇险船舶/飞机或其救生艇（筏）或幸存者的信号，由遇险船只和它的幸存者用9GHz的搜救雷达应答器完成，当搜救单位的9GHz雷达收到搜救雷达应答器的询问信号，就显示出遇险船只和幸存者的位置。

二、全国统一海上遇险求救电话（12395）

在海上，船舶一旦发生碰撞、触礁、搁浅、漂流、失火等海难事故或遇人员落水、突发疾病需要救助，就可拨打12395向海上搜救中心报警。"12395"音译为：要岸上救我，以便于在应急情况下唤醒记忆。

"12395"的开通，是解决海上遇险报警渠道不畅通和提高搜救快速反应能力的一项重要措施。在全国任何一个地方，只要拨打"12395"电话，中国海上搜救中心值班室都可以及时接收到，同时电脑系统可通过先进的电子系统显示出报警者正在使用的电话号码，迅即进入海上搜救程序。该中心可将指令发送给海难就近所在地的海事、边防、交通等有关搜救单位，及时实施海上救援行动。

三、游艇海上遇险求救信号

（一）甚高频无线电话设备（VHF）

甚高频（Very High Frequency，VHF）是指频带由30 MHz到300 MHz的无线电电波，波长范围为1～10 m，是航海的主要沟通频道，如图1.8所示。

VHF16频道是所有海域航行船舶的国际通用安全守听频道，这是一个所有海员都必须了解的频道，通常我们听到的海船驾驶台的船舶呼叫信息就是在这个频道发布。

图1.8　甚高频无线电话设备示意图

（二）火箭降落伞火焰信号

国际海事组织要求火箭降落伞火焰信号应：

（1）装在防水外壳内；

（2）在外壳上，印有清楚阐明火箭降落伞火焰信号用法的简明须知或图解；

（3）具有整套装在一起的点燃装置；

（4）使用时，人员握持外壳而不致感到不舒适。

当垂直发射时，火箭应达到不少于300 m的高度，在其弹道顶点处，或在接近其弹道顶点处，火箭射出降落伞火焰，该火焰应具有以下特征：

（1）发出明亮红光；

（2）燃烧均匀，平均光强不少于30 000 cd；

（3）具有不小于40 s的燃烧时间；

（4）具有不大于5 m/s的降落伞速度；

（5）在燃烧时不烧损降落伞或附件，如图1.9所示。

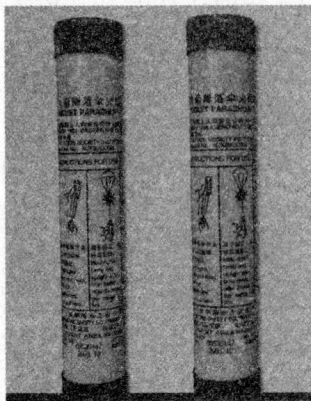

图1.9　火箭降落伞火焰信号示意图

图1.10　手持火焰信号示意图

（三）手持火焰信号

手持火焰信号，顾名思义就是可以手持的以火焰为信号的救生用品。它的特点是可发出连续红光火焰，持续时间不少于60 s，如图1.10所示。

（四）漂浮烟雾信号

漂浮烟雾信号是装载于救生艇、救生筏内供白昼遇险情况下使用，发烟时间≥3 min，如图1.11所示。

图1.11　漂浮烟雾信号示意图

（五）应急无线电示位标

应急无线电示位标，是指在遇险或紧急情况下用以发射无线电报警信号，为搜寻救助提供识别、位置等信息的装置。常安装在驾驶台的甲板上，能手动或自动启动，是一种实现船对岸报警的专用装置。全球海上遇险与安全系统使用甚高频应急无线电示位标和卫星应急无线电示位标，如图1.12所示。

随着海洋经济的迅速发展，应急无线电示位标在保障海洋经济安全和保障人命安全方面发挥不可估量的作用。

应急无线电示位标的作用：

当船舶遇险时，向外发出无线电报警，同时能显示本船的位置信息。

应急无线电示位标的工作原理：

当船舶遇险后，启动该装置后，该装置可以向卫星发出无线电报警。卫星接到报警信息后，会转发给最近的地面站，然后传至最近的海上搜救中心（简称RCC），RCC可以通过收到的信息，判定是哪艘船舶

图1.12　应急无线电示位标示意图

遇险，在什么位置遇险。

应急无线电示位标的启动方式：

（1）人工手动启动，通过拔掉安全销把开关拨至ON或emergency的位置。

（2）该装置遇水浸泡后，可以自动启动。即该装置随船浸没后，可以自动从基座上脱离浮起，然后自动启动发射信号。

应急无线电示位标的工作频率：

一般船舶用的该装置工作频率是406 MHz、121.5 MHz。

电池工作时间的要求：

至少保证该装置启动后连续工作48 h。

应急无线电示位标的有效期：

部分是4年，也有5年的，具体参照说明。

（六）雷达应答器

雷达应答器是一种在接收雷达信号后发射出特定编码信号的导航装置，主要为船舶服务，属于船舶无线电救生设备，为船舶遇险情况下使用，整机包括6大部分：

（1）微波天线；

（2）微波发射与接收组件；

（3）对数检波器及鉴频组件；

（4）频率校正及编码调制组件；

（5）计算机组件；

（6）电源变压器，如图1.13所示。

图1.13　雷达应答器示意图

雷达应答器的作用：

当船舶或人员遇险时，向周围配用9 GHz波段雷达的船舶和飞机发出无线电报警，同时能显示本船与其相距的位置和距离。

雷达应答器的工作原理：

当船舶或人员遇险时，启动该装置后，该装置进入接收状态，一旦接收到雷达波，便立即转为发射状态，发射雷达波，周围船舶或飞机的雷达屏幕上会显示12个等级连续的亮点，雷达也会发出警报，周围船上或飞机上的人员便会知道并报警，可以通过雷达显示的方位和距离确认遇险人员或船舶的位置。

雷达应答器的启动方式：

一是人工手动启动，通过拔掉安全销并把开关拨至ON的位置，二是该装置遇水浸泡后，可以自动启动。

雷达应答器的工作状态：接受、发射。

雷达应答器的作用距离：

作用距离受该装置架设的高度，和周围船舶雷达天线的高度和功率影响，一般不会超过90海里。

雷达应答器的工作频率：9 GHz。

电池工作时间要求：

如果只接收，至少保证该装置启动后连续工作96 h；如果只发射至少保证该装置启动后连续工作8小时。

电池有效期：4年。

（七）"SOS"——国际莫尔斯电码救难信号

SOS是国际莫尔斯电码救难信号，并非任何单词的缩写。鉴于当时海难事件频繁发生，往往由于不能及时发出求救信号和最快组织施救，结果造成很大的人员伤亡和财产损失，国际无线电报公约组织于1908年正式将它确定为国际通用海难求救信号。这三个字母组合没有任何实际意义，只是因为它的电码"…---…"（三个圆点，三个破折号，再加三个圆点），这是在电报中发报方最容易发出，接报方最容易辨识的电码。光线发射方法为短光—长光—短光。

（八）镜子

在晴朗的白天，镜子是最好的信号装置。通过镜子的反射光，可照到远处的飞机和船只而引起注意。如果没有镜子，可以磨光你的水杯、皮带扣，或者其他类似物体，使之可以反射阳光。

游艇海上遇险求救方法：

（1）海上遇险时可通过船上装备的甚高频、中频或高频数字选呼设备及国际海事通信卫星，向附近船只或岸站发出求救信号"SOS"。

（2）用手机打求救电话，中国12395。

（3）用反射镜不停照射。

（4）向海水中投放染料。

（5）发射信号弹。

（6）燃烧衣物等物品。

荒岛遇险者的求救方法：

1. 利用手机求救

利用手机来求救，普通手机只能找打求救电话（通常无信号的时候也可以呼叫紧急电话）。一些专门设计的手机除了拨打求救电话以外，也可以发求救信号，如发 GMDSS 信号等。

2. 利用物件发求救信号

在没有无线电通信设备的时候，求救者可以利用物件发求救信号，如：

（1）在沙滩或山坡上用石头、贝壳和植物等堆成"SOS"字样，字母越大越好。

（2）准备火种和足够的木柴等，当发现过往船舶或飞机时，及时发出易被察觉的求救信号。

在白天可用潮湿的植物燃烧，形成浓烟，最为有效。在夜间，燃烧干柴，发出火焰，最为有效。

四、弃船

游艇遇险，经努力抢救无效，在危及人的生命时，船长要下令弃船。弃船行动包括：

（1）立即用下列手段，如甚高频无线电话（用16频道）、艇内手提发报机、应急无线电示位标发出无线电遇险信号或通报。遇险通报应包括船名、呼号、船位、遇险情况、要求何种援助等。此外，还要在适当时候按《国际海上避碰规则》的规定，发出各种烟火求救信号。

（2）立即组织全部船员、乘客离船。人员离船的次序是先妇幼老弱，后成年乘客，然后是船员。

（3）救生筏下水后应迅速离开遇险船，并尽快将漂浮在水面的落水者拖上救生筏，在救生筏内首先要护理受伤人员。

（4）船长指挥船员做如下事情：求救信号发出后收到的答复，距最近陆地的航向和距离，本船的失事位置等。船长应携带航海日志、机舱日志、国旗和重要文件，最后离船。

（5）弃船时，如需游泳离船，不要从高处跳下水，应从船尾低处跳下水。下水后要尽快游离遇险船，因船体下沉时有吸力。船如发生倾斜，应从首尾离开，因为从高舷边跳水易碰到船的其他部位。如从低舷边下水，在船倾覆时又不易逃出。离船后，要迅速寻找海上漂浮物，以节省体力。

五、海上待援

由于近代无线电通信发达，世界性营救组织较为健全，所以遇难船的人员以停留原地待援为主。一般情况下，应抛出海锚，使艇首顶风顶浪，以减少摇摆和漂移。如天气不佳，可将海锚拖在艇尾，稳定艇身。救生筏受风时漂移较快，如果决定驶向陆地，须考虑到救生筏行驶能力很差，且易上浪，所以一般采用顺风顺浪的行驶方法。航行中只是在紧急和必要时才划桨，多划桨徒然消耗体力。海上待援要尽量保持身体内水分，少说话，少运动，防止呕吐，避免强烈日晒，天冷注意保暖。救生筏上所带淡水有限，必须按计划节制饮用。遇雨积水，绝不可饮用海水。救生筏内食物必须按计划食用，能维持生命即可。如在海上捕鱼充饥，要注意有毒的鱼类，色彩鲜艳的、有刺的或气胀的鱼一般有毒。

第五节　游艇上人员落水的施救方法

游艇上发现有人落水，应立即朝落水方向投去救生圈，如果是夜间，应投掷附有自亮浮灯的救生圈，使落水者得知救生圈的位置。同时应立即停车，向落水者一侧用舵，以免推进器触碰落水者，然后操纵游艇驶向落水地点附近。与此同时，发出人员落水警报，使有关船员进入救生岗位，准备救人。瞭望船员一旦发现落水者，立即告知船长，让船长知道落水者的准确位置，船长开船从落水者下风靠拢，然后进行施救。在白天，如果落水者保持在视野中，单旋回法是最快的救人操船方法。

最常用的操船施救方法是单旋回法和威廉森旋回法。① 单旋回法：停车30～60 s后向落水者一侧操满舵并加速，转到与原航向的反方向成60°角时减速并对准落水者驶去。② 威廉森旋回法：停车并向落水者一侧操满舵，转至与原航向成60°～90°角时进车并向另一舷操满舵，当转到原航向的反向时把定并减速，使落水者的位置处在距船头约一个回转直径处的落水舷边，此法比单旋回法的操作时间长些。

第六节　基本急救

一、溺水

（1）水中急救是救援人员企图接近溺水患者时，应使用一些运输工具，尽快到达溺水者处进行救援的方法。救援人员必须时刻注意自身安全，减少自身及溺水者的危险。

（2）所有溺水者都应视为可能存在脊髓损伤，应给予治疗，固定颈、胸椎。固定溺水者颈部于中立位（无屈无伸），使溺水者仰卧漂浮于水平背部支持装置上，再抬离水面。如必须翻转溺水者，应沿长轴保持头、颈、胸、躯体成直线时才进行翻转。

（3）保持头部于中立位的同时，通过抬下颌开放气道。一旦溺水者的气道可以开放，就要开始呼吸救治，这通常是在患者处于浅水中或移出水面后完成。如果在水中救援人员捏住溺水者鼻孔、支持头部、开放气道有困难，可采用口对鼻呼吸取代口对口呼吸。应清除口腔、鼻部的淤泥、杂草、呕吐物、假牙等，不必清除气道内误吸水分。松解上衣和腰带，女性要解开紧裹的内衣。

（4）胸外按压时，将溺水者移出水面后立即开始检查循环指征，普通循环指征和脉搏。复苏期间呕吐进行胸外按压或呼吸，救治时可能发生呕吐，将溺水者的头转向一侧，用手指、衣物、吸引器清除呕吐物。如可能存在脊髓损伤，应给予固定，移动时保持头、颈、躯干整体移动。

（5）溺水者可发生原发性或继发性低温，应予复温。心搏骤停一旦发生，如得不到及时抢救复苏，4~6 min后会造成患者脑和其他人体重要器官组织的不可逆的损害，因此心搏骤停后的心肺复苏必须在现场立即进行。

二、心肺复苏的程序和方法

（1）意识的判断：用双手轻拍溺水者双肩，问："喂！你怎么了？"

（2）检查呼吸：观察溺水者胸部起伏5~10 s。

（3）呼救：拨打120电话。

（4）判断是否有颈动脉搏动：用右手的中指和食指从气管正中环状软骨划向近侧颈动脉搏动处。

（5）松解上衣、内衣及裤带。

（6）胸外心脏按压：两乳头连线中点（胸骨中下1/3处），用左手掌跟紧贴溺水者的胸部，两手重叠，左手五指翘起，双臂伸直，按压30次，按压频率至少100次/分，按压深度至少5 cm。

（7）打开气道：施救者以一手置于溺水者的额部，使头部后仰，并以另一手抬起后颈部或托起下颔，保持呼吸道通畅。对怀疑有颈部损伤者只能托举下颔而不能使头部后仰。若怀疑气道有异物，应从患者背部双手环抱于患者上腹部，用力突击性挤压，使异物排出气道。

（8）人工呼吸：在保持溺水者仰头抬额的前提下，施救者用一手捏闭的鼻孔（或口唇），然后深吸一大口气，迅速用力向溺水者的口或鼻内吹气，然后放松鼻孔或口唇，每5秒钟反复一次，直到恢复自主呼吸。

每次吹气间隔1.5 s，在这个时间施救者应自己深呼吸一次，以便对溺水者进行吹气，直至120救护人员的到来。

（9）建立有效的人工循环：心脏按压和人工呼吸以30∶2的比例进行，操作5个周期。如果溺水者停止心跳，抢救者应握紧拳头，拳眼向上，快速有力猛击溺水者胸骨正中下段一次。此举有可能使患者心脏复跳，如一次不成功可按上述要求再次敲击一次。

如心脏不能复跳，就要通过胸外按压，使心脏和大血管血液产生流动。以维持心、脑等主要器官最低血液需要量。

（10）判断复苏是否有效：听溺水者的鼻子处，看是否有呼吸音，同时触摸是否有颈动脉搏动。

（11）整理溺水者，进一步生命支持。

三、提高抢救成功率的主要因素

（1）将重点继续放在高质量的心肺复苏上。

（2）按压频率至少100次/分。

（3）胸骨下陷深度至少5 cm。

（4）按压后保证胸骨完全回弹。

（5）胸外按压时最大限度地减少中断。

（6）避免过度通气。

心肺复苏 =（清理呼吸道）+ 人工呼吸 + 胸外按压 + 后续的专业用药。

心脏跳动停止者，在4分钟内实施初步的心肺复苏，在8 min内由专业救护人员进一步进行心脏救生，死而复生的可能性最大，因此时间就是生命，速度是关键。

四、心肺复苏的注意事项

（1）口对口吹气量不宜过大，一般不超过1 200 mL，胸廓稍起伏即可。吹气时间不宜过长，过长会引起急性胃扩张、胃胀气和呕吐。吹气过程要注意观察溺水者气道是否通畅，胸廓是否被吹起。

（2）胸外心脏按压只能在溺水者心脏停止跳动下才能施行。

（3）口对口吹气和胸外心脏按压应同时进行，严格按吹气和按压的比例操作，吹气和按压的次数过多和过少均会影响复苏的效果。

（4）胸外心脏按压的位置必须准确。不准确容易损伤其他脏器。按压的力度要适宜，过大过猛用力容易使胸骨骨折，引起气胸血胸。按压的力度过轻，胸腔压力小，不足以推动血液循环。

（5）施行心肺复苏术时应将溺水者的衣扣、内衣及裤带解松。

五、心肺复苏有效的体征和终止抢救的指征

（1）观察颈动脉搏动，有效时每次按压后就可触到一次搏动。若停止按压后搏动停

止，表明应继续进行按压。如停止按压后搏动继续存在，说明溺水者自主心搏已恢复，可以停止胸外心脏按压。

（2）若无自主呼吸，人工呼吸应继续进行，或自主呼吸很微弱时仍应坚持人工呼吸。

（3）复苏有效时，可见溺水者有眼球活动，口唇、甲床转红，甚至脚可动，观察瞳孔时，可由大变小，并有对光反射。

当有下列情况可考虑终止复苏：

① 心肺复苏持续30分钟以上，仍无心搏或自主呼吸，现场又无进一步救治和送治条件，可考虑终止复苏。

② 脑死亡，如深度昏迷，瞳孔固定，角膜反射消失，将病人头向两侧转动，眼球原来位置不变等，无进一步救治和送治条件。

③ 当现场危险威胁到抢救人员安全以及医学专业人员认为溺水者死亡，无救治指征时。

第二章　游艇基本操作技术

第一节　游艇舵的操作方法

　　舵是利用游艇航行时水流在其操纵面上的作用力而控制游艇航向的装置。驾驶者通过操舵可以使游艇保持或改变其航向，以达到控制航行方向的目的，如图2.1所示。

　　舵是游艇的重要装置，按螺旋桨的作用可分为舷外机和舷内外机艇，螺旋桨本身即充当舵的效用。舷内机船则需靠舵以操航向。舵因承受水流的推力而产生反作用力使游艇转向，故舵必须在游艇有速度的状况下才有舵效。

图2.1　游艇的舵示意图

图2.2　游艇的舵叶示意图

　　当游艇以一定速度航行时，舵受到水流的压力，如果舵叶处在正中心位置时，水流从舵叶两边平均流过，舵叶两边所受压力大小相等，方向相反，故游艇能基本上保持直线航行。当舵转向任何一边时，舵叶两边所受压力便不相等，如舵转向右舷，舵叶将阻挡右边水流，舵叶右面所受压力比左边大，艇尾便向左而艇首向右偏转。如舵叶转向左舷，则艇尾向右而艇首向左偏转，如图2.2所示。

但游艇后退时，由于螺旋桨的吸入流和水流从后向前冲击舵的叶面，故游艇后退时，与上述力的方向正好相反。

游艇操纵时，依靠舵力的作用可使艇在预定的航向上航行或做旋转运动。舵力是水流作用在舵面之后产生的，游艇在静水中对水没有相对运动时是不产生舵力的。游艇在前进时，如舵在正中位置，则舵叶两面所受的水动压力是相等的，因而艇首不产生偏转，若将舵偏转一个角度，则水流在舵的周围产生环流，舵的迎流面流速减慢、流压力增加，舵的背流面流速增加、流压力减低。这样，舵的两面产生的正负压力差值即为舵力。艇在舵力的作用下，产生偏转力矩，使艇首向转舵的一侧偏转。

一、舵压力

舵压力是指水流对舵叶有冲角时，舵叶迎流面与背流面的水动压力差。冲角是指螺旋桨、舵叶或船体切面弦线与相对水流的夹角。舵压力的大小受舵角、舵叶对水相对速度、舵叶面积以及舵叶形状、展弦比、剖面形状、厚宽比等因素的影响。

舵角是指舵叶水平剖面中心线与首尾线的夹角，舵角是产生舵压力的重要条件之一。随着舵角的增加，舵压力也随之增大，但当舵角增大到某一数值时，舵叶的背流面就会出现涡流反而使舵叶两面的压力差减小，舵压力随之骤然下降，产生这一现象前的瞬间舵角称为极限舵角，或称最大有效舵角。因此，在极限舵角范围内，舵角越大，舵压力越大。

二、舵压力转船力矩

舵压力转船力矩是指舵压力与舵压力转船力臂的乘积，产生使游艇回转运动的力矩。航行中的游艇操舵后，舵叶上将产生舵压力，其支点是游艇重心，使船首向操舵一侧偏转。

三、舵效

舵效是指游艇在行驶的状态下，用舵操纵所表现的效果称为舵效。通常指游艇回转某一角度所需的时间，时间越短舵效越好，时间越长舵效越差。

四、舵的操作方法

不管游艇前进还是后退时，向左驶舵，游艇就向左航行，向右驶舵，游艇就向右航行。

第二节　游艇车的操作方法

车又叫车钟，车在操作中控制游艇的前进、停止和后退，如图2.3所示。游艇按车的种类可分单车游艇和双车游艇，单车游艇即单螺旋桨游艇，双车游艇即双螺旋桨游艇。单桨船在设计上由单一的车来控制船的速度，而双桨船在设计上由双车控制船速度和方向。

图2.3　游艇的双车

一般单车右旋桨叶正舵进车时，艇尾易偏右，倒车时，艇尾易偏左。而单车左旋桨叶正舵进车时，艇尾易偏左，倒车时，艇尾易偏右。其原因是车叶因水深的压力差，造成车叶上下缘所受的反作用力差所致。所谓右旋是指游艇前进时，由艇尾看车时照旋转方向。

双螺旋桨游艇按螺旋桨的螺旋方向可分为内旋式双桨游艇和外旋式双桨游艇。内旋式双桨游艇是指游艇进车时，右旋桨做逆时针旋转，左旋做顺时针旋转的双螺旋桨游艇。外旋式双桨游艇是指游艇进车时，右旋桨做顺时针旋转，左旋桨做逆时针旋转的双螺旋桨游艇。当双螺旋桨以相同情况工作时，他们所产生的横向力相互抵消，有较好的直线航行能力。

双车游艇的优点是马力大，容易操作，尤其是更加容易掉头和旋回。如在有限的水域中，一车前进一车后退就可以实现小水域掉头甚至原地掉头。同时双车对远洋起到了安全的措施，航行中一旦有一主机故障，我们还可以凭借另外一台主机开回来。

小的游艇在设计上都配有单螺旋桨，大的游艇则配有双螺旋桨。随着造船技术的飞速发展，游艇也越造越大，因此双螺旋桨的游艇也越来越多。双螺旋桨的游艇在设计上配有双车控制其速度和航向，在驾驶游艇时可通过双车调整来进行操作。由于双车的游艇能控制航向，因此在一定程度上能减少了舵的负担。

双车游艇的操作方法：

（1）前进时，可用左车、右车或者双车前进挡位，并配合舵的操作。

（2）前进向左转头时，左车在后退挡位，右车在前进挡位，并配合舵的操作。

（3）前进向右转头时，右车在后退挡位，左车在前进挡位，并配合舵的操作。

（4）原地逆时针方向转圈时，左车在后退挡位，右车在前进挡位，不使用舵。

（5）原地顺时针方向转圈时，左车在前进挡位，右车在后退挡位，不使用舵。

双车游艇的优点如下：

（1）应急能力强当。一部主机发生故障或一个螺旋桨损坏时，可以使用另一部主机或另外一个螺旋桨继续航行。

（2）改善游艇的操纵性能。当双螺旋桨以相同工况工作时，每一单螺旋桨产生的艇体、桨、舵效应横向力相互抵消，游艇具有较好的航向稳定性。游艇回转时可采用一进车一停车，或一进车一倒车等操纵方法，可以提高游艇的旋回性能。

（3）提高螺旋桨推进效率。相同主机功率的两艘游艇，双螺旋桨游艇比单螺旋桨游艇的螺旋桨直径小，适合于浅水航区航行，且能提高螺旋桨的推进效率。

第三节 游艇侧推器的操作方法

侧推器是指使游艇以横向移动的方式停靠泊位或离开泊位的推动设备，如图2.4所示。靠离泊位中游艇的横向移动、航道内低速航行时调整航向、抑制倒车过程中的艇首偏转等都是侧推器在游艇操纵中的具体应用。侧推器效应取决于游艇运动状态和侧推力的大小、方向及作用点。

侧推器可装设在艇的首部或尾部，作为游艇的辅助操纵装置，广泛应用于港内游艇操纵。侧推器的轴向与游艇首尾线垂直，工作时将水自一舷吸入，经另一舷排出，从而产生横向推力，能促使游艇有效地横移和回转。侧推器多数是可调螺旋桨，操作灵活，为了方便大型游艇的停泊，游艇上装有侧推器，装有侧推器的游艇在停靠或离开码头时既方便又安全，并减少了舵和车的操作。

侧推器一般直接由驾驶操纵或驾驶台两翼控制，侧推器在游艇处于低速时才能发挥其效用，随着船速的增加，侧推器的效应降低。经验表明，有效发挥侧推器作用的速度范围为4 km以下。

图2.4　游艇侧推示意图

第四节　船速与航速的关系

船速是指游艇在无风、无流的静水中，单位时间内航行的直线距离，以km/h为单位。航速又称实际航速，是指游艇在风、流和波浪影响下，单位时间内实际航行的距离，即游艇相对于河岸的速度，通常以km/h为单位。

航速与船速的概念不同，游艇顺流或逆流航行时，尽管船速一样，但顺流时的航速等于船速加流速，而逆流时的航速等于船速减流速。以数学公式表示如下：

船顺流航行时航速=船速＋流速

船逆流航行时航速=船速－流速

第三章　游艇靠离泊位的方法

第一节　影响游艇停靠离泊位的因素

　　影响游艇靠离泊位的两大因素是风和水流，在风中，大部分游艇的船首都会受到方向影响。游艇在行驶中此现象并不明显，但如果游艇的主机停止，而船体仍缓慢移动时，此现象很明显出现。当游艇在航行时，风能使游艇产生风压差，风压差是指船首与航迹之间的差角，此差角的大小可从游艇的航迹与首尾线之差别看到。游艇的航速越小，风压差越大。

　　水流会将整艘游艇向下游方向推动，游艇在靠离泊位时，水流会对游艇的航向产生极大的影响。如要避免被水流影响航向，要以岸上固定物为岸标，并让船首保持面对岸标的方向。要想知道水流的大小、可观察系泊浮标的水文情况。

　　风和水流对游艇操作有时是同向的，有时是异向或合成向的，所有我们要根据不同的风向和流向来调整航向。

第二节　游艇前进停靠泊位的方法

　　游艇前进停靠泊位的方法如下：

　　（1）在驶抵泊位前准备好缆绳和防碰球；

　　（2）根据风向和流速大小及游艇的冲程、进车制动能力，适当距离减速、停车（图3.1，位置1）；

（3）与泊位侧边成30°的角度向泊位慢慢驶进
（图3.1，位置2）；

（4）当艇首靠近泊位侧边时，逐渐用舵和车调整
角度至20°，过渡至10°，然后是0°，艇身沿泊位外缘
以微弱速度继续游移驶进（图3.1，位置3）；

（5）当艇首快要到达预定位置，由于游艇前进的
惯性，而速度尚未消失时，可用倒车制动并及时送出
首尾缆绳，用舵和车配合收紧各缆绳，如图3.1所示。

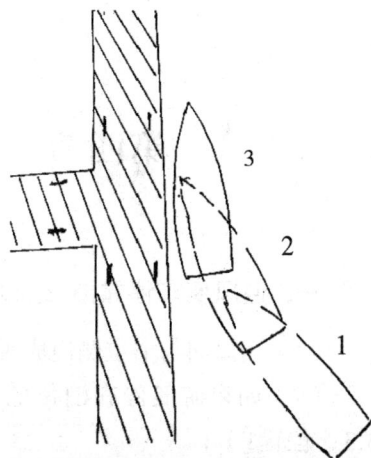

图3.1　游艇前进停靠泊位示意图

第三节　游艇前进离开泊位的方法

游艇前进离开泊位的方法如下：

（1）起动发动机，准备解开缆绳；

（2）解缆时，先解开倒缆，再解开首缆，最后再把尾部缆绳解开；

（3）根据风向和流速大小及游艇的冲程、制
动能力，用舵和车，驶艇首离开泊位侧边慢慢前进
（图3.2，位置1）；

（4）逐渐用舵和车调整船体侧舷边与泊位的角
度，角度从0°过渡到10°，再到20°，操艇慢慢前进
（图3.2，位置2）；

（5）当艇尾快要离开泊位外缘时，用舵和车配
合，慢慢加速，驶离泊位（图3.2，位置3）；

（6）如果游艇装有侧推器，将艇身慢慢推离
泊位外缘，用舵和车配合直接驾离泊位，如图3.2
所示。

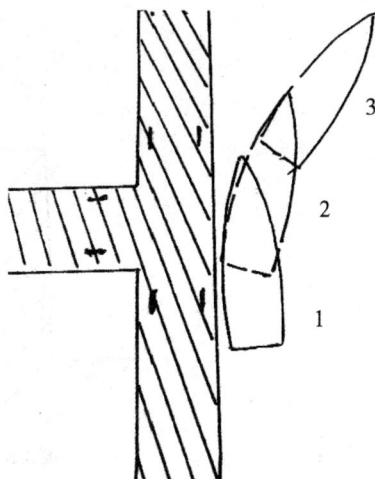

图3.2　游艇前进离开泊位示意图

第四节　游艇倒车停靠泊位的方法

一、迎风倒车停靠泊位的方法

（1）当风向与泊位侧边成锐角时，游艇以迎风的角度倒车；

（2）如果游艇停在泊位的上风边，倒车时借风的侧推力，使游艇缓缓倒退（图3.3，位置1）；

（3）如果游艇停在泊位的下风边，倒车时速度相对快些，以防止风的横向作用力，把船首吹离泊位；

（4）倒车时，游艇与泊位侧边要成10°～15°的角度（图3.3，位置2）；

（5）当艇尾靠近泊位侧边时，迅速回舵，使艇与泊位侧边的角度过渡至0°（图3.3，位置3）；

（6）当艇尾快要到达预定位置，减速停车，如游艇有前进的惯性，而速度尚未消失时，可用车稍微加油前进，然后空挡，以防止游艇的惯性向后移动而碰上码头；

（7）先抛出艇尾缆绳，再抛出艇首缆绳，最后收紧倒缆绳；

（8）如果游艇配有双车或侧推器，侧用以上设备配合舵的使用，如图3.3所示。

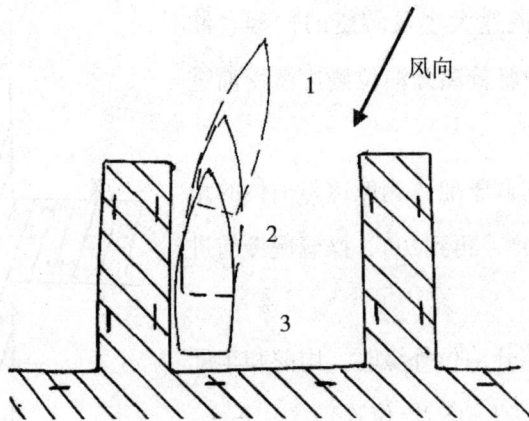

图3.3　游艇迎风倒车停靠泊位示意图

二、横风倒车停靠泊位的方法

（1）当风向与泊位侧边约成90°角时，游艇以横风的角度倒车；

（2）如果游艇停在泊位的上风边，倒车时艇身与泊位侧边约有一米的距离，借风的侧推力，使游艇缓缓倒退，如图3.4所示；

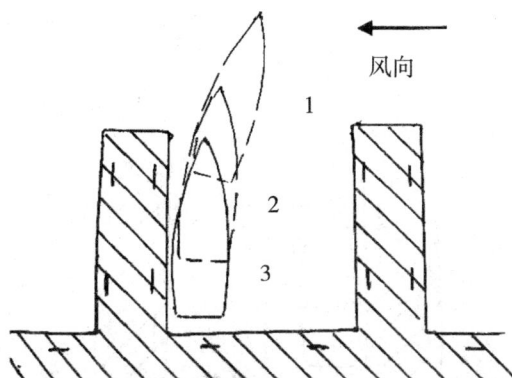

图3.4 游艇横风倒车停靠泊位示意图

（3）如果游艇停在泊位的下风边，倒车时速度相对快些，以防止风的横向作用力，把艇身吹离泊位，如图3.5所示；

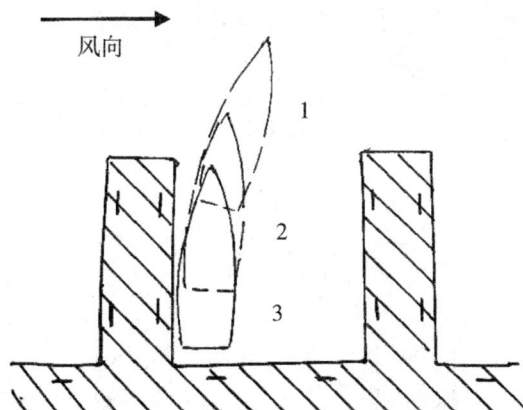

图3.5 游艇横风倒车停靠泊位示意图

（4）倒车时，游艇与泊位侧边要成0°～10°的角度；

（5）当艇尾靠近泊位侧边时，迅速回舵，使艇身与泊位侧边保持平行；

（6）当艇尾快要到达预定位置，减速停车，如游艇有前进的惯性，而速度尚未消失时，可用车稍微加油前进，然后空挡，以防止游艇的惯性向后移动而碰上码头；

（7）先抛出艇尾缆绳，再抛出艇首缆绳，最后收紧倒缆绳；

（8）如果游艇配有双车或侧推器，侧用以上设备配合舵的使用。

三、顺风倒车停靠泊位的方法

（1）当风向与泊位侧边成钝角时，游艇以顺风的角度倒车；

（2）如果游艇停在泊位的上风边，倒车时艇身与泊位侧边约有一米的距离，借风的侧推力，使游艇缓缓倒退，如图3.6所示；

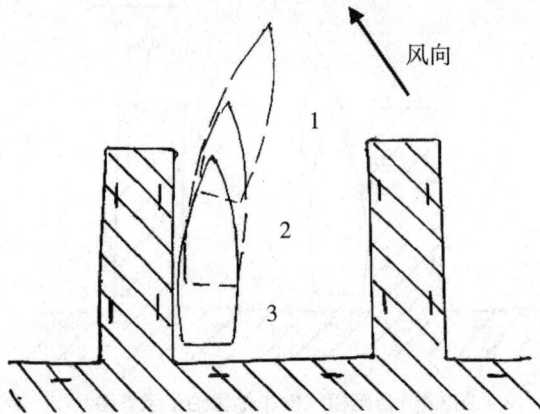

图3.6　游艇顺风倒车停车停靠泊位示意图

（3）如果游艇停在泊位的下风边，倒车时速度相对快些，以防止风的侧向作用力，把艇尾吹离泊位，艇首卡在泊位外侧，如图3.7所示；

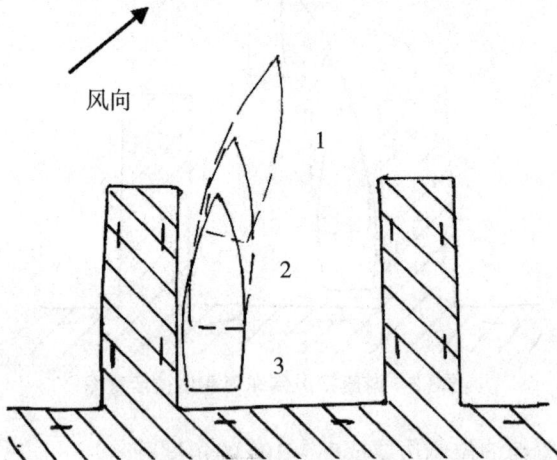

图3.7　游艇顺风倒车停靠泊位示意图

（4）倒车时，游艇与泊位侧边要成10°的角度；

（5）当艇尾靠近泊位侧边时，迅速回舵，使艇身与泊位侧边成0°角；

（6）当艇尾快要到达预定位置，减速停车，如游艇有前进的惯性，而速度尚未消失时，可用车稍微加油前进，然后空挡，以防止游艇的惯性向后移动而碰上码头；

（7）先抛出艇尾缆绳，再抛出艇首缆绳，最后收紧倒缆绳；

（8）如果游艇配有双车或侧推器，侧用以上设备配合舵的使用。

四、顺流倒车停靠泊位的方法

顺流倒车停靠泊位与迎风倒车停靠泊位的方法相同，主要是考虑水流对艇身的影响程度。具体操作方法如下：

（1）当水流方向与泊位侧边成锐角时，游艇以顺流的方式倒车；

（2）如果是上风流，即水流先流到游艇再到泊位的侧边，倒车时借水流的侧推力，使游艇缓缓倒退，如图3.8所示；

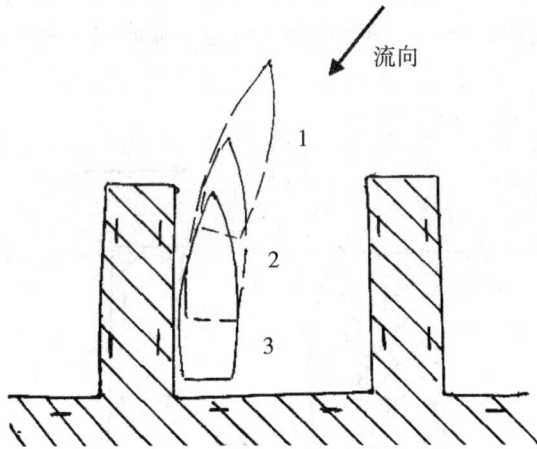

图3.8　游艇顺流倒车停靠泊位示意图

（3）如果是下风流，即水流先流到泊位的侧边再到游艇，倒车时速度相对快些，以防止水流的横向作用力，把船首吹离泊位，如图3.9所示；

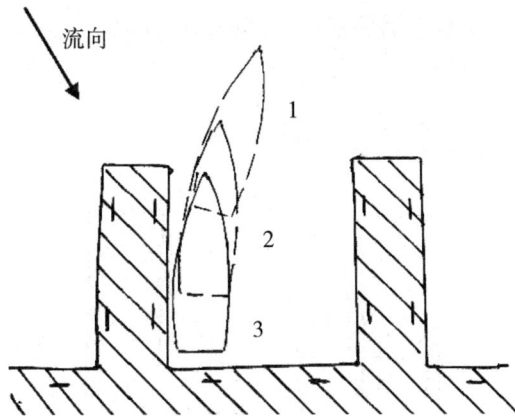

图3.9　游艇顺流倒车停靠泊位示意图

（4）倒车时，游艇与泊位侧边要成10°～15°的角度；

（5）当艇尾靠近泊位侧边时，迅速回舵，使艇与泊位侧边的角度过渡至0°；

（6）当艇尾快要到达预定位置，减速停车，如游艇有前进的惯性，而速度尚未消失时，可用车稍微加油前进，然后空挡，以防止游艇的惯性向后移动而碰上码头；

（7）先抛出艇尾缆绳，再抛出艇首缆绳，最后收紧倒缆绳；

（8）如果游艇配有双车或侧推器，侧用以上设备配合舵的使用。

五、横流倒车停靠泊位的方法

横流倒车停靠泊位的方法与横风倒车停靠泊位的方法相同，具体操作方法如下：

（1）当流向与泊位侧边约成90°角时，游艇以横流的方式倒车；

（2）如果是上风流，即水流先流到游艇再到泊位的侧边，倒车时艇身与泊位侧边约有一米的距离，借水流的侧推力，使游艇缓缓倒退，靠向泊位侧边，如图3.10所示；

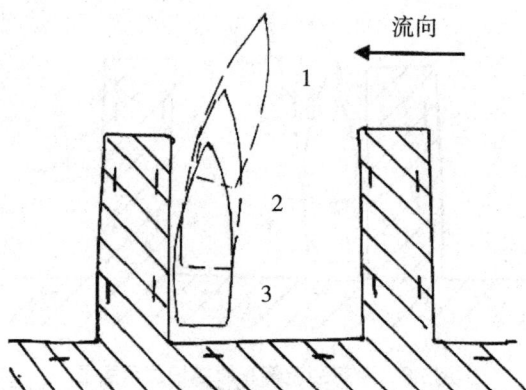

图3.10　游艇横流倒车停靠泊位示意图

（3）如果是下风流，即水流先流到泊位的侧边再到游艇，倒车时速度相对快些，以防止水流的横向作用力，使艇身远离泊位，如图3.11所示；

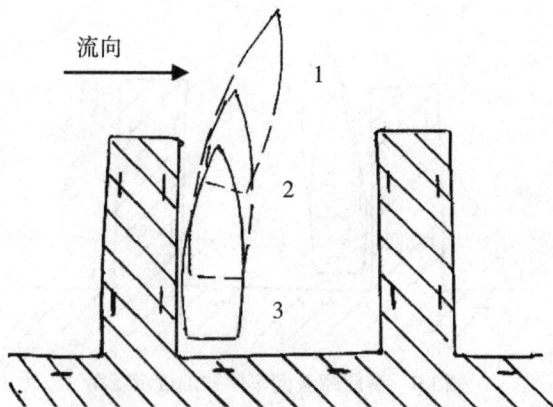

图3.11　游艇横流倒车停靠泊位示意图

（4）倒车时，游艇与泊位侧边要成0°~10°的角度；

（5）当艇尾靠近泊位侧边时，迅速回舵，使艇身与泊位侧边形成0°角；

（6）当艇尾快要到达预定位置，减速停车，如游艇有前进的惯性，而速度尚未消失时，可用车稍微加油前进，然后空挡，以防止游艇的惯性向后移动而碰上码头；

（7）先抛出艇尾缆绳，再抛出艇首缆绳，最后收紧倒缆绳；

（8）如果游艇配有双车或侧推器，侧用以上设备配合舵的使用。

六、逆流倒车停靠泊位的方法

逆流倒车停靠泊位的方法与顺风倒车停靠泊位的方法相同，具体操作如下：

（1）当流向与泊位侧边成钝角时，游艇以顺流的方式倒车；

（2）如果上风流，即水流先流到游艇再到泊位的侧边，倒车时艇身与泊位侧边约有一米的距离，借水流的侧推力，使游艇缓缓倒退，如图3.12所示；

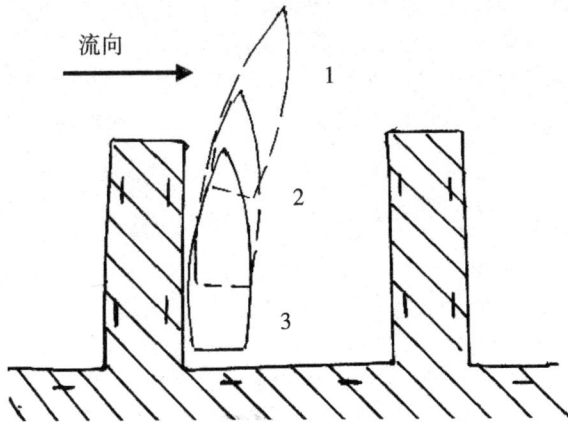

图3.12 逆流倒车停靠泊位示意图

（3）如果下风流，即水流先流到泊位的侧边再到游艇，倒车时速度相对快些，以防止流的侧向作用力，把艇尾推离泊位，艇首卡在泊位外侧，如图3.13所示；

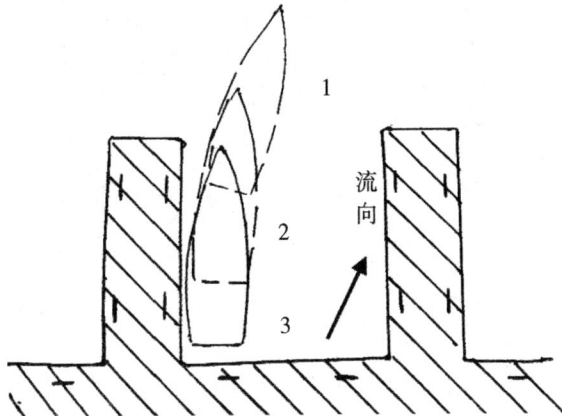

图3.13 逆流倒车停靠泊位示意图

（4）倒车时，游艇与泊位侧边要成10°的角度；

（5）当艇尾靠近泊位侧边时，迅速回舵，使艇身与泊位侧边成0°角；

（6）当艇尾快要到达预定位置，减速停车，如游艇有前进的惯性，而速度尚未消失时，可用车稍微加油前进，然后空挡，以防止游艇的惯性向后移动而碰上码头；

（7）先抛出艇尾缆绳，再抛出艇首缆绳，最后收紧倒缆绳；

（8）如果游艇配有双车或侧推器，侧用以上设备配合舵的使用。

七、风向和水流同时影响下，游艇倒车停靠泊位的方法

风向和水流同时影响游艇的停泊有许多种情形，但停泊时最主要考虑的问题是风对游艇的影响大，还是水流对游艇的影响大，因此根据其对游艇影响力的大小来决定其停靠的方法。如果风大流小，那风对游艇的停泊影响较大，考虑风为主。如果风小流大，那水流对游艇的停泊影响较大，考虑流为主。

第四章　游艇缆绳的使用

缆绳具备抗拉、抗冲击、耐磨损、柔韧轻软等性能，是用于系结游艇的多股绳索。如图4.1所示。

图4.1　缆绳示意图

图4.2　化纤缆绳示意图

过去，缆绳常用钢索、麻或棉绳制作，合成纤维出现以后，已大多用锦纶、丙纶、维纶、涤纶等制作。合成纤维缆绳除比重轻、强度高、抗冲击和耐磨性好以外，有耐腐蚀、耐霉烂、耐虫蛀等优点。如锦纶缆绳的强度和耐磨牢度超过麻、棉缆绳数倍，丙纶缆绳比重小于水，可浮于水面，操作方便安全。化纤缆绳按加工结构分为3股、多股拧绞缆绳和8股、多股编绞缆绳两类。3股缆绳一般直径为4～50 mm，8股缆绳一般直径为35～120 mm。化纤缆绳除用于游艇系缆外，还广泛用于交通运输、工业、矿山、体育和渔业等方面，如图4.2所示。

第一节　水手结

水手结，顾名思义，就是水手们航海时在船上使用缆绳的打结方法。水手结的特点是易打易解不易开，水手结是古代水手们智慧的结晶，几千年的航海历史就由水手结来守护，可以说，没有水手结，就没有人类辉煌的航海历史。后来，水手结以它号称"绳子断了，绳结都不会开"的结实稳固，备受广大海上运动和户外运动者的青睐。

一、羊角结

羊角结是游艇最常用的绳结，游艇停靠泊位时，把游艇缆绳固定在码头"羊角"上的绳结，如图4.3所示。

图4.3　羊角结示意图

羊角结的打法，如图4.4所示。

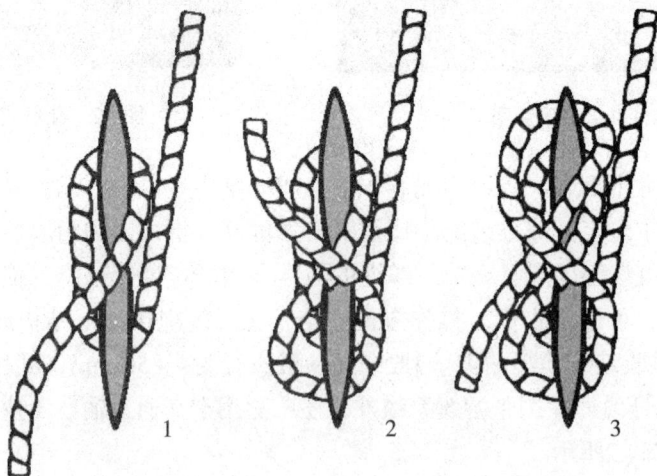

图4.4　羊角结的打法示意图

二、八字结

广为人知的八字结一如其名，它的结打好后会呈现"8"字的形状。不过在意大利，人们把八字结称为"皇室结"，因为八字结的外形正是意大利皇室徽章的模样。此外，八字结也象征诚实的爱与不变的友情，所以也有人把八字结称为爱之结。

八字结主要是作固定防滑之用，尤其对航海而言，八字结的存在更是举足轻重。八字结的打法十分简单、易记，它的特征在于即使绳子两头拉得很紧，依然可以轻松解开。

以下介绍八字结的打法，如图4.5所示。

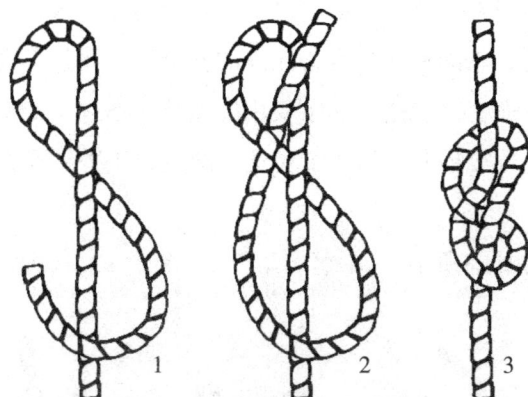

图4.5　八字结的打法示意图

三、平结

平结是以一线或一物为轴，将另一线的两端绕轴穿梭而成，如图4.6所示。平结是一个最古老、最通俗和最实用的结索。平结起源于早期的帆船上，在航海中当风势较大时，水手便把帆收起一部分用绳捆绑，以减少帆的面积，这种卷绕在桅杆上捆绑帆的平结非常实用。

平结的打法，如图4.7所示。

图4.6　平结示意图

图4.7　平结的打法示意图

四、丁香结

丁香结俗称猪蹄扣，广泛地应用在将绳索绑系在物体上，丁香结不但简单而且实用，也有人把它称为双套结、卷结，尤其在绳索两端使力均等时，丁香结可以发挥很大的效果。

　　丁香结的历史相当悠久,不仅在海上,甚至在露营、登山都是户外人士所爱用的绳结。丁香结的目的是将绳索卷绕在其他物品上,在金属等易滑物品也相当适用。丁香结的打法和拆解都很容易,它的特征是具备极高的安全性,而且丁香结的打法可以因不同情况分开使用,就这点而言,它是个非常实用的绳结。不过,如果只在绳索的一端使力的话,丁香结可能会乱掉或松开,为了避免这个缺点,丁香结通常应用在两端施力均等的物品上。

　　丁香结的打法,如图4.8所示。

图4.8　丁香结的打法示意图

五、单套结

　　单套结能防止松滑,用途最广,在帆船上最常用,如图4.9所示。初上帆船的人常常会被帆船上众多的绳子和各种结法弄得晕头转向,但自古以来熟练地使用各种绳结是重要的航海技能之一,它可以挽救船员的生命,因事关生命,所以马虎不得。

　　单套结的打法,如图4.10所示。

图4.9　单套结示意图

图4.10　单套结的打法示意图

第二节　游艇防碰球的绑法

游艇防碰球是一种充气橡胶球体，如图4.11所示。游艇防碰球的作用是防止碰撞，当游艇停靠码头时，为了避免游艇与码头产生摩擦或碰撞，把防碰球系于游艇的侧边和尾部，以保护游艇。

为了保护好游艇，防碰球的绑法是非常重要的。方法如下：

（1）防碰球之间要保持合适的宽度，最好在每个护栏上绑上一个防碰球。

（2）防碰球的绳子长度不能过长，以球体刚好接触到水面为好，但球体要在船体与码头壁的中间位置。

（3）防碰球的绳子绑在护栏上，以双套结为佳，但为了防止绳结脱落，在双套结完成后再打一个半扣结，如图4.12所示。

（4）为了迅速把防碰球绑好，可直接打双套滑结，如图4.13所示。

图4.11　游艇防碰球示意图

图4.12　双套结+半扣结示意图

图4.13　双套滑结示意图

第三节　游艇系缆的方法

一、游艇前进靠泊的系缆方法

游艇前进靠近泊位之前，游艇上的水手先准备好缆绳，分别用两根缆绳的一头固定在游艇前甲板和后甲板的羊角上，固定的方法以单套结为佳。水手把另一头的缆绳从护栏的底部往外绕，整理好缆绳的顺序并抓于手中。当游艇前进靠近泊位时，水手将前甲板的缆绳抛给岸上的水手。岸上的水手接到缆绳后，迅速把缆绳绕在码头上的羊角一圈，用力拉紧，以控制游艇因前进所产生的惯性力。当游艇的尾部靠近码头时，在游艇尾部的水手尽快将后甲板的缆绳抛给码头上的水手，码头上的水手以同样的方式将缆绳绕在码头上的羊角一圈。根据游艇与码头的距离调整缆绳的长度，与此同时，绑好倒缆，固定游艇，防止游艇前后移动而发生碰撞，如图4.14所示。

图4.14　系好缆绳的游艇示意图

二、游艇倒退靠泊的系缆方法

倒退靠泊的系缆方法与前进靠泊的系缆方法相似，但又有所不同。为了停泊的方便和空间的利用，游艇码头泊位的设计都是倒退停泊。因此，游艇倒退停靠泊位应用较多，所以，倒退靠泊的系缆方法显得非常的重要。倒退靠泊的系缆方法是当游艇倒退靠近泊位之前，游艇上的水手先准备好缆绳，分别用两根缆绳的一头固定在游艇后甲板和前甲板的羊角上，固定的方法以单套结为佳。同时把另一头的缆绳从护栏的底部往外绕，整理好缆绳的顺序并抓于手中。当游艇后退靠近泊位时，水手将后甲板的缆绳抛给岸上的水手。岸上的水手接到缆绳后，迅速把缆绳绕在码头上的羊角一圈，用力拉紧，以控制游艇因后退所产生的惯性力，防止游艇的尾部碰撞码头，造成游艇的损坏。当游艇的头部靠近码头时，在游艇头部的水手尽快将前甲板的缆绳抛给码头上的水手，码头上的水手以同样的方式将缆绳绕在码头上的羊角一圈。根据游艇与码头的距离调整缆绳的长度，与此同时，绑好倒缆，固定游艇，防止游艇前后移动，如图4.15所示。

图4.15 倒退靠泊的系缆方法示意图

第四节 游艇锚泊设备及锚的使用

一、锚泊设备

锚泊设备是指船舶在起、抛锚时所用的设备和机械的总称，由锚、锚链、锚链筒、制链器、锚机、锚链舱和弃链器等几部分组成。

（一）锚

锚一般指船锚，是锚泊设备的主要部件，如图4.16所示，是铁制的停船器具，用铁链连在船上，把锚抛在水底，可以固定、稳定船。

图4.16 游艇的锚示意图

古代的锚是一块大石头，或是装满石头的篓筐，称为"碇"。碇石用绳系住沉入水底，依其重量使船停泊。后来有木爪石锚，即在石块两旁系上木爪，靠重量和抓力使船停泊。中国南朝已有关于金属锚的记载。

（二）锚链

锚链是连接锚和船体之间的链条，用来传递和缓冲船舶所受的外力，如图4.17所示。

锚链要起作用，最基本的条件是锚链或锚绳的长度和海底结构。

在船上面看，锚链是直的，但是在水下有一段是和海床接近于平行，其实是贴着海底的。锚提供抓力，而后通过锚链传递给船舶借此抵抗海流、风浪的外载荷对于定位的影响，之所以有一段是贴着海底的是要考虑

图4.17　锚链示意图

到受力的影响。想想看，一个锚，锚链直挺挺地一拉就容易走锚。而有一段贴着海底，船就不容易走锚。走锚的迹象是船首不再与风或流成同一方向，锚链一直绷紧不松或有跳动，两边景物不断往前移动，重叠目标不再重叠。下锚后用目标重叠法确定船位，如目标无变动，则锚已固定。若走锚，则多放锚链或锚绳，若仍未固定，则起锚再抛。

（三）锚链筒

锚链筒在船舶起、抛锚时作为锚链的通道，而在船舶航行时用于收存锚。

（四）制链器

制链器是设置在锚机和锚链之间，用于固定锚链，防止锚链滑出。在锚泊时，制链器将锚和锚链产生的拉力传递至船体，以减轻锚机的负荷，保护锚机。航行时承受锚的重力和惯性力。

（五）锚机

船上用于收放锚及锚链的机械，如图4.18所示。用人力、蒸汽机、电动机、液压马达等作为动力，通常安装在船首的甲板上。其发展趋势是用一台机组实现起锚、系泊、自动系泊和带缆等作业，按照驱动形式可以分为：手动、电动、液压。

（六）锚链舱

锚链舱是船舶中存放锚链的舱室，位于

图4.18　游艇锚机示意图

船首防撞舱壁之前，锚机的下面。舱底上面垫有木板和舱底钢花板，并有排水管系，以便排出积水。

（七）弃链器

弃链器是在紧急情况下使锚链末端迅速与船体脱开的专用装置，一般设在船舶上人员易于到达的地方或锚链舱舱壁上，通过锚链末端连环与弃链装置相连。

二、锚的使用

（一）锚的重量

锚的重量是根据游艇的大小而选择，锚的重量要对水底产生一定的抓力，这样才有锚效，才能把游艇锚稳。一般来说，抛锚时的船，锚链都是笔直的，这时基本可以忽略摩擦力的作用。

（二）锚链或锚绳的长度

游艇抛锚时，锚链或锚绳放入水中的长度非常重要，如果锚链或锚绳不够长，锚就不会起作用。因此，游艇抛锚时，锚链或锚绳的长度大概是水深的5～7倍。如果海底是平坦的，或者是锚钩住的东西不是固定的，或者是钩得不太牢，会使锚失去其作用，这叫"走锚"。游艇在抛锚期间出现走锚，是非常危险的。

（三）选择锚地的一般要求

（1）水深。在无浪涌侵入，遮蔽良好的锚地，所选锚地的水深应能保证在低潮时仍然具备20%吃水的富余水深。

（2）底质。软硬适度的沙底抓力最好，泥沙底次之，硬质泥底较差，石底不宜锚泊。

（3）避风。

（4）避浪。

（5）避流。

（6）有足够的回旋余地。

（7）不是禁止抛锚区。

（8）保持游艇交通服务系统畅通。

第五章　游艇助航设备

第一节　磁罗经

磁罗经又称磁罗盘，是一种测定方向基准的仪器，用于确定航向和观测物标方位。它是在中国古代的司南、指南针基础上逐步发展而成。它是利用磁针受地磁作用稳定指北的特性制成的指示地理方向的仪器。磁罗经由铜、玻璃钢、塑料等材料组成。

磁罗经主要由若干平行排列的磁针、刻度盘和磁差校正装置组成，磁针固装在刻度盘背面，在地磁的磁力作用下，磁针的两端指向地磁的南北极，从而达到指向的目的。磁罗经常在船舶和飞机上作导航用。

在我国古代，由于航运事业的发展，逐渐采用磁罗盘导航，并有了"针路"的记载，表示船行应取的方向。早期飞机上也装有磁罗盘，但是由于飞机上钢铁构件和电气设备所形成的磁场干扰影响很大，必须采用补偿的方法以抵消飞机本身的磁场干扰。

一、磁罗经的分类

磁罗经有多种类型，从构造来分，磁罗经有四种，即台式、桌式、移动式和反映式。从使用场所来分，磁罗经有航空磁罗盘和船用磁罗经两种。从磁罗经结构来分，又可分为干罗经和液体罗经两种，如图5.1所示。

二、磁罗经的作用

（1）指示地理方向。

（2）观测物标方位。

（3）航海和航空导航。

三、游艇磁罗经的使用及注意事项

（1）经常保持清洁。磁罗经盆轴、常平环、减震系统等活动摩擦部分应经常加油保持润滑。

图5.1　液体罗经示意图

（2）防止受高温退磁。标准磁罗经应避免太阳曝晒，不用时除盖上罗经罩外，还应加盖帆布罩。

（3）防止震动退磁。不许敲击磁罗经，驾驶室内及附近也不能敲击和敲锈，避免磁罗经受振动。

（4）保持磁罗经指向准确。罗经校正后，不许移动磁棒、软铁片及佛氏铁等校正器，磁罗经柜门应锁紧。不许带铁器进驾驶室，以免影响磁罗经的准确性。

（5）防自差变化。游艇受震动和搁浅、碰撞或装卸铁磁货物后，应重新观测剩余自差。

（6）定期检查磁罗经的灵敏度、半周期，是否有气泡，地脚螺栓是否松动等，冬季还应防冻，保持磁罗经技术状态良好。

（7）新装的磁罗经必须在消除自差后才能使用。在自差有较大变化和自差绝对值大于5°时应重新消除自差，消除自差后不得移动自差消除器的位置。

（8）不要在磁罗经附近随便堆放铁器，操作人员不得随身携带钢铁制品，以免影响磁罗经指向准确性。

（9）平时游艇在航行转向时，应注意观察磁罗经的工作情况。如果发现艇首已转动，如磁罗经指示的航向在经过较长时间后才开始变化，则说明磁罗经发生故障，应认真检查，给予排除。

第二节　全球定位系统（GPS）

全球定位系统简称GPS（Global Positioning System），是一个由覆盖全球的24颗卫星组成的卫星系统，如图5.2所示。这个系统可以保证在任意时刻，地球上任意一点都可以同时观测到4颗卫星，以保证卫星可以采集到该观测点的经纬度和高度，以便实现导航、定位、授时等功能。全球定位系统（GPS）是20世纪70年代，由美国海陆空三军联合研制的新一代空间卫星导航定位系统。其主要目的是为海、陆、空三大领域提供实时、全天候和全球性的导航服务，并用于情报收集、核爆炸监测和应急通信等一些军事目的，是美国独霸全球战略的重要组成。

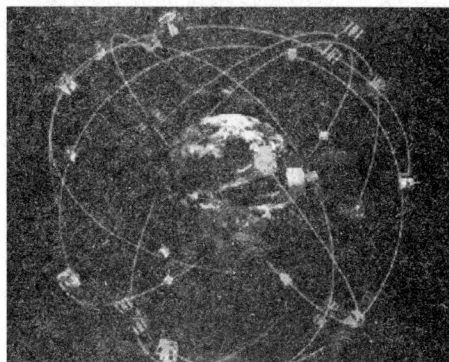

图5.2　全球定位系统卫星示意图

GPS系统的前身为美军研制的一种"子午仪"导航卫星系统（Transit），1958年研制，1964年正式投入使用。该系统用5~6颗卫星组成的星网工作，每天最多绕过地球13

次，并且无法给出高度信息，在定位精度方面也不尽如人意。然而，子午仪系统使得研发部门对卫星定位取得了初步的经验，并验证了由卫星系统进行定位的可行性，为GPS系统的研制埋下了铺垫。由于卫星定位显示出在导航方面的巨大优越性及子午仪系统存在对潜艇和舰船导航方面的巨大缺陷。美国海陆空三军及民用部门都感到迫切需要一种新的卫星导航系统。为此，美国海军研究实验室提出用12到18颗卫星组成10 000 km高度的全球定位网计划，并于1967年、1969年和1974年各发射了一颗试验卫星，在这些卫星上初步试验了原子钟计时系统，这是GPS系统精确定位的基础。而美国空军则提出了621-B的以每星群4～5颗卫星组成3～4个星群的计划，这些卫星中除1颗采用同步轨道外，其余的都使用周期为24 h的倾斜轨道，该计划以伪随机码为基础传播卫星测距信号，其功能强大，当信号密度低于环境噪声的1%时也能将其检测出来。伪随机码的成功运用是GPS系统得以取得成功的一个重要基础。海军的计划主要用于为舰船提供低动态的2维定位，空军的计划能够提供高动态服务，然而系统过于复杂。由于同时研制两个系统会造成巨大的费用而且这两个计划都是为了提供全球定位而设计的，所以1973年美国国防部将两者合二为一，并由国防部牵头的卫星导航定位联合计划局领导，还将办事机构设立在洛杉矶的空军航天处。该机构成员众多，包括美国海军、海军陆战队、陆军、交通部、国防制图局、北约和澳大利亚的代表。

一、GPS的组成

GPS由空间部分、地面控制部分和用户设备部分等三部分组成。

（一）空间部分

GPS的空间部分是由24颗卫星组成，它位于距地表20 200 km的上空，均匀分布在6个轨道面上，每个轨道面有4颗卫星，轨道倾角为55°。此外，还有4颗有源备份卫星在轨运行。卫星的分布使得在全球任何地方、任何时间都可观测到4颗以上的卫星，并能保持良好定位解算精度的几何图像，这就提供了在时间上连续的全球导航能力。GPS卫星产生两组电码，一组称为C/A码（Coarse/ Acquisition Code）；另一组称为P码（Precise Code），P码因频率较高，不易受干扰，定位精度高，因此受美国军方管制，并设有密码，一般民间无法解读，主要为美国军方服务。C/A码被人为采取措施而刻意降低精度后，开放给民间使用。

（二）地面控制部分

地面控制部分由一个主控站、5个全球监测站和3个地面控制站组成。监测站均配装有精密的铯钟和能够连续测量到所有可见卫星的接受机。监测站将取得的卫星观测数据，包括电离层和气象数据，经过初步处理后，传送到主控站。主控站从各监测站收集跟踪数据，计算出卫星的轨道和时钟参数，然后将结果送到3个地面控制站。地面控制站在每颗卫星运行至上空时，把这些导航数据及主控站指令注入卫星。这种注入对每颗GPS卫星每天一次，并在卫星离开注入站作用范围之前进行最后的注入。如果某地面站发生故障，那么在卫星中预存的导航信息还可用一段时间，但导航精度会逐渐降低。

（三）用户设备部分

用户设备部分即GPS 信号接收机，其主要功能是能够捕获到按一定卫星截止角所选择的待测卫星，并跟踪这些卫星的运行。当接收机捕获到跟踪的卫星信号后，即可测量出接收天线至卫星的伪距离和距离的变化率，解调出卫星轨道参数等数据。根据这些数据，接收机中的微处理计算机就可按定位解算方法进行定位计算，计算出用户所在地理位置的经纬度、高度、速度、时间等信息。

接收机硬件和机内软件以及GPS 数据的后处理软件包构成完整的GPS 用户设备。GPS 接收机的结构分为天线单元和接收单元两部分，接收机一般采用机内和机外两种直流电源。设置机内电源的目的在于更换外电源时不中断连续观测，在用机外电源时机内电池自动充电，关机后，机内电池为存储器供电，以防止数据丢失。目前各种类型的接受机体积越来越小，重量越来越轻，便于野外观测使用。

二、GPS的工作原理

GPS的基本工作原理是测量出已知位置的卫星到用户接收机之间的距离，然后综合多颗卫星的数据就可知道接收机的具体位置，如图5.3所示。

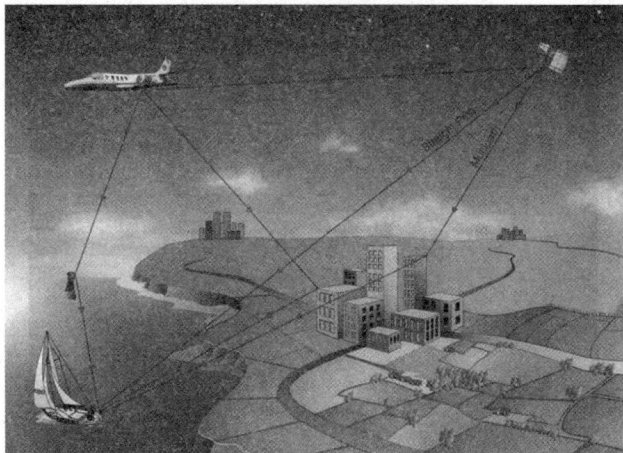

图5.3　GPS的基本工作原理示意图

要达到这一目的，卫星的位置可以根据星载时钟所记录的时间在卫星星历中查出。而用户到卫星的距离则通过纪录卫星信号传播到用户所经历的时间，再将其乘以光速得到。由于大气层电离层的干扰，这一距离并不是用户与卫星之间的真实距离，而是伪距。当GPS卫星正常工作时，会不断地用1和0二进制码元组成的伪随机码（简称伪码）发射导航电文。

GPS系统使用的伪码一共有两种，分别是民用的C/A码和军用的P（Y）码。C/A码频率1.023 MHz，重复周期一毫秒，码间距1微秒，相当于300 m；P码频率10.23 MHz，重复周期266.4天，码间距0.1微秒，相当于30 m。而Y码是在P码的基础上形成的，保密性能更佳。导航电文包括卫星星历、工作状况、时钟改正、电离层时延修正、大气折射修正等信息。它是从卫星信号中解调制出来，以50 b/s调制在载频上发射的。导航电文每个主帧中包含5个子帧，每帧长6 s。前三帧各10个字码，每30 s重复一次，每小时更新一次。后两帧共15 000 b。导航电文中的内容主要有遥测码，转换码，第1、2、3数据块，其中最重要的则为星历数据。当用户接受到导航电文时，提取出卫星时间并将其与自己的时钟对比便可得知卫星与用户的距离，再利用导航电文中的卫星星历数据推算出卫星发射电文时所处位置，用户在WGS-84大地坐标系中的位置速度等信息便可得知。

可见GPS导航系统卫星部分的作用就是不断地发射导航电文。然而，由于用户接受机使用的时钟与卫星星载时钟不可能总是同步，所以除了用户的三维坐标x、y、z外，还要引进一个Δt，即卫星与接收机之间的时间差作为未知数，然后用4个方程将这4个未知数解出来。所以如果想知道接收机所处的位置，至少要能接收到4个卫星的信号。

三、GPS的特点

（1）全天候；

（2）全球覆盖；

（3）三维定速、定时、高精度；

（4）快速省时，高效率；

（5）应用广泛，多功能。

四、GPS的分类

GPS卫星接收机种类很多，根据型号分为测地型、全站型、定时型、手持型、集成型；根据用途分为车载式、船载式、机载式、星载式、弹载式。

经过40余年的实践证明，GPS系统是一个高精度、全天候和全球性的无线电导航、定位和定时的多功能系统。GPS技术已经发展成为多领域、多模式、多用途、多机型的国际性高新技术产业。

五、游艇GPS的主要用途

（1）航线制定；

（2）实时导航；

（3）海上救援；

（4）海洋探宝；

（5）水文地质测量；

（6）海平面升降监测。

第三节　船舶自动识别系统（AIS）

船舶自动识别系统（Automatic Identification System， 简称AIS系统），由岸基（基站）设施和船载设备共同组成，是一种新型的集网络技术、现代通信技术、计算机技术、电子信息显示技术为一体的数字助航系统和设备，如图5.4所示。

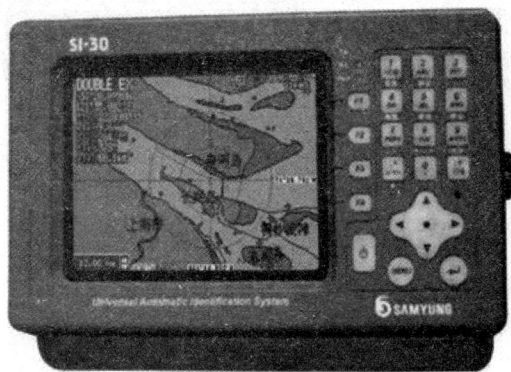

图5.4　AIS系统示意图

船舶自动识别系统是一种应用于船和岸、船和船之间的海事安全与通信的新型助航系统。常由VHF通信机、GPS定位仪和与船载显示器及传感器等相连接的通信控制器组成，能自动交换船位、航速、航向、船名、呼号等重要信息。装在船上的AIS在向外发送这些信息的同时，同样接收VHF覆盖范围内其他船舶的信息，从而实现了自动应答。此外，作为一种开放式数据传输系统，它可与雷达、避碰雷达、电子海图显示与信息系统（Electrorvic Chart Display and Information System，ECDIS）、船舶港口交通管理系统（Vessel Traffic Service，VTS）等终端设备和网络实现连接，构成海上交管和监视网络，是不用雷达探测也能获得交通信息的有效手段，可以有减少船舶碰撞事故。

船舶自动识别系统（AIS）诞生于20世纪90年代，由舰船、飞机之敌我识别器发展而成。AIS系统配合全球定位系统（GPS）将船位、船速、改变航向率及航向等船舶动态结合船名、呼号、吃水及危险货物等船舶静态资料由甚高频（VHF）向附近水域船舶及岸台广播，使邻近船舶及岸台能及时掌握附近海面所有船舶之动静态资讯，得以立刻互相通话协调，采取必要避让行动，有效保障船舶航行安全。

根据国际海事组织对国际航行船舶必须限期安装AIS系统的要求，交通部海事局于2003年提出构建全国AIS骨干网、实现海区重点水域及能源大港AIS信号覆盖的建设目标。其中北方海区岸基设施由天津海事局负责建设。北方海区AIS岸基网络系统建设分为"渤海湾AIS一期岸基网络系统工程""北方海区AIS一期岸基网络系统工程"和"北方海区AIS二期岸基网络系统工程"三个阶段。

2004年1月，渤海湾AIS一期岸基网络系统工程开工建设，烟台辖区AIS中心及成山头、崆峒岛两个基站于2004年11月建成并投入使用，实现了AIS信号基本覆盖烟台至大连航线和成山头附近水域。北方海区AIS一期岸基网络系统工程中海阳、团岛、日照三座基站和青岛辖区AIS中心于2005年底调试运行成功。同期烟台辖区的北长山、潍坊两座基站也调试运行成功。

至2005年年底，烟台航标处建成辖区AIS中心及四座AIS基站。青岛航标处建成辖区AIS中心及三座AIS基站。

目前AIS已发展成通用自动识别系统（UAIS）。

一、AIS的功能

AIS的正确使用有助于加强海上生命安全、提高航行的安全性和效率，以及对海洋环境的保护。

AIS的功能有：

（1）识别船舶；

（2）协助追踪目标；

（3）简化和促进信息交流；

（4）提供其他辅助信息以避免碰撞发生。

二、AIS的频率

（1）锚泊船：3分钟/次。

（2）0～14节航速的航船：12秒/次。

（3）航速为0～14节，并且在改变航向的航船：4秒/次。

（4）14～23节航速的航船：6秒/次。

（5）航速为14～23节，并且在改变航向的航船：2秒/次。

（6）超过23节航速的航船：3秒/次。

（7）航速超过23节，并且在改变航向的航船：2秒/次。

（8）船舶静态信息及与航程有关的信息，每6分钟更新一次或按要求更新。

三、AIS的应用

船舶自动识别系统受外界自然因素干扰少，它在船舶导航、避碰、船舶通信、船岸通信、海上搜救、海事调查等方面发挥独特而重要的作用。航行于开阔水域的船舶不用VHF无线电话的通话便可自动获得来往船舶的各类信息。航行于限制水域的船舶不仅可自动获得其他船舶的信息，而且通过船舶港口交通管理系统（VTS）的广播获得各类航行信息和港口信息。这样可在最大程度上人为防止船舶碰撞和各类海难事故的发生，为航运界带来了前所未有的安全感。现代国际航运为了降低营运成本，正朝船舶大型化、高速化和全自动化的方向发展。为保证船舶航行安全和保护海洋生态环境，船舶自动识别系统正得到更为广泛的应用。

四、AIS提供的数据

（1）船舶静态数据，包含船名、呼号、MMSI（水上移动通信业务标识码）、IMO（互联网即时通信办公室）、船舶类型、船长、船宽等；

（2）船舶动态数据，包含经度、纬度、船首向、航迹向、航速等；

（3）船舶航程数据，包含船舶状态、吃水、目的地等。

五、AIS的服务

（一）为船舶提供的服务

（1）水域交通动态和交通指引；

（2）航行警告、航行通告和交通管制信息；

（3）影响船舶航行的因素，气象、水文、航标等信息；

（4）应答船台对岸台的求助。

（二）为海事部门提供的服务

（1）船舶动态、静态信息；

（2）相对于航道的位置；

（3）周围船舶的位置和意图；

（4）发布航行警告、航行通告、交通管制信息。

（三）社会信息服务

AIS通过C/S和B/S模式，为船舶、船公司、航运部门、政府、港口、生态、救援、海洋和大气、研究和统计、公共访问、VTS、反恐等提供服务。船讯网利用AIS系统特性，建立B/S模式船舶信息服务系统，提供直观的船位和船舶信息服务，为海事管理、人命搜救和港口调度、码头管理、航运经济等相关产业提供重大帮助。

第四节　中国北斗卫星导航系统（BDS）

中国北斗卫星导航系统（BeiDou Navigation Satellite System，BDS）是中国自行研制的全球卫星导航系统。是继美国全球定位系统（GPS）、俄罗斯格洛纳斯卫星导航系统（GLONASS）之后第三个成熟的卫星导航系统。北斗卫星导航系统（BDS）和美国GPS、俄罗斯GLONASS、欧盟GALILEO，是联合国卫星导航委员会已认定的供应商。

北斗卫星导航系统由空间段、地面段和用户段三部分组成，可在全球范围内全天候、全天时为各类用户提供高精度、高可靠定位、导航、授时服务，并具有短报文通信能力，已经初步具备区域导航、定位和授时能力，定位精度10 m，测速精度0.2 m/s，授时精度10 ns。

2018年5月28日，中国北斗卫星导航产品检测认证联盟正式启动对北斗卫星导航产品和服务的认证试点工作。

　　北斗卫星导航系统是中国正在实施的自主发展、独立运行的全球卫星导航系统。系统建设目标是建成独立自主、开放兼容、技术先进、稳定可靠的覆盖全球的北斗卫星导航系统，促进卫星导航产业链形成，形成完善的国家卫星导航应用产业支撑、推广和保障体系，推动卫星导航在国民经济社会各行业的广泛应用，如图5.5、图5.6所示。

图5.5　北斗导航卫星发射成功
示意图

图5.6　北斗卫星示意图

　　北斗卫星导航系统由空间段、地面段和用户段三部分组成，空间段包括5颗静止轨道卫星和30颗非静止轨道卫星，地面段包括主控站、注入站和监测站等若干个地面站，用户段包括北斗用户终端以及与其他卫星导航系统兼容的终端。

　　1970年，中国开始研究卫星导航系统的技术和方案，但之后这项名为"灯塔"的研究计划被取消。

　　1983年，中国航天专家陈芳允提出使用两颗静止轨道卫星，实现区域性的导航功能。1989年，中国使用通信卫星进行试验，验证了其可行性，之后的北斗卫星导航试验系统即基于此方案。

　　2009年，"北斗三号"工程正式启动，在各大系统和众多参研参试单位共同努力下，中国全面突破系统核心关键技术，完成地面验证，卫星状态基本固化。特别是2015至2016年成功发射5颗新一代导航卫星，完成了在轨验证。

　　2018年前后，发射18颗"北斗三号"组网卫星，覆盖"一带一路"沿线国家。

　　2019年1月30日，北斗系统开始提供全球服务。

一、试验系统

　　1994年，中国正式开始北斗卫星导航试验系统（北斗一号）的研制，并在2000年发射了两颗静止轨道卫星，区域性的导航功能得以实现。2003年又发射了一颗备份卫星，完成了北斗卫星导航试验系统的组建。

二、加入欧盟

2003年9月，中国加入欧盟的伽利略定位系统计划，并在接下来的几年中投入了2.3亿欧元的资金。中国与欧盟在2004年10月09日正式签署伽利略计划技术合作协议。

三、正式系统

2004年，中国启动了具有全球导航能力的北斗卫星导航系统的建设（北斗二号），并在2007年发射一颗中地球轨道卫星，进行了大量试验。2009年起，后续卫星持续发射，并在2011年开始对中国和周边地区提供测试服务，2012年完成了对亚太大部分地区的覆盖并正式提供卫星导航服务。

中国为北斗卫星导航系统制定了"三步走"发展规划，从1994年开始发展的试验系统（第一代系统）为第一步，2004年开始发展的正式系统（第二代系统）又分为两个阶段，即第二步与第三步。至2012年，此战略的前两步已经完成。2019年1月，北斗卫星导航系统已经实现全球卫星导航功能。

四、全球组网

2015年7月25日中国成功发射两颗北斗导航卫星，使北斗导航系统的卫星总数增加到19枚。这对北斗"双胞胎"弟兄，将为北斗全球组网承担"拓荒"使命。

作为北斗系统全球组网的主要卫星，新发射的北斗双星将为中国建成全球导航卫星系统开展全面验证，为后续的全球组网卫星奠定基础。

2017年1月10日，中国北斗系统在国民经济和国防建设各领域应用逐步深入，核心技术取得突破，整体应用已进入产业化、规模化、大众化、国际化的新阶段。

五、发射历程

2017年11月5日19时45分，中国在西昌卫星发射中心用长征三号乙运载火箭，以"一箭双星"方式成功发射第24、25颗北斗导航卫星。这两颗卫星属于中圆地球轨道卫星，是中国北斗三号第一、二颗组网卫星，开启了北斗卫星导航系统全球组网的新时代。

此次发射的北斗导航卫星和配套运载火箭由中国航天科技集团公司所属的中国空间技术研究院和中国运载火箭技术研究院分别研制，这是长征系列运载火箭的第253次飞行。

2018年1月12日7时18分，中国在西昌卫星发射中心用长征三号乙运载火箭（及远征一号上面级），以"一箭双星"方式成功发射第26、27颗北斗导航卫星。这两颗卫星属于中圆地球轨道卫星，是中国北斗三号工程第三、四颗组网卫星。

2018年2月12日13时03分，我国在西昌卫星发射中心用长征三号乙运载火箭（及远征一号上面级），以"一箭双星"方式成功发射第28、29颗北斗导航卫星。这两颗卫星属于中圆地球轨道卫星，是我国北斗三号工程第五、六颗组网卫星。本次发射是北斗三号工程第三次全球组网卫星发射。

此次发射的北斗导航卫星和配套运载火箭（及远征一号上面级）分别由中国科学院微小卫星创新研究院和中国运载火箭技术研究院抓总研制。这是长征系列运载火箭的第262次飞行。

卫星入轨后，经测试及入网验证，可对外提供服务。按照计划，北斗卫星导航系统将于2018年底服务"一带一路"沿线国家。

六、系统功能

（一）四大功能

（1）短报文通信：北斗系统用户终端具有双向报文通信功能，用户可以一次传送40～60个汉字的短报文信息。可以达到一次传送120个汉字的信息，在远洋航行中有重要的应用价值。

（2）精密授时：北斗系统具有精密授时功能，可向用户提供20 ns～100 ns时间同步精度。

（3）定位精度：水平精度100 m，设立标校站之后为20 m。工作频率：2 491.75 MHz。

（4）系统容纳大：最大用户数540 000户/小时。

（二）军用功能

北斗卫星导航定位系统的军事功能与GPS类似，如：运动目标的定位导航，为缩短反应时间的武器发射位置的快速定位，人员搜救、水上排雷的定位需求等。

这项功能用在军事上，意味着可主动进行各级部队的定位，也就是说我国各级部队一旦配备北斗卫星导航定位系统，除了可供自身定位导航外，高层指挥部也可随时通过北斗系统掌握部队位置，并传递相关命令，对任务的执行有相当大的帮助。

（三）个人服务功能

个人服务功能主要是个人位置服务。当你进入不熟悉的地方时，你可以使用装有北斗卫星导航接收芯片的手机或车载卫星导航装置找到你要走的路线。

（四）气象应用

北斗导航卫星气象应用的开展，可以促进中国天气分析和数值天气预报、气候变化监测和预测，也可以提高天气预警业务水平，提升中国气象防灾减灾的能力。除此之外，北斗导航卫星系统的气象应用对推动北斗导航卫星创新应用和产业拓展也具有重要的影响。

（五）道路交通管理

卫星导航将有利于减缓交通阻塞，提升道路交通管理水平。通过在车辆上安装卫星导航接收机和数据发射机，车辆的位置信息就能在几秒钟内自动转发到中心站，这些位置信息可用于道路交通管理。

（六）铁路智能交通

卫星导航将促进传统运输方式实现升级与转型，例如在铁路运输领域，通过安装卫星导航终端设备，可极大缩短列车行驶间隔时间，降低运输成本，有效提高运输效率。未来，北斗卫星导航系统将提供高可靠、高精度的定位、测速、授时服务，促进铁路交通的现代化，实现传统调度向智能交通管理的转型。

（七）海运和水运

海运和水运是全世界最广泛的运输方式之一，也是卫星导航最早应用的领域之一。在世界各大洋和江河湖泊行驶的各类船舶大多都安装了卫星导航终端设备，使海上和水路运输更为高效和安全。北斗卫星导航系统将在任何天气条件下，为水上航行船舶提供导航定位和安全保障。同时，北斗卫星导航系统特有的短报文通信功能将支持各种新型服务的开发。

（八）航空运输

当飞机在机场跑道着陆时，最基本的要求是确保飞机相互间的安全距离。利用卫星导航精确定位与测速的优势，可实时确定飞机的瞬时位置，有效减小飞机之间的安全距离，甚至在大雾天气情况下，可以实现自动盲降，极大提高飞行安全和机场运营效率。通过将北斗卫星导航系统与其他系统的有效结合，将为航空运输提供更多的安全保障。

（九）应急救援

卫星导航已广泛用于沙漠、山区、海洋等人烟稀少地区的搜索救援。在发生地震、洪灾等重大灾害时，救援成功的关键在于及时了解灾情并迅速到达救援地点。北斗卫星导航系统除导航定位外，还具备短报文通信功能，通过卫星导航终端设备可及时报告所处位置和受灾情况，有效缩短救援搜寻时间，提高抢险救灾时效，大大减少人民生命财产损失。

（十）指导放牧

2014年10月，北斗系统开始在青海省牧区试点建设北斗卫星放牧信息化指导系统，主要依靠牧区放牧智能指导系统管理平台、牧民专用北斗智能终端和牧场数据采集自动站，实现数据信息传输，并通过北斗地面站及北斗星群中转、中继处理，实现草场牧草、牛羊的动态监控。

七、国际认可

中国的卫星导航系统已获得国际海事组织的认可，这是该系统向其目标迈出的重要一步，被全世界接受，可媲美美国全球定位系统（GPS）。

在2014年11月17日至21日的会议上，联合国负责制定国际海运标准的国际海事组织海上安全委员会，正式将中国的北斗系统纳入全球无线电导航系统。这意味着继美国的GPS和俄罗斯的GLONASS后，中国的导航系统已成为第三个被联合国认可的海上卫星导航系统。专门研究中国太空项目和信息战争的加州大学专家凯文·波尔彼得表示，北斗系统能在其覆盖范围内提供足够精确的定位信息。

第五节　雷达

雷达是英文Radar的音译，源于radio detection and ranging的缩写，意思为"无线电探测和测距"，即用无线电的方法发现目标并测定它们的空间位置。因此，雷达也被称为"无线电定位"。雷达是利用电磁波探测目标的电子设备。雷达发射电磁波对目标进行照射并接收其回波，由此获得目标至电磁波发射点的距离、距离变化率、方位、高度等信息，如图5.7所示。

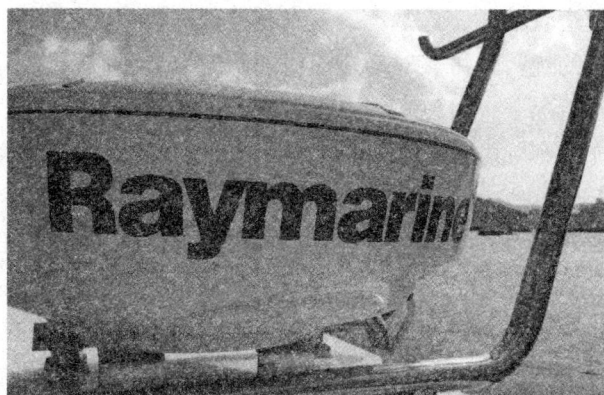

图5.7　船用雷达示意图

一、雷达的起源

雷达的出现，是由于"一战"期间当时英国和德国交战时，英国急需一种能探测空中金属物体的雷达技术能在反空袭战中帮助搜寻德国飞机。"二战"期间，就已经出现了地对空、空对地搜索轰炸、空对空火控、敌我识别功能的雷达技术。

"二战"以后，雷达发展了单脉冲角度跟踪、脉冲多普勒信号处理、合成孔径和脉冲压缩的高分辨率、结合敌我识别的组合系统、结合计算机的自动火控系统、地形回避和地形跟随、无源或有源的相位阵列、频率捷变、多目标探测与跟踪等新的雷达体系。

后来随着微电子等各个领域科学进步，雷达技术的不断发展，其内涵和研究内容都在不断地拓展。雷达的探测手段已经由从前的只有雷达一种探测器发展到了红外光、紫外光、激光以及其他光学探测手段融合协作。

当代雷达多功能的能力使得战场指挥员在各种不同的搜索、跟踪模式下对目标进行扫描，并对干扰误差进行自动修正，而且大多数的控制功能是在系统内部完成的。

自动目标识别则可使武器系统最大限度地发挥作用，空中预警机和远地空地监视机

（联合监视目标攻击雷达系统）这样的具有战场敌我识别能力的综合雷达系统实际上已经成为未来战场上的信息指挥中心。

二、雷达的发展历史

1842年，奥地利物理学家多普勒（Christian Andreas Doppler）率先提出利用多普勒效应的多普勒式雷达。

1864年，英国物理学家麦克斯韦（James Clerk Maxwell）推导出可计算电磁波特性的公式。

1886年，德国物理学家赫兹（Heinerich Hertz）展开研究无线电波的一系列实验。

1888年，赫兹成功利用仪器产生无线电波。

1897年，汤姆逊（JJ Thomson）展开对真空管内阴极射线的研究。

1904年，侯斯美尔（Christian Hülsmeyer）发明电动镜，是利用无线电波回声探测的装置，可防止海上船舶相撞。

1906年，德弗瑞斯特（De Forest Lee）发明真空三极管，是世界上第一种可放大信号的主动电子元件。

1916年，马可尼（Marconi）和富兰克林（Franklin）开始研究短波信号反射。

1917年，罗伯特·沃特森·瓦特（Robert Watson Watt）成功设计雷暴定位装置。

1922年，马可尼在美国电气及无线电工程师学会发表演说，题目是《可防止船只相撞的平面角雷达》。

1922年，美国泰勒建议在两艘军舰上装备高频发射机和接收机以搜索敌舰。

1924年，英国阿普利顿和巴尼特通过电离层反射无线电波测量赛层的高度。美国布莱尔和杜夫用脉冲波来测量亥维塞层。

1925年，贝尔德（John L. Baird）发明机动式电视（现代电视的前身）。

1925年，伯烈特（Gregory Breit）与杜武（Merle Antony Tuve）合作，第一次成功使用雷达，把从电离层反射回来的无线电短脉冲显示在阴极射线管上。

1931年，美国海军研究实验室利用拍频原理研制雷达，开始让发射机发射连续波，三年后改用脉冲波。

1935年，法国古顿研制出用磁控管产生16 cm波长的信号，可以在雾天或黑夜发现其他船只。这是雷达和平利用的开始。

1935年，英国罗伯特·沃特森·瓦特发明第一台实用雷达

1936年1月，英国罗伯特·沃特森·瓦特在索夫克海岸架起了英国第一个雷达站，英国空军又增设了五个，它们在第二次世界大战中发挥了重要作用。

1937年，马可尼公司替英国加建20个链向雷达站。

1937年，美国第一个军舰雷达XAF试验成功。

1937年，瓦里安兄弟（Russell and Sigurd Varian）研制成高功率微波振荡器，又称速调管。

1939年，布特（Henry Boot）与兰特尔（John T. Randall）发明电子管，又称共振穴磁控管。

1941年，苏联最早在飞机上装备预警雷达。

1943年，美国麻省理工学院研制出机载雷达平面位置指示器——预警雷达。

1944年，马可尼公司成功设计、开发并生产布袋式系统，以及地毡式雷达干扰系统。前者用来截取德国的无线电通信，而后者则用来装备英国皇家空军的轰炸机队。

1945年，全凭装有特别设计的真空管——磁控管的雷达，盟军得以打败德国。

1947年，美国贝尔电话实验室研制出线性调频脉冲雷达。

20世纪50年代中期，美国装备了超距预警雷达系统，可以探寻超音速飞机。不久又研制出脉冲多普勒雷达。

1959年，美国通用电气公司研制出弹道导弹预警雷达系统，可发跟踪3 000英里（1英里=1.609 344千米）外，600英里高的导弹，预警时间为20分钟。

1964年，美国装置了第一个空间轨道监视雷达，用于监视人造地球卫星或空间飞行器。

1971年，加拿大伊朱卡等3人发明全息矩阵雷达。与此同时，数字雷达技术在美国出现。

1993年，美国曼彻斯特市德雷尔·麦吉尔发明了多塔查克超智能雷达。

三、雷达的结构

雷达的结构不尽相同，但基本形式是一致的，包括发射机、发射天线、接收机、接收天线、处理部分以及显示器，还有电源设备、数据录取设备、抗干扰设备等辅助设备。

四、雷达的工作原理

雷达所起的作用与眼睛和耳朵相似，它的信息载体是无线电波。事实上，不论是可见光或是无线电波，在本质上是同一种东西，都是电磁波，在真空中传播的速度都是光速，差别在于它们各自的频率和波长不同。其原理是雷达设备的发射机通过天线把电磁波能量射向空间某一方向，处在此方向上的物体反射碰到的电磁波；雷达天线接收此反射波，送至接收设备进行处理，提取有关该物体的某些信息（目标物体至雷达的距离，距离变化率或径向速度、方位、高度等）。

测量距离原理是测量发射脉冲与回波脉冲之间的时间差，因电磁波以光速传播，据此就能换算成雷达与目标的精确距离。

测量目标方位原理是利用天线的尖锐方位波束，通过测量仰角波束，从而根据仰角和距离就能计算出目标高度。

测量速度原理是雷达根据自身和目标之间有相对运动产生的频率多普勒效应。雷达接收到的目标回波频率与雷达发射频率不同，两者的差值称为多普勒频率。从多普勒频率中可提取的主要信息之一是雷达与目标之间的距离变化率。当目标与干扰杂波同时存在于雷达的同一空间分辨单元内时，雷达利用它们之间多普勒频率的不同能从干扰杂波中检测和跟踪目标。

第六节　测深仪

测深仪是一种水深测量仪器，是游艇的一种安全设备装置，用于大海及江河湖泊、水库、航道、港口码头等诸多水域。游艇上都安装测深仪，它的作用是让游艇驾驶员随时了解水的深度，防止游艇在航行的过程中出现搁浅、触礁等意外事故，而造成游艇的损坏及人员的伤亡，如图5.8所示。

图5.8　测深仪示意图

第六章 海图

海图是地图的一种，是以表示海洋区域制图现象的一种地图。目前，海图分纸质海图和电子海图两大类，纸质海图以摩卡托海图为主，而电子海图已广泛用于游艇及其他的船舶上，它们为航海提供必不可少的参考数据。

第一节 海图与普通地图的区别

一、共同点

既然海图是地图的一种，海图和普通地图必然有许多共同之点。首先，制图的基本方法是一致的，将极不规则的地球表面上的制图现象表示到平面上，都要有特定的数学基础，都要设计特殊的符号系统，都要对制图现象进行综合和概括。其次，制图的程序也是一样的，都要进行外业的测量和调查，然后进行内业整理、制图作业，再编制成图。另外，图形的载体也基本一样，或印在纸上，或以数字形式储存在计算机中，或显示在屏幕上。

二、不同点

既然海图是地图的一种，海图与普通地图又会有许多不同之处。首先，获取海图资料的方法不同于陆地地形图（简称陆图），这在海洋测量特点中已做介绍。差别最大的是海图表示的内容和表示方法明显不同于陆图。以海底地形图和陆图相比，陆图以水系、居民地、交通网、地貌、土壤植被和境界线六大要素为其主要内容。而海底地形图主要内容为海岸、海滩和海底地貌，海底基岩和沉积物，水中动植物，水文要素，灯标、水中管线、钻井或采油平台等地物，以及航道、界线等。海图中数量最多的航海图，除内容不同于陆图外，在表示方法上也有许多不同于陆图的地方，如：多采用墨卡托投影，没有固定的比例尺系列；深度起算面不用平均海面而用特定的深度基准面；分幅沿海岸或航线进行；在邻幅间还有重叠部分，有自己特有的编号方法；符号设计原则和制图综合原则也略有不同；为保证航行安全，航海图出版后要不间断地进行修正，始终保持现势性等。

第二节　海图的作用

航海海图主要用于舰船航海定位，为便于图上作业，多选用墨卡托投影（即等角正圆柱投影），没有固定的比例尺系列，分幅主要沿海岸或航线划分，但邻幅间有供航行换图时所必需的重叠部分，为保持航海图的现势性，还需根据海区变化及时进行改正。航海图分为海区总图、航行图、港湾图。海区总图，包含一个完整的海区，概略表示海岸、海底地貌、主要助航设备及航行障碍物等要素，比例尺一般小于1：300万，主要供研究海区形势，制订航行计划用。航行图，包含广大海域和一定的航道，主要显示沿岸地形、海底地貌、助航设备及航行障碍物，比例尺一般为1：10万～1：300万，主要供船舶航行用。

港湾图主要显示港湾、锚地、图上详细表示沿岸地形、港湾设施、海底地貌、助航设备、航行障碍物等要素。比例尺通常大于1：10万，供舰船进出港口、锚地，驻泊避风，在港湾布扫水雷、障碍，组织指挥军队登陆、抗登陆作战、训练，研究和实施港湾建设等使用。

没有海图，战舰就无法出航，没有海图的海域，就是舰艇的禁航区。一切海上军事行动，小到单艇出航，大到发射水下运载火箭、编队环球航行、远赴亚丁湾护航、多国舰艇海上检阅等，都必须先进行海图准备。"海图人"为历次海上军事行动准备的海图，是海军走向远海大洋的"通行证"，是开启未来海战胜利之门的"金钥匙"。

重力图、磁力图等海图鲜为人知，却关系重大。海洋重力场的微小差异，直接影响远程武器的命中精度。外军试验表明：1毫伽的重力误差，足以导致弹道导弹偏离目标1千米。"海图人"绘制的重力海图，保障潜艇水下发射的运载火箭准确地飞向预定目标。

第三节　海图的投影方法

（一）墨卡托投影

墨卡托投影又称等角正圆柱投影，圆柱与赤道相切，投影原点在球心。船舶要求在海上航行时在尽可能长的时间内保持航向不变，即沿恒向线航行，要求能在海图上直接画出观测到的物标方位。因此要求恒向线在海图上表现为直线，图上与地面上恒向线间的夹角保持一致，即正形。墨卡托投影法绘制的海图满足了上述要求，图上赤道为直线，所有经线都是与赤道相垂直的平行直线，纬线都是与赤道相平行的直线，经度线和纬度线按相同比例渐长。

（二）高斯投影

高斯投影又称横圆柱投影，圆柱与经度线相切，投影原点在球心。在轴子午线两侧小范围内，可认为无变形，多用以绘制大比例尺港泊图。

（三）球心投影

投影平面与地球相切，投影原点在球心。切点附近可认为无变形。常用以绘制大比例尺港泊图。

（四）球面投影

投影平面与地球表面在地极相切，投影原点在另一地极。是绘制极区海图的主要投影方法，具有正形性质。用这种方法绘制的海图，图上任意两点间的大圆弧近似一条直线，恒向线为一曲线。在极区航行中，能在图上量取航向和航程。

第四节　纸质海图

纸质海图按用途分为普通海图、航用参考图、专用海图三大类，如图6.1所示。

一、普通海图

普通海图属于专用海图，但由于它历来是海图的主要品种，且使用比较广泛，世界各国习惯上均将其列为单独一类，按其比例尺不同又可分为4类。

（一）总图

一种小比例尺海图，比例小于1∶1 000 000。涵盖的范围很大，包含的航行信息却很少，图上只记载简略的岸线、岛屿、水深点、重要航标和港口位置等。总图只供远洋航行船舶研究海区情况，拟定大洋航线和制订总的航行计划使用。

图6.1　纸质海图示意图

（二）航海图

其比例尺在1∶100 000至1∶750 000之间，图上较详细地记载近海航行所需要的灯塔、灯浮、无线电助航标志及碍航物等。港湾内及从外海看不到的航标则不画出，航海图是供近海航行的船只进行航迹推算和测定船位使用。

（三）海岸图

其比例尺在1∶25 000至1∶75 000之间，属于大比例尺海图。图上较详细地记载沿岸地形、地物、水深、底质、航标、全部碍航物等资料。海岸图是供沿岸航行或通过狭窄水道和进出港湾锚地时使用的。

（四）港泊图

其比例尺在1∶1 000至1∶25 000之间，视港区大小及危险情况而定。图上较详细地记载港湾内水域的陆地的地形、地物、水深、底质、航标、全部碍航物及泊位等资料。港泊图是供船舶研究港湾和锚地的地理水文特点，以及掌握水深和底质，通过港湾内水道和进出港口及锚泊时使用。

二、航用参考图

标绘有关航海资料，供船舶航行参考使用的海图称为航用参考图。一般不用于航行推算和定位，如等磁差曲线图、洋流图、气候图、时区图等。

三、专用海图

为航海上某种特殊需要而绘制的海图称为专用海图。例如，大圆海图可以供绘制大圆航线用，航路设计图可供拟定大洋航线时参考，罗兰海图、台卡海图、奥米加海图等可供做定位用。

第五节　墨卡托海图

一、墨托卡海图的概念及特点

1569年，荷兰制图学者格拉德·克列密尔（墨卡托是他的拉丁名字）创造了能同时满足航用海图两个条件的投影方法——等角正圆柱投影，即墨卡托投影。用这种投影方法绘制的海图叫作墨卡托海图，它占目前航用海图的95%以上。

墨卡托投影又称为正形投影，它是一种投影图上无限小的局部图像与地面上对应的地形保持相似的投影方法，它是采用等角正圆柱投影原理所绘制的。

墨卡托海图具有以下特点：

（1）图上经线为南北向相互平行的直线，其上有量取纬度或距离用的纬度图尺。纬线为东西向相互平行的直线。其上有量取经度的经度图尺，且经线与纬线相互垂直。

（2）图上经度1′（1赤道里）的长度相等，但纬度1′（1n mile）的长度随纬度升高而逐渐变长，存在纬度渐长现象。

（3）恒向线在图上为直线。

（4）具有等角特性，在图上量取的物标方位角与地面对应角相等。

（5）图上同一条纬线上各点的局部比例相等，不同纬度的局部比例尺，随纬度的升高而增大。

二、海图比例尺

航行图上线段长度与对应的实际地形长度相比，称为该图的比例尺，航行图上常用的比例尺有两种。

（一）数字比例尺

用分数或数字比例形式表示的比例尺叫数字比例尺。为了计算方便，一般比例尺用分子为1，分母为整数的形式表示，分母表示实际地形长度在图上的缩小倍数。航行图中常用的比例尺有1/25 000、1/40 000、1/150 000等，也可以写成1：25 000、1：400 000、1：50 000的形式，分母越大，则比例尺越小；反之，分母越小，则比例尺越大，如图6.2所示。

图6.2　海图数字比例尺示意图

（二）直线比例尺

应用数字比例尺需要经常换算，在实际使用时不方便，为了直接而方便地进行图上与实地相应水平距离的换算，可采用直线比例尺，如图6.3所示。它是在图上用一定线段的长度来表示地面的实际长度，可以在图上直接量取距离，使用方便，故一般航行图上均采用直线比例尺。

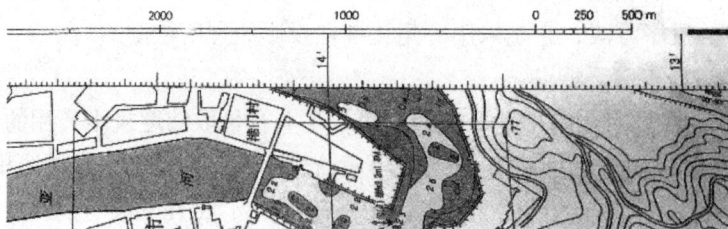

图6.3　海图直线比例尺示意图

在渐长纬度图上，纬度1′的长度表示地理上的1 n mile，所以图上两边纬度分划也是一种比例尺，可直接在航行区域附近的纬度分划上量取实际距离。海图比例尺还决定图上资料的详细程度，因此在进行海图作业时，应根据航区的特点，尽可能地使用较大比例尺的海图，以便能够获得较详细的航海资料和提高海图作业的精度。

（三）海图识图

在航用海图上除绘有经、纬线外，还须将重要的航行物标和主要地貌、地物以及海区内航行障碍物、助航设备、港口设施和潮流海流要素等航海资料按其各自的地理坐标，用一定的符号和缩写将它们绘画到图网上去，再经过制版和印刷而成为海图。这种绘制海图的符号和缩写，叫作海图图式。我国出版的海图是根据国家技术监督局1998年发布的《中国海图图式》（GB12319—1998）绘制的。为了正确和熟练地利用海图上的航海资料，必须了解和熟悉各种海图图式的含义以及图上的各种图注和说明，这样才能最大限度地发挥海图的作用。

1. 海图标题栏与图廓注记

（1）海图标题栏。

海图标题栏一般刊印在海图上的内陆处或一般船舶航行不到的海面上，特殊情况也可能印在图廓外适当的地方，是该图的说明栏。一般制图和用图的重要说明均印在此栏内。标题的内容主要有出版单位的徽志，该图所属的地区、国家、海区和图名；绘图资料来源、投影性质、比例尺及其基准纬度、深度和高程的单位与起算面有关图式的说明、地磁资料、国界和地理坐标的可信赖程度等。另外，标题栏内还可能有图区范围内的重要注意事项或警告，如禁区、雷区、禁止抛锚区或有关航标的重要说明等。有时在海图标题栏附近还附有图区内的潮信表、潮流表、对景

图6.4　海图标题栏示意图

图、换算表和重要物标的地理坐标等。在使用航用海图时应首先阅读海图标题栏内的有关重要说明，特别是其中用红色印刷的重要图注，如图6.4所示。

（2）图廓注记。

在海图图廓四周注记有许多与出版和使用海图有关的资料。

① 海图图号。

印在海图图廓的四个角上，不论该图怎样放置，均可保持从该图的右下角读出，中版海图图号是按海图所属地区编号的。如图6.5所示。

② 发行和出版情况。

印在图廓外下边中间，给出海图的出

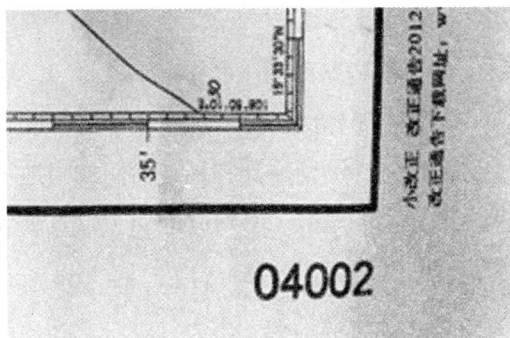

图6.5　海图图号示意图

版和发行单位、日期，其右边还印有该图新版或改版日期，如图6.6所示。

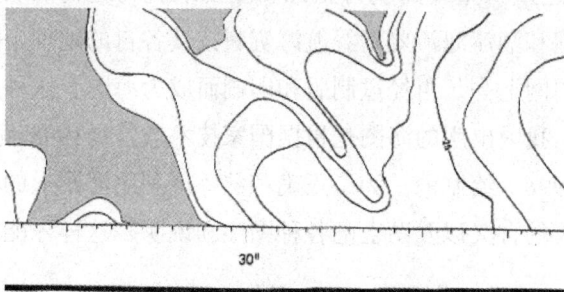

图6.6 海图发行和出版情况示意图

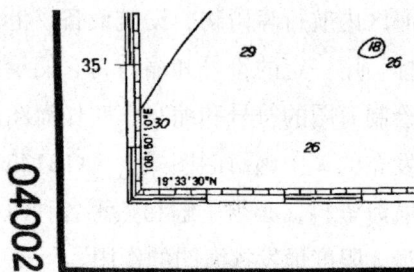

图6.7 海图小改正示意图

③ 小改正。

印在图廓外左下角，用以登记自该图出版（新版或改版）以来改正过的所有小改正通告年份和通告号码，以备查考该图是否已及时改正至最新，如图6.7所示。

④ 图幅。

印在图廓外右下角，在括号内给出海图内廓界限图尺寸，用以检查海图图纸是否有伸缩变形，尺寸以毫米为单位。

⑤ 阅图号。

印在图廓外或图廓内适当地方，表示相同或相近比例尺的邻接图图号。

⑥ 对数图尺。

印在外廓图框上、左上方和右下方，用来速算航程（s）航速（v）和航行时间（t）之间的关系。

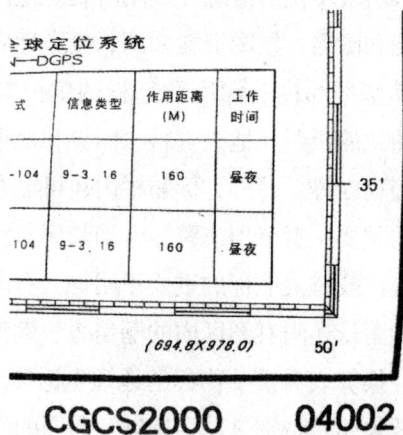

图6.8 图幅示意图

2.海图基准面

（1）高程基准面。

海图上所标山头岛屿和明礁等高程的起算面称为高程基准面。我国海图高程基准面一般采用"1985国家高程基准面"或当地平均海面。英版海图采用平均大潮高潮面（以半日潮为主的海区）平均高潮面（以日潮为主的海区）或当地平均海面（在无潮海区）为高程基准面。

（2）深度基准面。

海图上标注水深的起算面称为海图深度基准面，也是干出高度的起算面。海图基准面定得过高，可能产生负潮高现象，实际水深小于海图水深，对航海安全十分不利。海图基准面定得过低，自然可提高航海安全性，但也会给人以水深过浅的印象。我国沿海系统测量区域采用理论最低潮面（旧称理论深度基准面）为深度基准，英版海图水深通常采用天文最低低潮面作为起算面。

3. 重要海图图式

（1）高程、水深和底质。

① 高程。

海图陆上所标数字以及部分水上括号的数字，都表示该数字附近物标的高程。物标高程是自高程基准面至物标顶端的海拔高度，它的起算面和单位一般在海标题栏内有说明，中版海图高程单位为米，高不足10 m的，注记精确到0.1 m，大于10 m的，舍去小数，注记整米数。

灯高一般是自平均大潮高潮面至光源中心的高度干出高度，干出高度是自深度基准高度。比高是自地物、地貌、基部地面至顶端的高度，即物标建筑物本身的高度。

桥梁净空高度是自平均大潮高潮面或江河高水位（设计最高通航水位）到桥下宽度中下梁最低点的垂直距离。架空管道、电线等净空高度是自平均大潮高潮面或江河高水位到管线下垂最低点的垂直距离。英版海图净空高度一般自平均大潮高潮面、平均高高潮面或平均海面起算。

建筑物（如塔形建筑物）符号旁注有高程者，除特殊标志或说明外，一般为地物基部的地面高程。建筑物旁所注带括号的数字表示建筑物的顶高，即自高程基准面至建筑物顶端的高度，建筑物旁括号内所注上有"—"的数字表示建筑物的比高，上有"—"的高程表示树梢略高度，从高程基准面起算。

山高，除高程点一般用黑色圆点表示并在附近标有高程外，其他各点高程用等高线描绘。等高线是地面上高程相等的各点的连线，等高线上数字表示该等高线的高程。用虚线描绘的等高线是草绘等高线，表示地貌测绘或编绘的精度不符合规范要求。无高程的等高线是山形线，它是仅仅表示山体形态的曲线在同一条曲线上高程不一定相等，描绘时可不闭合。

② 水深。

水深是海图深度基准面至海底的深度，凡海图水面上的数字均表示水深。中版海图水深单位为米。水深浅于21 m的注至0.1 m；21～31 m的注至0.5 m；小数0.9、0.1、0.2、0.3、化至相近的整米数；小数0.4～0.8化至0.5 m；深于31 m的注至整数，如图6.9所示。实测水深一般以斜体数字表示，直体数字注记的水深表示深度不准或采自旧水深资料或小比例尺图但在1：500 000或更小比例尺图上，水深注记一律用斜体表示。水深注记

（整数）的中心即为水深的实测点位。

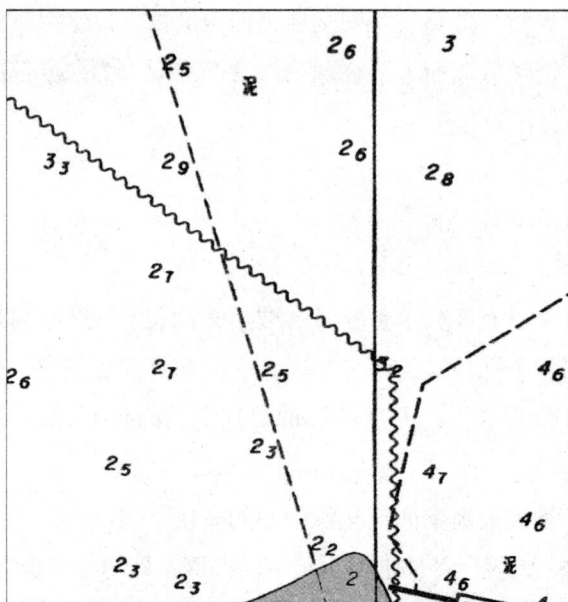

图6.9　海图水深示意图

"疑存"表示对礁石、浅滩等的存在有疑问，"疑深"表示实际深度可能小于已标明的水深标记。"据报"表示未经测量，据报的航行障碍物，如19.8表示未测到底的水深标记。

等深线是图上海图水深相等的各点的连线，用细实线描绘。不精确等深线是根据稀少水深勾绘的等深线，位置不准确采用虚线描绘。

③底质。

各种比例尺海图上，通常还以一定的间距标明海底底质。如沙（S）泥（M）、黏土（CY）、淤泥（S）、石（S）、岩石（R）、珊瑚和珊瑚藻（n）以及贝（sh）等，如图6.10所示。底质注记顺序为先形容词后底质种类，形容沙的形容词有细（F）、中（M）粗（C）和软（So）、硬（Sf），坚硬（H）等，如软泥（SoM）粗沙（Cs）。已知下层的底质不同于上层底质的地方，先注上层后注下层，如沙／泥（S／M），即上层为沙，下层为泥。两种混合的底质，先注成分多的，后注成分少的，如"细沙泥贝"。

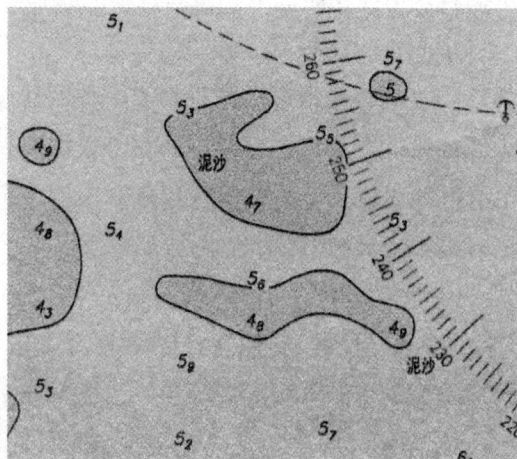

图6.10　海图底质示意图

（2）航行障碍物。

① 礁石。

礁石是海中突出、孤立的岩石。它又可区分为明礁、干出礁、适淹礁和暗礁。明礁是指平均大潮高潮面上露出的孤立岩石，与小岛同样表示，如图6.11所示。干出礁是指位于平均大潮高潮面以下，深度基准面以上的孤立岩石。它在高潮时淹没，低潮时露出，数字注记系干出高度。适淹礁是在深度基准面上适淹的礁石。深度基准面以下的孤立岩石称为暗礁。

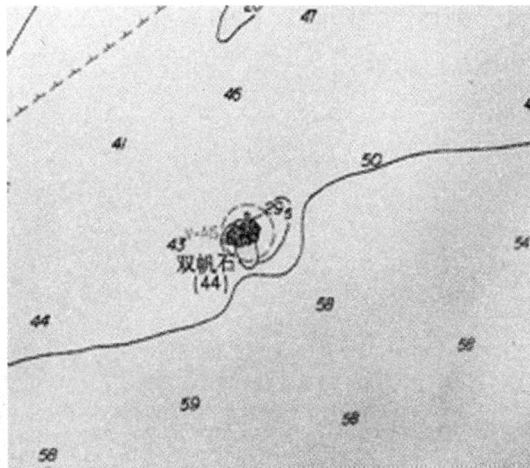

图6.11　海图礁石示意图

② 沉船。

沉船分为部分露出沉船、桅杆露出的沉船、危险沉船、非危险沉船、测得深度的沉船和深度精测的沉船。沉船图式可区分为船体形状依比例尺表示和不依比例表示两种，危险沉船是指其水深20 m及20 m以内的沉船，或深度不明但有碍水面航行的沉船。沉船图式如图6.12所示

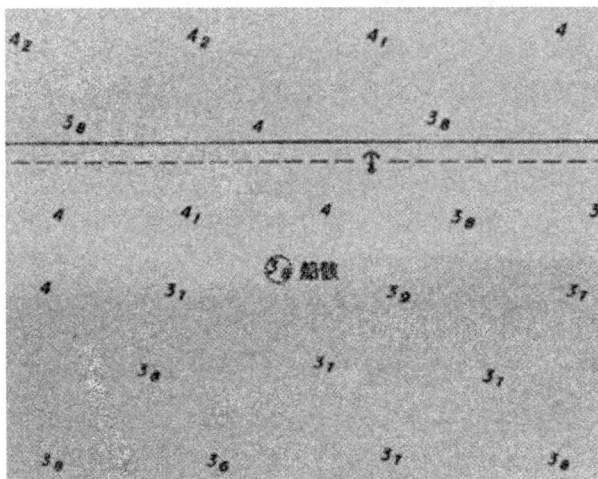

图6.12　沉船图式示意图

（3）其他障碍物。

除礁石与沉船外，其他障碍物，如捕鱼设备、水下桩、渔礁等一般以符号表示，有时也用文字注记说明，如"附近多渔棚"。

凡危险物外加点线圈者，均为对水面航行有碍的危险物，提醒航海者予以特别注意。以危险物位置来精确测量的，须加注"概位"（PA）。对危险物位置有疑问

时，则加注"疑位"（PD）；对危险物的存在有疑问时，也加注"疑存"（ED），如图6.13所示。

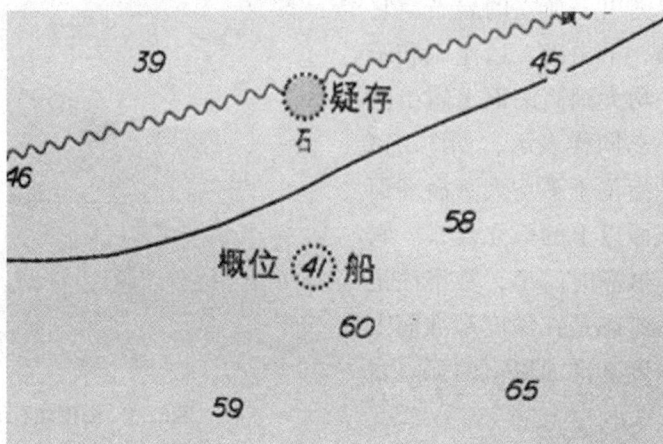

图6.13　海图障碍物示意图

三、基本海图作业

海图作业是选择舰艇航线和记录航迹所进行的量测、绘算和标注等工作。分为预先海图作业、航行海图作业、总结海图作业等。海图作业工具有航海平行尺，海图圆规，分规，海图划规，海图三角板。

航行中进行正规的海图作业，是保证按计划安全航行的重要手段。游艇自起锚至抛锚，须以规定样式连续而清晰地进行航行海图作业。内容包括：求风流压中的预先修正航向和进行航迹绘算，按规定及时推算和实测舰位；计算、测算和分析同保证按计划安全航行有关的数据和因素。战斗海图作业包括：测定敌舰运动要素，进行舰艇机动绘算，标绘敌舰、己舰航迹，标注使用武器的方位和时间等。航行值班官和航海军官须认真细致地进行海图作业，舰长须经常督促检查。本航次的海图作业，必须保留到下一次航行开始时方可擦去。发生海事时，须将当时作业的海图封存，供海事调查用。随着电子海图和航迹自动显示、标绘系统的发展，海图作业将逐步实现自动化。

第六节　电子海图

"电子海图"是指各种数字式海图及其应用系统的统称，如图6.14所示。电子海图显示与信息系统（ECDIS）被认为是继雷达、ARPA（美国国防部高级研究计划署）之后在船舶导航方面又一项伟大的技术革命。从最初纸海图的简单电子复制品到过渡性的电子海图系统（ENS），ECDIS已发展成为一种新型的船舶导航系统和辅助决策系统，它不仅能连续给出船位，还能提供和综合与航海有关的各种信息，有效地防范各种险情。现代的游艇都安装电子海图，以便游艇在操作时更方便，更安全。

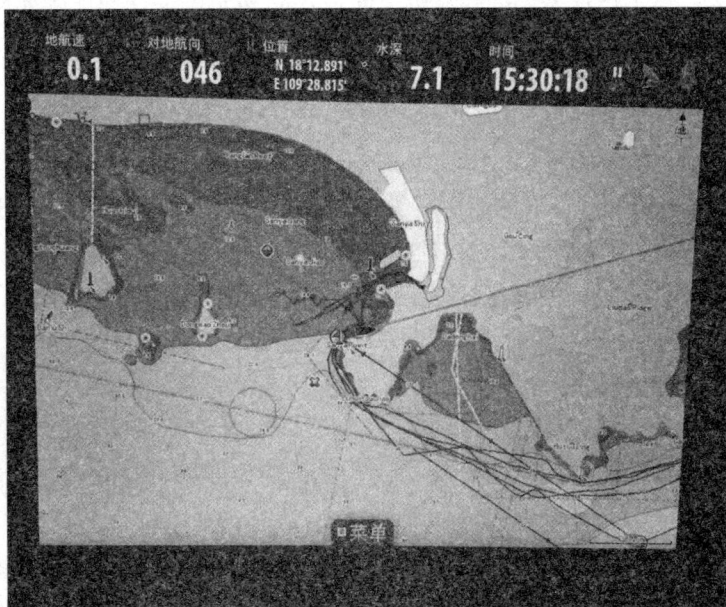

图6.14　电子海图示意图

一、发展背景

（一）发展原因

航道拥挤程度的提高、船舶的大型化，以及超高速船舶的出现给船舶航行安全提出了严峻的挑战。解决这个问题的一种方式是集成式地把本船的位置、所处的静态环境、周围的动态目标信息显示在一个屏幕上，使得船舶驾驶员能够迅速地获取所有这些信息，及时地做出操船决策。

海运船舶驾驶中使用各种现代化的导航设备和雷达设备，能够在很短的时间间隔内获取精确可靠的关于船位、船舶运动参数以及周围环境方面的信息。使用电子海图，能够把驾驶员从海图作业这一事务性工作中解脱出来，使其把主要精力放在航行监视和及时制定操船决策上来

（二）发展历史

（1）纸质海图等同物，1970年代末到1984年，人们主要是想减少体积和减轻海图作业的劳动强度，因此，仅仅是把纸质海图经数字化处理后存入计算机中。

（2）功能开拓阶段，到1986年，人们开始挖掘电子海图的各种潜能。如在电子海图上显示船位、航线设计，显示船速、航向等船舶参数、报警等等。

（3）航行信息系统阶段，将电子海图作为航行信息核心，包括电子海图数据库的完善，与雷达、定位仪、计程仪、测深仪、 GPS、VTS、AIS等各种设备和系统的接口和

组合等等。多功能船用电子海图系统对保证船舶航行安全所起的重要作用，得到了IMO和IHO（国际航道测量组织）以及众多航海专家的认可。1986年7月，IMO和IHO成立了ECDIS协调小组，ECDIS各类标准和规范不断地建立和完善，各种性能优良的 ECDIS产品也不断地推陈出新。

二、电子海图包含的内容

电子海图显示与信息系统（ECDIS-Electronic Chart Display and Information System，简称ECDIS）是指符合有关国际标准的船用电子海图系统。它以计算机为核心，连接定位、测深、雷达等设备，以官方电子海图（ENC）为基础，综合反映船舶行驶状态，为船舶驾驶人员提供各种信息查询、量算和航海记录专门工具，是一种专题地理信息系统（GIS）。电子海图显示与信息系统还可以与船舶自动控制系统连接，实现船舶的自动驾驶。

电子海图显示与信息系统相关的国际标准有：

（1）S57—IHO水道测量数据交换标准；

（2）S52—电子海图显示标准；

（3）IEC61174—ECDIS硬件检测标准等。

官方电子海图（ENC）： ENC（Electronic Navigational Charts）是指国家海道测量机构按国际海道测量组织（International Hydrographic Organization，IHO）颁布的《数字式海道测量数据传输标准》（Transfer Standard for Digital Hydrographic Data，编号S—57）制作的矢量电子海图。

矢量电子海图： 矢量海图数据是海图数据的另一种形式，它可以把数字化的海图信息分类分层储存（例如可以只显示小于10 m的水深）。它包含图像文件和能够生成符号、点、线、文字以及颜色等要素的程序文件，这些程序文件可以改变海图中的属性和要素。

矢量海图是一种智能化的电子海图，驾驶员可以选择性的显示某些所需要的信息（例如港口设施、潮汐变化、海流矢量等），矢量海图可以提供给驾驶员准确的物标间的距离，并能够设置警戒区、危险区的自动报警。

电子海图制作： 加入各要素的属性/直接从数据库调入属性，生成S57格式的ENC/ER，底图扫描矢量化数字化。

电子海图（EC）： 电子海图（An electronic chart缩写为EC）是一种数字海图并且可以显示在用计算机操作的助航系统上。

电子海图系统（ECS）： 电子海图系统（electronic chart system缩写为ECS）是一种商业的电子海图系统，它并不完全适用于国际海事组织的SOLAS公约的全部要求。 ECS主要用于助航，同时也是作为纸制海图功能缺陷上的一种补充。

其他名词：

SENC—系统电子导航图（The system electronic navigation chart缩写为SENC）；

ER—电子海图改正信息；

ECDB—电子海图数据库（An electronic chart data base缩写为ECDB）；

RENC—地区性ENC协调中心；

WEND—世界电子航海图数据库；

IHO—国际水道测量组织；

IMO—国际海事组织。

三、电子海图的作用

电子海图之所以引起高度重视，是因为它具有传统纸海图无法比拟的优点。

（1）电子海图系统可以进行自动航线设计；

（2）航向航迹监测；

（3）自动存储本船航迹；

（4）历史航程重新演示；

（5）航行自动警报（如偏航、误入危险区等）；

（6）快速查询各种信息（如水文、港口、潮汐、海流等）；

（7）船舶动态实时显示（如每秒刷新船位、航速、航向等），将雷达的回波图像叠显在海图上，数千幅海图的自动更正只需几分钟。

四、依赖风险

电子海图显示与信息系统（ECDIS）虽然功能很强，但它只是一种助航仪器，其系统本身的局限性、显示误差和故障、使用者对系统设置和使用中的不适当或错误、传感器的误差、备用布置使用上的及时和有效等都要求使用者对其决不能过分依赖。使用者不仅要充分掌握其性能并充分、适当地利用其功能，而且在航行中充分利用适当的瞭望，独立于该系统的手段和方法去检验系统的有效性和误差，以保证航行安全。

五、电子海图的应用领域

电子海图的应用领域包括：航海、船舶交通管理（VTS）、港口管理、船舶调度、污染管理、搜救指挥、航标管理、渔业、引水、海洋测绘、海洋工程等等。

六、电子海图的发展现状

（一）电子海图的规范与标准

与电子海图密切相关的三个国际组织是国际海事组织（IMO）、国际海道测量组织（IHO）和国际电工委员会（IEC）。1986年，IMO和IHO同意成立一个由各国有关部门组成的协调小组（HGE），共同参与电子海图方面的技术讨论。随后的三十几年来，HGE技术组进行了卓有成效的工作，制定了一系列的电子海图的规范与标准。

电子海图的标准主要有：

1995年11月IMO讨论通过了ECDIS的性能标准，此标准明文规定，ECDIS可以作为

"1974海上人命安全公约（SOLAS）"所要求的纸海图的等价物，换言之，ECDIS可以取代传统的纸海图。1996年11月，IMO又增补了ECDIS备用设备的条款。

1996年2月，IHO增补通过了关于电子海图内容、图标、颜色和ECDIS显示系统的规范，即S52（第5版）。

1996年11月，IHO公布了S57标准第3版，S57规定了ENC的数据交换格式、ENC数据库的性能标准，以及ENC的改正概要，并规定该标准保持到2000年不变。

1997年9月，IEC提出了对ECDIS硬件设备的检验和测试标准（IEC61174）。IEC还有一个对船用导航设备的"环境测试标准"，称为IEC60945。此标准用来检测船用导航设备（雷达、ECDIS等）在不同温度、湿度、振动等情况下的可靠性。

（二）电子航海图（ENC）

电子航海图（ENC）属于电子海图数据库，是由各国官方的海道测量局（HO）制作的（也有一些国家由某公司制作，由HO认定）符合IHO S57标准的矢量电子海图。ECDIS的应用，离不开全球范围的数千幅ENC的支持。所以，IHO正在努力敦促世界各海洋国家制作自己海域的ENC，并成立了一些区域性的ENC中心，通过国际合作共同完成全球ENC数据库的建立，并逐步建立全球的ER发行体系。由于各国的技术水平相差较大，全球ENC数据库的建立进展缓慢，相反，一些大公司却利用技术和资金的优势，制作了符合S57要求的全球ENC数据库。这些ENC补充了官方ENC数量的不足。但是，也存在着缺乏法律保障、改正不及时等问题。

（三）电子海图显示与信息系统（ECDIS）和电子海图系统（ECS）

尽管电子海图的发展不过几十几年的历史，但各种电子海图产品却如雨后春笋一般不断涌现。由于ECDIS的设计与生产纯粹是企业行为，所以ECDIS的发展速度远快于ENC的发展。目前，能够提供符合国际标准的ECDIS的厂家不下十几家，其中较著名的有英国船商公司、德国ATLAS公司和7CS公司、加拿大OFFSHORE公司等。除此之外，能够提供不符合国际标准的电子海图系统（ECS）的产品的公司估计不下千家。

（四）国内现状

尽管我国从20世纪80年代就开展了电子海图的研究，但由于各种各样的原因，目前仍停留在研究、试制阶段，仅有海军测绘研究所研制的电子海图系统应用与军舰的导航，大连海事大学等几家单位的研究已转向其他方向。但有许多非专业公司和单位加入了电子海图应用系统的研发行列，并且已经有多家的简易型ECS以及符合国际标准的ECDIS系统投入使用，比如 RYECDIS，由无锡挪瑞科技股份有限公司研发，获得了中国船级社、英国劳氏等权威，机构的认证，已经安装在上远洋船只上。

在国际标准电子海图方面，海事局系统内部正在加紧有关技术问题的研究。上海海事局完成了国际标准电子海图制作软件的设计，天津海事局应用加拿大的软件HOM已具备了批量生产S57标准ENC和ER（电子海图改正）的能力。

七、发展特点

通过对电子海图发展过程及现状的研究，我们可以看出电子海图的发展具有以下特点：

（1）国际标准已趋于完善，电子海图的法律地位得到肯定；

（2）国际合作加强，区域电子海图协调中心的建立已成趋势；

（3）商业发展先于官方进展，成为引导应用的主力军；

（4）电子海图的规格、等级参差不齐，中低档次产品的应用先于高档、标准的系统。

八、中国对外发布

中国海军2011年8月25日在国家会议中心举行中国官方电子海图发布会，正式对外推出国际标准版的中国海区电子海图，这是中国首次对外正式发布中国海区国际标准电子海图。

根据国际海道测量组织规定，只有由各国官方海道测量机构制作并发行的、符合S—57《数字海道测量数据传输标准》的电子海图，才是官方电子海图。海军司令部航海保证部是经中国政府授权参加国际海道测量组织的官方代表，按照《中华人民共和国测绘法》和国务院、中央军委有关规定，负责管理中国海洋基础测绘工作和组织实施海道测量。

中国从20世纪80年代开始组织电子海图的研究制作，先后建立了电子海图数据模型、研发了电子海图应用系统，制定颁布了各类国家和军队技术规范和标准，并于2000年发布了国家标准电子海图。2002年国际海道测量组织颁布电子海图国际标准后，海军航海保证部门及时展开中国海区国际标准电子海图的研究制作，对既有海量数据进行格式转换、取舍、综合和编辑处理。经过多年摸索以及与国际同行的交流合作，先后完成400余幅国际标准中国海区电子海图的编制。目前，已全部完成中国海区国际标准电子海图的制作、测试和检验验证。

电子海图具有国际通用性强、内容更新便捷、船舶定位精度高、图内信息规范和丰富等特点。只要将电子海图加载在"电子海图显示与信息系统"中，系统就能够自动将GPS定位设备所获取的船舶位置显示在图上，有效克服了纸质海图人工标绘所造成的信息滞后现象，与雷达图像叠加，就可以全面掌握船舶周围海区情况。

第七节　中国海图

一、中国海图的发展历程

旧中国有海无防，海图测绘几乎"一片空白"。1949年5月，华东军区海军接管了原国民党海道测量局，成立了华东军区海军制图课。当时，他们的全部家当仅有几张比例尺很小、精确度极差的简易旧海图。由于没有精确海图导航，我们自行设计和建造的首艘万吨级远洋货轮"跃进"号，首航途中不幸触礁沉没。血的代价，让海图人如重锤击胸，痛彻心扉："一定要早日绘制出精确海图，让中国舰船走向世界。"

有现成的数据资料，没有先进的制图工具，他们凭借曲线笔等原始工具，废寝忘食地工作。无法描述展现在海图人面前的点、线、面的枯燥，无法想象海图人征服这一切付出的又是怎样的艰辛，近60年的工时统计表显示，他们年均集体加班12万小时，每人年均加班近400小时。

在一代代"海图人"忙碌的身影中，祖国海疆蓝图一点点清晰起来，1959年，第一代海图陆续出版。1972年，太平洋、印度洋、大西洋海区航行图出版，到1982年底，300万平方千米海洋国土全部有了国产海图。

60年间，中国航海图书出版社共出版各种比例尺海图8000余幅，覆盖中国全部海区并拥有完全自主知识产权的海图行销全球，成为一个泱泱海洋大国走向复兴的见证。

二、中国航海海图的精确度

标示相差1毫米，海图宣布作废。1毫米，日常生活中可以忽略不计，但在海图人眼里却重若千钧。一次社里内部例行质量检查，6幅海图被认定"不合格"，其中5幅图的两条对角线长度不等，另一幅有个码头标示相差了1毫米。为这点"头发丝大的事"，社里开了"揭丑会"。6张做工精细的手工海图，在众目睽睽之下被宣布作废。6张海图，全都是心血结晶。现场，很多作业员流泪了。"世界上一流的制图大师，一年也只能做5～6幅这样的海图"。

世界各国发生的舰船触礁、相撞等航海事故，大都"祸"起海图。全球每年都有船东起诉海图生产商的事件发生，很多知名制图公司因此官司缠身，唯独中国官方海图出版机构中国航海图书出版社例外。他们向全球发行海图数以千万计，从未被用户投诉。一位国外资深海图专家说："60年未被用户投诉，绝对是个奇迹！"

三、世界称赞

1998年10月，美国某知名地理信息系统制造商用户大会在北京召开。中国航海图书出版社的一幅海图，让该公司总裁杰克·丹里尔大为惊讶，他们公司生产的地理信息系统具有强大的陆地自动成图功能，但用来生产海图，连他自己也是第一次听说。

面对精美的海图，丹里尔先生将信将疑，反复追问："这是真的吗?"时任社长陈立明告诉他："这确实是用贵公司系统生产的海图，只不过我们对软件进行了改造！"系统软件的英文说明书重达100多千克，要对其功能进行改造，绝非易事，丹里尔先生被中国"海图人"的创造精神所折服，破例向他们颁发了最高奖励"总裁奖"。

创新是抢占制高点的法宝。早在20世纪80年代，"海图人"就看到数字海图时代已经来临。工程师王斌等5名青年科技人员主动请缨，组成"星火队"，开始了数字海图应用研究。随着几万条程序从他们指尖输入计算机，中国数字海图一步一个脚印地变成现实：1988年将计算机技术成功引入海图编制；1990年成立了我国第一个数字海图生产研制实体；1994年成功研制出中国第一批数字海图。此后短短几年，"海图人"又相继突破了不同比例尺海图无缝拼接等6大核心技术难题，取得了4项世界独创成果和17项国内领先成果。

数字海图是继雷达导航、卫星定位和卫星通信之后，现代航海史上的又一次革命。鼠标一点，浩瀚大海尽收眼底。舰船航行时，数字海图能按作战意图自动选择航线；航道上出现危险因素时，数字海图会发出声音警告并显示危险物图形，远程武器攻击时，数字海图能随时提供舰船与海上任何一个目标点的实际距离和位置。借助数字海图，人们可以直观监测重大海洋灾害形成和发展过程，科学预报和预防海洋灾害。

2002年，装载全球数字海图的"青岛"号导弹驱逐舰，圆满完成了首次环球航行任务。中国数字海图经受了近似实战的检验。

第七章　潮汐与气象

第一节　潮汐

潮汐现象是沿海地区的一种自然现象，指海水在天体（主要是月球和太阳）引潮力作用下所产生的周期性运动，习惯上把海面垂直方向涨落称为潮汐，而海水在水平方向的流动称为潮流。白天的海面上升为潮，晚上的海面上升为汐，如图7.1所示。

图7.1　潮汐示意图

由于地球、月球在不断运动，地球、月球与太阳的相对位置在发生周期性变化，因此引潮力也在周期性变化，这就使潮汐现象周期性地发生。一日之内，地球上除南北两极及个别地区外，各处的潮汐均有两次涨落，每次周期12小时25分，一日两次，共24小时50分，所以潮汐涨落的时间每天都要推后50分钟。生活在海边有经验的人，大都能推算出潮汐发生的时间。

一、潮汐的定义分类

（一）海潮

作为完整的潮汐科学，其研究对象应将地潮、海潮和气潮作为一个统一的整体，但由于海潮现象十分明显，且与人们的生活、经济活动、交通运输等关系密切，因而习惯上将潮汐一词狭义理解为海洋潮汐。

海水在日、月引潮力作用下引起的海面周期性的升降、涨落与进退，称海洋潮汐，简称海潮。

（二）地潮

固体地球在日、月引潮力作用下引起的弹性形变，称固体潮汐，简称固体潮或地潮。

（三）气潮

大气各要素（如气压场、大气风场、地球磁场等）受引潮力的作用而产生的周期性变化（如8、12、24小时）称大气潮汐，简称气潮。

（四）太阳潮和月球潮

由太阳引起的大气潮汐称太阳潮，由月球引起的称月球潮。

（五）咸潮

主要是由旱情引起的，一般发生在上一年冬至到次年立春清明期间，由于上游江水水量少，雨量少，使江河水位下降，由此导致沿海地区海水通过河流或其他渠道倒流到内陆区域。咸潮的影响主要表现在氯化物的含量上，按照国家有关标准，如果水的含氯度超过250毫克/升就不宜饮用，这种水质还会危害到当地的植物生存。

咸潮上溯属于沿海地区一种特有的季候性自然现象，多发于枯水季节、干旱时期。咸水上溯意味着位于江河下游的抽水口在咸潮上溯期间抽上来的不是能饮用、灌溉的淡水，而是陆地生命无法赖以生存的海水。我国的咸潮，多发生在珠江口。

二、潮汐术语

潮汐：海面在外力作用下产生的周期性的升降现象。

涨潮：海面上升的过程。

落潮：海面下降的过程。

高潮：海面涨到最高位置时，称为高潮。

低潮：海面落到最低位置时称为低潮。

停潮：低潮前后的一段时间内，海面处于停止状态，称为停潮。

低潮时：停潮的中间时刻。

平潮：高潮前后的一段时间内，海面处于停止状态，称为平潮。

高潮时：平潮的中间时刻。

涨潮时间：从低潮到高潮的时间间隔。

落潮时间：从高潮到低潮的时间间隔。

平均海面：根据长期潮汐观测记录算得的某一时期的海面平均高度。

潮高基准面：观测和预报潮高的起算面，从平均海面向下度量。潮高基准面一般与海图深度基准面一致。因此，实际水深等于当时潮高加上海图水深，如果两者不一致，求实际水深时，应对两者的差值进行修正。

大潮升：从潮高基准面到平均大潮高潮面的高度。

小潮升：从潮高基准面到平均小潮高潮面的高度。

潮流：伴随海面周期性的升降运动而产生的海水周期性的水平方向的流动

潮汐的变化周期：指相邻高潮或相邻低潮的时间间隔，一般大约为半天或一天，即所谓的半日潮和日潮。

潮水的涨落时快时慢，高潮后，海面下降速度缓慢，到高低潮中间附近时下降速度最快，随后又减慢，直到发生低潮。

三、潮汐的形成原因

潮汐是由于天体的引潮力产生的，天体的引力和惯性离心力的合力称为引潮力。对潮汐影响较大的是月球和太阳的引潮力，其中月球引潮力是产生潮汐的主要因素，包括月球的引力和地球绕月地公共质心进行平动运动所产生的惯性离心力。

四、潮汐现象

（一）潮汐的周日不等

在一个太阴日中，两个高潮和两个低潮有明显的差异，涨落潮的时间间隔也不相等，称为潮汐的周日不等。其中较高的一次高潮叫高高潮，较低的一次高潮叫低高潮，而两次低潮中较高的一次叫高低潮，较低的一次叫低低潮。

日潮是指一天只有一次高潮和一次低潮的现象。当纬度很高，月亮赤纬又较大时，某相邻的低高潮和高低潮的高度可能相差无几，从而形成了日潮现象。

当月赤纬达到最大时，潮汐周日不等现象最为显著，月赤纬最大时的潮汐称为回归潮。

（二）潮汐的半月不等

海水的涨落变化是以半个溯望月为周期的，这种现象称为潮汐的半月不等。上面仅仅考虑了月引潮力，虽然月引潮力比太阳的引潮力大2.17倍，但实际上太阳的汐椭圆体，而且太阳的两次中天的时间间隔为24小时。当太阳的赤纬不为零时，也会发生太阳潮汐的周日不等现象，所以太阳潮的存在使潮汐现象更为复杂。因月球、太阳和地球在空间周期性地改变着相对位置，从而产生了潮汐的半月不等现象。

当月球处于新月（阴历初一）或满月（阴历十五）时，太阳和月球的潮汐椭圆体的长轴在同一子午圈平面内，则月引潮力和太阳引潮力相互递加，使合成的潮汐椭圆体长轴更长，短轴更短，从而形成了高潮相对最高，低潮相对最低，即一个月中海水涨落最大的现象，称为大潮。

月球处于上弦（阴历初七、八）或下弦（阴历二十二、二十三）时，太阳和月球的潮汐椭圆体的长、短轴在同子午圈平面内，因此两者的引潮力相互抵消一部分，使合成的潮汐椭圆体长轴变短，短轴变长，从而形成了高潮相对最低，低潮相对最高即一个月中海水涨落最小的现象，称为小潮。

（三）潮汐的视差不等

地球位于椭圆轨道的一个焦点上潮汐的视差不等是由于月球和太阳与地球间的距离变化，使月球引潮力和太阳引潮力发生变化，从而产生的潮汐不等现象。

月球位于近地点时，其引潮力要比远地点时约大40%。地球位于近日点时的太阳引潮力比远日点约大10%。月球视差不等是指月亮引潮力的变化，周期为27.3天。太阳视差不等是指太阳引潮力的变化，周期为365.422天。

（四）理论潮汐和实际潮汐的差异

前面讨论的潮汐成因和潮汐不等等是在假设的两个条件下进行的，事实上，海底的实际地貌特征使海水受到较大的摩擦力，其结果造成了潮汐的"滞后"现象，高潮月中天之时，而是滞后一段时间发生，大潮也并不发生在朔望之日。月球和太阳所引起的潮汐椭球，其长轴方向一致，因之潮高相互叠加，形成朔望大潮。实际上，在较多地方，大潮发生的时间稍有延后现象，因此，大潮发生的时间，是在满月和新月之后一天或两天。从月上（下）中天时到出现第一次低潮的时间间隔称低潮间隙。从月上（下）中天时到出现第一次高潮的时间间隔称高潮间隙。朔望日到发生大潮的间隔天数称为潮龄。

（五）影响潮汐的主要因素

（1）地形和水深影响，沿岸海区地理条件比大洋更加复杂。

（2）受大风、台风、气压变化影响。

（3）洪水、结冰等影响。

（六）我国沿海潮汐特点

1. 黄海和渤海海区

从鸭绿江口沿辽宁海岸到大连老铁山为正规半日潮，由老铁山以北，经长兴岛、营口、葫芦岛至团山角为不正规半日潮。娘娘庙附近的一小段海岸为不正规日潮，从石河口一直扩展到秦皇岛以南即转入日潮，从留守营（人造河口）至滦河口以北一小段又为不正规日潮。从滦河口、大清河、埕口沿山东北岸经莱州湾至屺姆角为不正规半日潮，其中在南堡附近为正规半日潮，在老黄河口附近和五号桩附近为正规全日潮，而从屺姆角到威海，包括渤海海峡都是正规半日潮。从威海以东，经成山头，石岛至靖海角为不正规半日潮。从靖海湾沿山东南岸到江苏海岸为正规半日潮，但在从废黄河口至扁担港附近有一小段为不正规半日潮。

2. 东海海区

从江苏海岸直至杭州湾为正规半日潮，宁波定海附近有一小范围的地区为不正规半日潮，从宁波至厦门浮头湾以北都是正规半日潮，而澎湖列岛北面以及台湾西岸东石以北，直至淡水也是正规半日潮，澎湖列岛南面和台湾东岸北岸西南岸以及台湾附属岛屿钓鱼岛都是不正规半日潮。

3. 南海海区

自厦门浮头湾直到广东汕头南面的海门湾为不正规半日潮，清海附近很小的一个地区为不正规全日潮，神泉港到甲子港附近为全日潮，广东的碣石湾、汕尾到平海湾为不正规全日潮，但有部分港湾港口如碣石港为正规全日潮，长沙港为不正规半日潮。从平海湾、大鹏湾、珠江口一直到雷州湾和琼州海峡东为不正规半日潮。从海安港沿雷州半岛西南岸直至广西珍珠港的北部湾区域，除铁山港附近为不正规全日潮外，其余为正规全日潮。海南岛东北从铺前港到铜鼓嘴为不正规半日潮，东南从铜鼓嘴到八所港南面为不正规全日潮，海南岛西北从八所港到海口港为全日潮。

五、潮汐的周期分类

根据潮汐周期可分为以下三类：

（一）半日潮型

一个太阳日内出现两次高潮和两次低潮，前一次高潮和低潮的潮差与后一次高潮和低潮的潮差大致相同，涨潮过程和落潮过程的时间也几乎相等（6小时12.5分）。我国渤海、东海、黄海的多数地点为半日潮型，如大沽、青岛、厦门等。

（二）全日潮型

一个太阳日内只有一次高潮和一次低潮。如南海汕头、渤海秦皇岛等。南海的北部湾是世界上典型的全日潮海区。

（三）混合潮型

一月内有些日子出现两次高潮和两次低潮，但两次高潮和低潮的潮差相差较大，涨潮过程和落潮过程的时间也不等，而另一些日子则出现一次高潮和一次低潮。我国南海多数地点属混合潮型，如榆林港，十五天出现全日潮，其余日子为不规则的半日潮，潮差较大。不论哪种潮汐类型，在农历每月初一、十五以后两三天内，各要发生一次潮差最大的大潮，那时潮水涨得最高，落得最低。在农历每月初八、二十三以后两三天内，各有一次潮差最小的小潮，届时潮水涨得不太高，落得也不太低。

六、潮汐表

潮汐表是潮汐预报表的简称，它预报沿海某些地点在未来一定时期的每天潮汐情况。在航运方面，有些水道和港湾须在高潮前后才能航行和进出港。在军事方面，有时为了选择有利的登陆地点和时间，就必须考虑和掌握潮汐的情况。在生产方面，沿海的渔业、水产养殖业、农业、盐业、资源开发、港口工程建设、测量、环境保护和潮汐发电等，都要掌握潮汐变化的规律。

潮汐表一般包括主港逐日预报表（通常有高潮和低潮的时间和潮高，有的港还有每小时的潮高）、附有港差比数、潮信和任意时刻的潮高计算等内容。港差比数包括潮时差、潮差比和潮高比，是根据主港和附港的潮汐资料统计得到的，也可由主港和附港的潮汐调和常数算得。差比法是利用主港的潮汐预报来预测附港潮汐的方法。欲求得某附港的高潮和低潮的时间，只需将主港的高潮或低潮的时间加上此附港的潮时差即得。欲求得附港的高潮和低潮的潮高，可利用潮差比或潮高比进行计算。

在半日潮占优势的港口，通常列有各港的平均高潮间隙、平均大潮升（大潮平均高潮高）、平均小潮升（小潮平均高潮高）等潮汐特征值。在全日潮占优势的港口，一般列出回归潮和分点潮的潮汐特征值，可用以计算各港口大概的潮时和潮高，并了解附港的潮汐特征等。

任意潮时或潮高的计算在潮汐表中，通常附有便于计算的图卡和表，应用于已知高潮和低潮的情况下，计算高潮和低潮之间任一时刻的潮高或出现任一潮高的时刻。此外，有的潮汐表还附有各港口主要分潮的调和常数，或概略介绍附近海区的潮流，如表7.1所示。

表7.1　唐山港2018年5月至8月潮汐表

唐山港（曹妃甸港区）
TANGSHAN GANG(CAOFEIDIAN GANGQU)

2018 年　　　　纬度：38°55′N　　　　　　　经度：118°30′E　　　　潮汐表

潮时 Time（时分）　潮高 cm

5月 May / 6月 Jun. / 7月 Jul. / 8月 Aug.（日 1—16）

日	5月 May	6月 Jun.	7月 Jul.	8月 Aug.
1	03 05 234 / 09 15 52 / 16 00 251 / 21 38 104	03 32 250 / 10 12 46 / 17 10 258 / 22 26 148	03 47 268 / 10 26 76 / 17 25 284 / 22 50 169	04 36 271 / 11 05 86 / 17 56 297 / 23 31 155
2	03 33 232 / 09 53 45 / 16 41 247 / 22 12 110	04 00 247 / 10 43 48 / 17 44 261 / 23 00 156	04 15 261 / 10 57 74 / 17 53 280 / 23 23 162	05 33 279 / 11 39 92 / 18 23 299
3	04 02 232 / 10 30 40 / 17 19 242 / 22 45 117	04 30 247 / 11 14 53 / 18 17 267 / 23 41 164	04 49 255 / 11 30 72 / 18 23 279	00 09 147 / 05 56 276 / 12 17 103 / 18 54 301
4	04 30 232 / 11 05 37 / 17 56 239 / 23 21 124	05 03 249 / 11 49 62 / 18 53 275	00 02 155 / 05 30 254 / 12 08 73 / 18 59 279	00 52 139 / 06 48 274 / 12 59 121 / 19 30 301
5	04 59 231 / 11 40 36 / 18 35 238	00 28 170 / 05 44 251 / 12 30 74 / 19 35 279	00 45 150 / 06 17 254 / 12 51 87 / 19 40 282	01 41 132 / 07 41 272 / 13 45 144 / 20 11 299
6	00 03 133 / 05 32 228 / 12 19 41 / 19 20 239	01 21 174 / 06 33 249 / 13 17 90 / 20 22 279	01 33 149 / 07 12 255 / 13 37 107 / 20 22 284	02 38 126 / 09 07 266 / 14 42 171 / 21 00 296
7	00 56 144 / 06 13 223 / 13 03 55 / 20 12 241	02 16 176 / 07 31 245 / 14 09 107 / 21 12 275	02 26 142 / 08 16 252 / 14 27 131 / 21 07 283	03 46 114 / 10 38 267 / 15 54 193 / 21 57 292
8	01 59 156 / 07 01 219 / 13 55 76 / 21 11 243	03 13 167 / 08 40 240 / 15 07 124 / 22 00 272	03 26 138 / 09 25 251 / 15 23 151 / 21 53 280	04 57 108 / 12 07 271 / 17 22 203 / 23 02 289
9	03 02 164 / 08 03 217 / 14 56 97 / 22 10 245	04 12 153 / 10 02 239 / 16 10 137 / 22 48 270	04 30 122 / 10 42 247 / 16 33 163 / 22 43 275	06 21 84 / 13 24 289 / 18 40 199
10	04 05 164 / 09 19 218 / 16 03 111 / 23 03 246	05 12 131 / 11 27 244 / 17 18 145 / 23 34 269	05 34 96 / 12 26 252 / 17 47 171	00 07 286 / 07 09 74 / 14 25 300 / 20 59 151
11	05 06 152 / 10 45 133 / 17 12 113 / 23 48 246	06 09 104 / 12 43 253 / 18 24 150	06 34 78 / 13 40 263 / 18 53 173	01 06 285 / 08 02 60 / 15 15 308 / 20 31 178
12	06 00 128 / 11 58 231 / 18 14 108	00 19 269 / 07 01 78 / 13 52 266 / 19 20 154	00 29 271 / 07 28 62 / 14 41 272 / 19 49 175	02 00 286 / 08 49 54 / 16 00 313 / 21 18 169
13	00 30 247 / 06 48 99 / 13 01 240 / 19 07 105	01 02 268 / 07 47 71 / 14 51 278 / 20 09 160	01 19 272 / 08 15 52 / 15 32 285 / 20 39 174	02 52 290 / 09 29 58 / 16 42 314 / 22 01 162
14	01 10 248 / 07 32 73 / 14 02 251 / 19 52 109	01 44 267 / 08 31 49 / 15 43 289 / 20 54 168	02 07 273 / 09 04 48 / 16 26 295 / 21 26 175	03 44 295 / 10 18 67 / 17 15 296 / 22 45 152
15	01 47 251 / 08 14 57 / 14 58 262 / 20 34 122	02 25 269 / 09 14 48 / 16 30 297 / 21 37 177	02 54 274 / 09 50 47 / 17 05 295	04 37 299 / 11 02 80 / 17 53 304 / 23 37 113
16	02 21 254 / 08 53 50 / 15 49 272 / 21 13 138	03 07 273 / 09 58 50 / 17 15 302 / 22 21 182	00 43 276 / 09 58 50 / 17 47 297 / 23 01 170	05 31 291 / 11 46 94 / 18 26 293

5月 May / 6月 Jun. / 7月 Jul. / 8月 Aug.（日 17—31）

日	5月 May	6月 Jun.	7月 Jul.	8月 Aug.
17	02 53 258 / 09 31 49 / 16 35 279 / 21 51 151	03 51 277 / 10 42 53 / 17 59 303 / 23 09 182	04 35 277 / 11 20 61 / 18 29 300 / 23 52 167	00 15 121 / 06 28 281 / 12 32 110 / 18 59 282
18	03 27 261 / 10 11 47 / 17 18 281 / 22 29 157	04 37 279 / 11 30 55 / 18 44 299	05 33 279 / 12 07 78 / 19 09 302	01 03 105 / 07 28 269 / 13 19 131 / 19 34 275
19	04 06 263 / 10 54 43 / 18 04 278 / 23 15 159	00 03 177 / 05 33 270 / 12 20 61 / 19 33 292	00 47 162 / 06 37 272 / 12 57 102 / 19 51 303	01 57 96 / 08 36 260 / 14 12 156 / 20 14 271
20	05 03 249 / 11 41 39 / 18 53 271	01 06 167 / 06 37 259 / 13 15 75 / 20 25 285	01 45 153 / 07 47 275 / 13 52 128 / 20 34 300	02 58 95 / 09 55 256 / 15 16 183 / 21 02 268
21	00 07 158 / 05 38 254 / 12 33 39 / 19 50 263	02 13 154 / 07 58 251 / 14 18 97 / 21 08 280	02 47 140 / 08 59 273 / 14 53 152 / 21 20 292	04 09 99 / 11 24 258 / 16 44 201 / 22 03 264
22	01 08 157 / 06 37 242 / 13 30 48 / 20 54 258	03 21 140 / 09 28 249 / 15 28 129 / 22 10 277	03 54 125 / 10 25 262 / 16 07 171 / 22 09 283	05 26 99 / 12 45 266 / 19 09 201 / 23 15 260
23	02 24 154 / 07 56 230 / 14 38 65 / 22 00 258	04 28 125 / 10 54 256 / 16 43 146 / 23 00 275	05 04 109 / 11 49 260 / 17 18 184 / 23 03 278	06 30 93 / 13 41 272 / 19 07 189
24	03 46 145 / 09 31 242 / 15 55 85 / 23 00 260	05 30 108 / 12 08 240 / 17 54 161 / 23 47 271	06 09 97 / 13 08 265 / 18 29 191 / 23 59 279	00 22 260 / 07 05 79 / 14 20 277 / 19 49 172
25	04 58 129 / 11 04 235 / 17 09 103 / 23 50 263	06 23 90 / 13 22 274 / 18 55 168	07 04 90 / 14 07 277 / 19 25 193	00 57 266 / 07 59 79 / 14 52 284 / 20 24 158
26	05 57 110 / 12 11 250 / 18 15 119	00 34 80 / 07 18 80 / 14 19 278 / 19 46 169	00 52 150 / 07 50 87 / 14 51 289 / 20 11 191	02 05 275 / 09 11 65 / 15 24 293 / 20 59 151
27	00 35 263 / 06 47 92 / 13 27 264 / 19 11 129	01 20 270 / 08 04 71 / 15 06 281 / 20 29 170	01 40 291 / 08 28 85 / 15 26 298 / 20 52 185	02 48 286 / 09 11 85 / 15 56 302 / 21 33 149
28	01 15 262 / 07 33 77 / 14 22 274 / 19 58 136	00 19 289 / 08 46 68 / 15 45 284 / 21 08 170	02 23 299 / 09 05 85 / 15 59 302 / 21 28 177	03 29 293 / 09 45 94 / 16 30 306 / 22 05 148
29	01 52 261 / 08 16 68 / 15 09 272 / 20 39 138	01 52 261 / 07 47 71 / 15 09 272 / 20 39 160	03 02 287 / 09 43 71 / 16 31 302 / 22 01 166	04 00 294 / 10 17 103 / 16 53 302 / 22 34 142
30	02 27 258 / 08 58 55 / 15 52 267 / 21 17 140	02 27 258 / 08 58 55 / 15 43 289 / 21 17 140	03 36 279 / 10 07 83 / 16 58 297 / 22 31 166	04 31 292 / 10 47 108 / 17 15 296 / 23 04 128
31	03 01 251 / 09 37 49 / 16 33 261 / 21 52 142		04 37 279 / 10 35 84 / 17 30 297 / 23 00 162	05 06 288 / 11 18 112 / 17 34 291 / 23 37 113

时　区：东8时区
Time Zone：-0800

潮高基准面：在平均海面下178厘米。
Tidal datum：178cm below mean sea level.

七、我国《潮汐表》出版的情况

我国的《潮汐表》有多种版本，由国家海洋信息中心编制、山东省地图出版社出版发行的《潮汐表》；由海军司令部航海保证部编制、中国航海图书出版社发行的《潮汐表》，还有地方海事部门出版的当地《潮汐表》，每年出版一次，本年度的《潮汐表》均在上年度编印。海军司令部航海保证部编制的《潮汐表》共有四册，包括黄、渤海海区（H101），东海海区（H120），南海海区（H103），太平洋北西部（H104）。

（一）《潮汐表》主要内容

1. 主港潮汐预报表（主表）：刊载了各册表附属区域的主港的每日逐时潮高和高（低）潮时、潮高预报或只刊载每日高（低）潮时、潮高预报。

2. 潮流预报表：刊载了部分海峡、港湾、航道以及渔场等潮流预报站点的每日潮流预报。

3. 差比数和潮信表（附表）：刊载了附属港（附港）与某一主港之间的潮时差、潮差比和改正数。为了帮助用户了解港口的潮汐情况，还同时列出了每个港口的潮汐特征数据。

除此以外还有一些与潮汐表结合使用的专用图表如《部分港口潮高订正值表》《格林尼治月中天时刻表》《东经120°月中天时刻表（北京标准时）》和《月赤纬表（世界时0时）》以及表册说明和使用举例等。

《潮汐表》中刊载每日高、低潮的潮时和潮高预报的港口称为主港，它通常是重要港口或者能够代表某类潮汐特征。如果某两个港口的潮汐特征类似，则两者之间具有几乎不变的潮时差和潮差比（差比关系）。

（二）《潮汐表》的预报误差及气象水文对潮汐的影响

中国沿岸主港的预报精度高于英、美等国的潮汐表，其余地区的精度大致与英美等国的潮汐表相当。在正常情况下，中国沿岸主港的预报潮时的误差在20～30 min以内，但是对于此位于感潮河段中的主港预报潮高与实际水位相差较大，在下列情况下《潮汐表》的预报可能出现较大误差，应予注意。

（1）有寒潮、台风或其他天气急剧变化时，水位随之发生特殊变化，潮汐预报值将与实际值有较大不同。寒潮常常引起"减水"使实际水位低于预报很多，个别强烈的寒潮可使实际水位低于预报1米以上。夏秋季节受到台风侵袭的地区（尤其是闽浙沿海）常常引起较大的"增水"，个别情况也有引起实际水位高于预报1 m以上的现象。此外长江口附近春季经常有气旋出海而引起大风，也能引起水位的较大变化。

（2）处在江河口的预报点，如营口、燕尾、吴淞、温州、海门、马尾等，每当汛期洪水下泄时，水位急涨，实际水位会高于预报值很多。

（3）南海的日潮混合潮港如海口、海安、北海等，因高潮与低潮常常有一段较长的平潮时间，预报的潮时有时会与实际差1小时以上，但这对实际使用影响不大，所报时间的潮高仍与实际比较相符。

（4）潮流预报表中预报的只是水流中的潮流部分。在一般情况下，本表预报的潮流是水流中的主要成分，可以近似地视为实际水流。但是在特殊情况下，表层海流受到风的影响很大，使潮流规律不明显，这时表中的预报与实际水流有较大的差别，使用时要注意。

八、潮汐的开发和利用

（一）潮汐能

潮汐能是以位能的形态出现的海洋能，是指海水潮涨和潮落形成的水的势能。海水涨落的潮汐现象是由地球和天体运动以及它们之间的相互作用而引起的。在海洋中，月球的引力使地球的向月面和背月面的水位升高。由于地球的旋转，这种水位的上升以周期为12小时25分和振幅小于1 m的深海波浪形式由东向西传播。太阳引力的作用与此相似，但是作用力小些，其周期为12小时。当太阳、月球和地球在一条直线上时，就产生大潮（spring tides）；当它们成直角时，就产生小潮（neap tides）。除了半日周期潮和月周期潮的变化外，地球和月球的旋转运动还产生许多其他的周期性循环，其周期可以从几天到数年。同时地表的海水又受到地球运动离心力的作用，月球引力和离心力的合力正是引起海水涨落的引潮力。

（二）潮差对比

除月球、太阳外，其他天体对地球同样会产生引潮力。虽然太阳的质量比月球大潮汐的形成得多，但太阳离地球的距离也比月球与地球之间的距离大得多，所以其引潮力还不到月球引潮力的一半。其他天体或因远离地球，或因质量太小所产生的引潮力微不足道。根据平衡潮理论，如果地球完全由等深海水覆盖，用万有引力计算，月球所产生的最大引潮力可使海水面升高0.563 m，太阳引潮力的作用为0.246 m，夏威夷等大洋处观测的潮差约1 m，与平衡潮理论比较接近，近海实际的潮差却比上述计算值大得多。如我国杭州湾的最大潮差达8.93 m，北美加拿大芬地湾最大潮差更达19.6 m。通过上升、收聚和共振等运动，使潮差增大。潮汐能的能量与潮量和潮差成正比。或者说，与潮差的平方和水库的面积成正比。和水力发电相比，潮汐能的能量密度很低，相当于微水头发电的水平。世界上潮差的较大值为13～15 m，但一般说来，平均潮差在3 m以上就有实际应用价值。

（三）开发潜力

潮汐因地而异的，不同的地区常有不同的潮汐系统，它们都是从深海潮波获取能量，但具有各自独有的特征。尽管潮汐很复杂，但对任何地方的潮汐都可以进行准确预报。海洋潮汐从地球的旋转中获得能量，并在吸收能量过程中使地球旋转减慢。但是这种地球旋转的减慢在人的一生中是几乎觉察不出来的，而且也并不会由于潮汐能的开发利用而加快。这种能量通过浅海区和海岸区的摩擦，以1.7 TW的速率消散。只有出现大潮，能量集中时，并且在地理条件适于建造潮汐电站的地方，从潮汐中提取能量才有可能。虽然这样的场所并不是到处都有，但世界各国已选定了相当数量的适宜开发潮汐能的站址。据最新的估算，有开发潜力的潮汐能量每年约200 TW·h。

（四）潮能储量

全世界潮汐能的理论蕴藏量约为$3×10^9$ kW，我国海岸线曲折，漫长的海岸蕴藏着十分丰富的潮汐能资源。我国潮汐能的理论蕴藏量达$1.1×10^8$ kW，其中浙江、福建两省蕴藏量最大，约占全国的80.9%，但这都是理论估算值，实际可利用的远小于上述数字。

（五）发电原理

潮汐发电与普通水力发电原理类似，通过出水库，在涨潮时将海水储存的水库内，以势能的形势保存，然后，在落潮时放出海水，利用高、低潮位之间的落差，推动水轮机旋转，带动发电机发电。差别在于海水与河水不同，蓄积的海水落差不大，但流量较大，并且呈间歇性，从而潮汐发电的水轮机结构要适合低水头、大流量的特点。

（六）发电站

世界各国已选定了相当数量的适宜开发潮汐能的站址。据最新的估算，有开发潜力的潮汐能量每年约200 TW·h。1912年，世界上最早的潮汐发电站在德国的布斯姆建成。1966年，世界上最大容量的潮汐发电站在法国的朗斯建成。我国在1958年以来陆续在广东省的顺德和东湾、山东省的乳山、上海市的崇明等地，建立了潮汐能发电站。

加拿大安纳波利斯潮汐电站、法国朗斯潮汐电站、基斯拉雅潮汐电站是世界三大著名潮汐电站。

钱塘江大潮是世界三大涌潮之一，是天体引力和地球自转的离心作用，加上杭州湾喇叭口的特殊地形所造成的特大涌潮。钱塘江口外宽内窄，呈明显的喇叭状，出江口的江面很宽，越往里江面越窄，到海宁盐官镇一带时，江面骤然降到只有3千米宽。钱塘江暴涨潮和深入内陆六百多千米的长江潮，主要是由于潮流沿着入海河流的河道溯流而上形成的。潮水涌入三角形海湾中，潮位堆高，潮差增大。当潮流涌来时，潮端陡立，水花四溅，像一道高速推进的直立水墙，前面的还没有疏通，后面的浪又赶上来，一浪高过一浪，十分壮观，形成"滔天浊浪排空来，翻江倒海山为摧"的壮观景象。

第二节　气象

气象要素

表征大气基本特征及变化规律的物理量就称为气象要素。主要气象要素有气温、气压、气团、风、云、降水、空气湿度和能见度等各种天气现象，在这些主要的气象要素中，有的表示大气的性质，如气温、气压、气团和湿度；有的表示空气的运动状况，如风向、风速；有的本身就是大气中发生的一些现象，如云、雾、雨、雪、雷电等。

（一）气温

气温是指表示大气冷热程度的物理量。它是空气分子运动的平均动能，习惯上以摄氏温度（t℃）表示，也有用华氏温度（t' °F）表示的，理论研究工作中则常用绝对温度（T K）表示。其间换算关系是：t℃=5/9（t' °F－32）；t℃=T K－273.15，地面大气温度一般指地面以上1.25～2米之间的大气温度，测量气温的仪器有温度表和温度计。

（二）气压

它是在任何表面的单位面积上，空气分子运动所产生的压力。气压的大小同高度、温度、密度等有关，一般随高度增高按指数律递减。在气象上，通常用测量高度以上单位截面积的竖直大气柱的重量来表示。常用单位有毫巴（mb）、毫米水银柱高度（mm·Hg）、帕（Pa）、百帕（hPa）、千帕（kPa），其间换算关系是：1 mm·Hg=4/3 mb，1 mb=100 Pa=1 hPa=0.1 kPa。国际单位制通用单位为帕。测量气压的仪器常用的有水银气压表、空盒气压表、气压计（见地面气象观测仪器）。按云底的高度和云状等的不同，把云压，称为标准大气压，它相当于在重力加速度为9.806 65 m/s^2，温度为0℃时，760毫米竖直水银柱的压强。

（三）气团

同一时段，占据广大空间的大团空气内，水平方向上的物理属性比较均匀，在垂直方向上的各种物理属性分布比较相似，天气特点也大致相同，气象要素变化不太剧烈，这种大团空气称为气团，如图7.2所示。

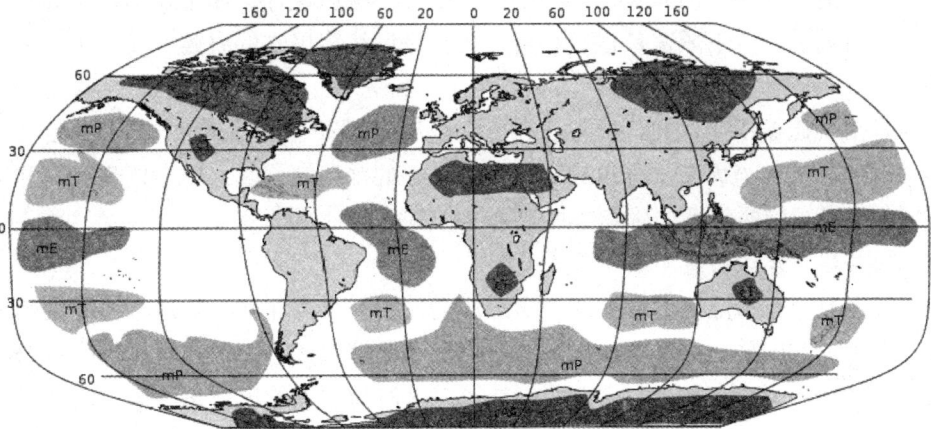

图7.2 气团示意图

气团在水平方向上大气的属性主要指温度湿度和稳定度，对比较均匀的大块空气块。其水平尺度达到几百至几千千米，垂直尺度约几千米到十几千米，气团的形成必须具有范围大，性质均匀的下垫面，还须有合适的环流条件。气团的分类，若按形成的位置分，则有极地气团和热带气团（又可分为热带海洋气团和热带大陆气团）。此外，还有中纬度气团，它们主要来自极地或热带的变性气团。若按热力分类，则可分为冷气团和暖气团。

中国南方部分地区主要受热带海洋和热带大陆气团影响，在中国北方则仍会受极地大陆气团影响。

大气的热量主要来自地球表面，空气中的水汽也来自地球表面水分的蒸发，所以下垫面是空气最直接的热源，也是最重要的湿气团形成的条件。首先需要有大范围的性质比较均匀的下垫面，广阔的海洋、冰雪覆盖的大陆等，都可作为形成气团的源地。此外，气团形成还应具备适当的流场条件，使大范围的空气能在源地上空停留较长的时间或缓慢移动，通过大气中各种尺度的湍流对流及大范围的垂直运动等物理过程，与地球表面进行水汽与热量交换，从而获得与下垫面相应的比较均匀的温、湿特性。

适当的流场通常是指静止的大型的高压流场，在准静止的高压控制下，高压中的辐散下沉运动，可以使大气中的温度湿度的水平梯度减小，增加大气中温、湿特性的水平均匀性，同时稳定的环流可使空气较长时间地缓慢移动，在温、湿特性比较均匀的下垫面上，使空气有足够长的时间取得下垫面的温、湿特性。例如，西伯利亚地区冬季为一个不大移动的高压所盘踞，是形成冷气团的源地。在中国东南方向的辽阔海洋上常有高压存在，是形成暖湿气团的源地。

（四）风

空气的水平运动称作风。风既有方向，也有速度。风向是指风来的方向，地面风向用十六个方位表示。风速是指单位时间内空气在水平方向上移动的距离，风速单位是米/秒。目测风速是依据风力等级来估计的，目前普遍采用的是英国蒲福的风速标准。

风速计通常用来监测风速，很多航海的地方都有风速计，用来显示水边地码头区的风力。出海前检查一下风速计很有必要，尤其是风往海里吹的时候，通过水的表面难以判断风力。

风是由气压差所产生的，通常从高压区域流向低压区域。它的方向和速度极大地受本地地形的影响，当你在被群山或高建筑物环绕的水域航行时，你会发现风向和风力经常改变，熟悉周围的环境对适应这些变化很有好处。

1. 海陆风（岸边的离岸风和向岸风）

海陆风是由于海陆热力性质不同所形成的，白天由海洋吹向陆地，夜间由陆地吹向海洋。自海面吹向陆地的风叫向岸风。在白昼陆面增温比海面快，气压梯度自海面指向陆地，空气从海上吹向岸边，会产生向岸风，这时地面上的风就是海风，向岸风是由海上较重的冷空气推动陆地较轻的热空气造成的。下午随着陆地温度的升高，向岸风会明显的变强。

夜晚陆面冷却比海面快，一些风从陆地吹向海面，这时地面上的风就是陆风，称作离岸风。离岸风受当地地形特征的影响，站在岸边观察海面离岸风看起来比实际的规模要小，这是因为你看到的是它吹起波浪的背面。如果身处海里观察，你会发现风力会比你想象的要大得多，上层的风向与地面的风向相反。海风和陆风的转换时间，随地形特点及天气条件而定，一般在日出和日落时为转变时间。

海风始于8～11时（地方时），到13～14时最强，16时后逐渐减弱，20时以后就转为陆风。如果早晨阴天，海风出现的时间就要延迟到12时左右才出现。初生时风向约与岸垂直，而后历时越久，范围越大，受地转偏向力的影响也增大，使风向与海岸偏角增大。如我国东海岸海风初生时多为东风，至下午变成东南风或南风，夜间陆风初生时多为西风，子夜后变成西北风或北风。

2. 季风和地方性风

地球上不少地区的盛行风都是随季节变化而改变的，例如渤海和黄海冬季多偏北风，夏季多偏南风。春秋季为转换季节，春季风向逐渐由偏北风转为偏南风，4月份偏南风已居第一。9月份北风出现次数增多，10月份黄、渤海沿岸主要风向分布较春季复杂，渤海沿岸以偏南风居第一，偏北风次之，黄海区北及东北风已居第一。11月全区都以偏北风较多，冬季风速较大，尤其是1月，黄海中南部及渤海海峡附近，平均风速70米／秒以上，个别海区大于10米／秒。黄海北部及渤海沿岸风速较小，夏季平均风速在4～5米／秒，春秋季平均风速5～6米／秒。春季除个别海区外，风速略小于秋季，像这种大范围风向随季节而有规律转变的盛行风叫作季风。

3. 风速

风速是单位时间内空气在水平方向上移动的距离，常用单位有米／秒（m/s）和节（kn），它们之间的关系为：1 m/s≈2 kn。

4. 风力

根据风对地面物体或海面的影响程度，定出风力等级。目前国际上采用的风力等级是英国人蒲福于1808年拟定的，故称蒲氏风级。当时将风级划分为0~12级典13个等级，如表7.2所示。

表7.2　风级划分

风级	名称	风速（m/s）	陆地物象	海面波浪	浪高（m）
0	无风	0.0～0.2	烟直上	平静	0.0
1	软风	0.3～1.5	烟示风向	微波峰无飞沫	0.1
2	轻风	1.6～3.3	感觉有风	小波峰未破碎	0.2
3	微风	3.4～5.4	旌旗展开	小波峰顶破裂	0.6
4	和风	5.5～7.9	吹起尘土	小浪白沫波峰	1.0
5	劲风	8.0～10.7	小树摇摆	中浪折沫峰群	2.0
6	强风	10.8～13.8	电线有声	大浪到个飞沫	3.0
7	疾风	13.9～17.1	步行困难	破峰白沫成条	4.0
8	大风	17.2～20.7	折毁树枝	浪长高有浪花	5.5
9	烈风	20.8～24.4	小损房屋	浪峰倒卷	7.0

续表

风级	名称	风速（m/s）	陆地物象	海面波浪	浪高（m）
10	狂风	24.5 ~ 28.4	拔起树木	海浪翻滚咆哮	9.0
11	暴风	28.5 ~ 32.6	损毁普遍	波峰全呈飞沫	11.5
12	飓风	32.7 ~	摧毁巨大	海浪滔天	14.0

1946年风力等级又有修改，将风级增至0~17级，共18个等级，如表7.3所示。

表7.3　风级划分

风级	风速（m/s）	风速（km/h）
13	37.0 ~ 41.4	134 ~ 149
14	41.5 ~ 46.1	150 ~ 166
15	46.2 ~ 50.9	167 ~ 183
16	51.0 ~ 56.0	184 ~ 201
17	56.1 ~ 61.2	202 ~ 220

5. 风向

风向是指风的来向，常用16方位或方位度数表示，如图7.3所示。

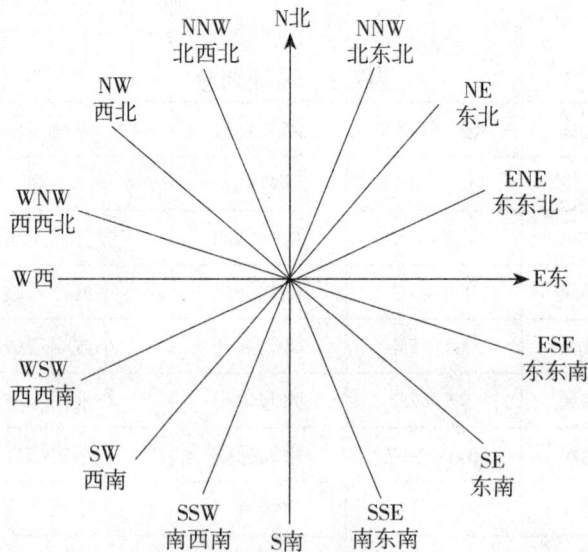

图7.3　风向方位示意图

6. 热带气旋

热带气旋是发生在热带海洋上的强烈天气系统，它像在流动江河中前进的涡旋一样，一边绕自己的中心急速旋转，一边随周围大气向前移动。在北半球热带气旋中的气流绕中心呈逆时针方向旋转，在南半球则相反。愈靠近热带气旋中心，气压愈低，风力愈大。但发展强烈的热带气旋，如台风，其中心是一片风平浪静的晴空区，即台风眼。气象学上，则只有风速达到某一程度的热带气旋才会被冠以"台风""飓风"等名字，如图7.4所示。

图7.4　热带气旋示意图

热带气旋是一种低气压天气系统，于热带地区离赤道平均3~5纬度外的海面（如南北太平洋，北大西洋，印度洋）上形成，最终在海上消散，转化为温带气旋或在登陆后消散。

登陆后的热带气旋会造成严重的财产或人员伤亡，是天灾的一种。不过热带气旋亦是大气循环中一个组成部分，能够将热能及地球自转的角动量由赤道地区带往较高纬度。不同的地区习惯上对热带气旋有不同的称呼。西太平洋沿岸的中国、日本、越南、菲律宾等地，习惯上称当地的热带气旋为台风，而大西洋则习惯称当地的热带气旋为飓风，其他地方对热带气旋亦有不同称呼。

热带气旋主要在夏季后期生成，因为海水温度在这个时候最高。但在确切的生成时间上，每个海域都有其独有的季度变化。综合全球而言，9月是热带气旋最活跃的月份，而5月则是最不活跃的月份。

热带气旋的命名方法在各区有所不同。在北大西洋及东北太平洋地区，男性和女性的名字会依英文字母排列，交替作为热带气旋的名字。在西北太平洋，热带气旋的命名表由世界气象组织台风委员会制订。20世纪初至中期，我国已自行为区内的热带气旋编配一个4位数字编号，编号首2位为年份，后2位为该年顺序号。例如0312，即2003年第12号热带气旋。

热带气旋形成的原因是地面温度高，气流上升，海面风和水蒸气由于比重大，沿地面补充地面空气，海面温度低吸收地面上升的空气、水蒸气补充空间。水蒸气在海上天空积聚，由于蒸汽层上层温度低，水蒸气体积缩小比重增大，蒸汽分子下降，由于蒸汽层下面温度高，下降过程中吸热，再度上升遇冷，再下降，如此反复气体分子逐渐缩小，最后集中在蒸汽层底层，在底层形成低温区，水蒸气向低温区集中，这就形成云。云团逐渐变大，云内部上下对流越来越激烈，幅度越来越大，温度越来越低，对周围水蒸气冷却力越来越强，水蒸气补充空间越来越大，水蒸气体积缩小越来越快，海面水蒸气快速向上收缩，周围水蒸气快速补充空间便产生气旋。

国际日期变更线以西的北太平洋生成了最多的热带气旋，而南大西洋则几乎没有热带气旋活动。几乎所有的热带气旋都是在赤道南北纬30°以内的范围内生成。当中大约87%是在南北纬20°之内。因为地转偏移力弱小的关系，南北纬10°以内形成热带气旋的机会较少，每年地球总共平均有80个热带气旋生成。西北太平洋生成的热带气旋占全球的三分之一，中国的沿岸是全球热带气旋登陆最多的地方，而每年也有六至七个热带气旋登陆菲律宾。

《热带气旋等级》国家标准（GB/T 19201–2006）已于2006年5月9日经国家标准化管理委员会批准发布，定于2006年6月15日起正式实施。本次发布的标准代替《热带气旋等级》国家标准（GB/T 19201–2003）。

根据中国气象局《关于实施热带气旋等级》国家标准（GBT 19201–2006）的通知，热带气旋按中心附近地面最大风速划分为六个等级：

超强台风：底层中心附近最大平均风速≥51.0 m/s，也即16级或以上。

强台风：底层中心附近最大平均风速41.5～50.9 m/s，也即14～15级。

台风：底层中心附近最大平均风速32.7～41.4 m/s，也即12～13级。

强热带风暴：底层中心附近最大平均风速24.5～32.6 m/s，也即风力10～11级。

热带风暴：底层中心附近最大平均风速17.2～24.4 m/s，也即风力8～9级。

热带低压：底层中心附近最大平均风速10.8～17.1 m/s，也即风力为6～7级。

（五）云

云是大气中的水蒸气遇冷液化成的小水滴或凝华成的小冰晶，所混合组成的飘浮在空中的可见聚合物。

云是地球上庞大的水循环的有形的结果。太阳照在地球的表面，水蒸发形成水蒸气，一旦水汽过饱和，水分子就会聚集在空气中的微尘（凝结核）周围，由此产生的水滴或冰晶，将阳光散射到各个方向，这就产生了云的外观。并且，云可以形成各种的形状，也因在天上的不同高度、形态而分为许多种，如图7.5所示。

图7.5　云示意图

云吸收从地面散发的热量，并将其反射回地面，这有助于使地球保温。但是云也将太阳光直接反射回太空，这样便有降温作用，哪种作用占上风取决于云的形状和位置。

从地面向上十几千米这层大气中，越靠近地面，温度越高，空气也越充足，越往高空，温度越低，空气也越稀薄。

另一方面，江河湖海的水面，以及土壤和动、植物的水分，随着蒸发到空中变成水汽。水汽进入大气后，成云致雨，或凝聚为霜露，然后又返回地面，渗入土壤或流入江河湖海。以后又再蒸发，再凝结下降，周而复始，循环不已。

水汽从蒸发表面进入低层大气，这里的温度高，所容纳的水汽较多，如果这些湿热的空气被抬升，温度就会逐渐降低，到了一定高度，空气中的水汽就会达到饱和。如果空气继续被抬升，就会有多余的水汽析出。如果那里的温度高于0℃，则多余的水汽就液化成小水滴。如果温度低于0℃，则多余的水汽就凝华为小冰晶。在这些小水滴和小冰晶逐渐增多并达到人眼能辨认的程度时，我们所说的云就形成了。

（六）降水

降水是指空气中的水汽冷凝并降落到地表的现象。它包括两部分，一是大气中水汽在地面或地物表面及低空的直接凝结物，如霜、露、雾和雾凇，又称为水平降水。另一部分是由空中降落到地面上的水汽凝结物，如雨、雪、霰雹和雨凇等，又称为垂直降水。但是单纯的霜、露、雾和雾凇等，不做降水量处理。在中国，国家气象局地面观测规范规定，降水量仅指的是垂直降水，水平降水不作为降水量处理，发生降水不一定有降水量，只有有效降水才有降水量。一天之内200 mm以上降水量为特大暴雨，75 mm以上为大暴雨，50 mm以上为暴雨，25 mm以上为大雨，10～25 mm为中雨，10 mm以下为小雨。

能见度：人的正常视力所能看到的目标物的最大距离

（七）空气湿度

空气湿度是表示空气中水汽含量和湿润程度的气象要素。地面空气湿度是指地面气象观测规定高度（即1.25~2.00 m，国内为1.5 m）上的空气湿度，是由安装在百叶箱中的干湿球温度表和湿度计等仪器所测定的。

空气湿度有三种基本形式，即水汽压、相对湿度、露点温度。

水汽压（也称绝对湿度）表示空气中水汽部分的压力，单位以百帕（hPa）为单位，取小数一位。

相对湿度用空气中实际水汽压与当时气温下的饱和水汽压之比的百分数表示，取整数。

露点温度是表示空气中水汽含量和气压不变的条件下冷却达到饱和时的温度，单位用摄氏度（℃）表示，取小数一位，配有湿度计时还可以测定相对湿度的连续记录和最小相对湿度。

一般而言，相对湿度的日变化与气温的日变化相反，最大值出现在日出前后，最小值出现在下午2时左右。当然，当某地的天气发生突变时，湿度的这种变化规律就会被破坏。如高温低湿的午后，突然乌云翻滚，湿空气汹涌而至，当地的湿度就会迅速猛升。

事实上，空气中的水汽一部分来自其下垫面上江河湖泊和潮湿土壤的蒸发，另一部分则来自热带地区特别是热带洋面。我国地处亚欧大陆东南部，因此，偏南或西南气流一般携带有暖湿空气，而西北气流是干冷空气的同义语。由春至夏，高温高湿的西太平洋副热带高压向北挺进，我国自南向北先后进入高温高湿的多雨季节。由秋至冬，来自西伯利亚的干冷空气步步南侵，我国又自北向南先后经历低温低湿的少雨时光。

（八）能见度

能见度是指物体能被正常视力看到的最大距离，也指物体在一定距离时被正常视力看到的清晰程度。能见度和当时的天气情况密切相关，当出现降雨、雾、霾、沙尘暴等天气过程时，大气透明度较低，因此能见度较差。测量大气能见度一般可用目测的方法，也可以使用大气透射仪、激光能见度自动测量仪等测量仪器测试。

在气象学中，能见度用气象光学视程表示。气象光学视程是指白炽灯发出色温为2 700 K的平行光束的光通量，在大气中削弱至初始值的5%所通过的路径长度。

白天能见度是指视力正常的人，在当时天气条件下，能够从天空背景中看到和辨认的目标物的最大水平距离，实际上也是气象光学视程。

国际上对烟雾的能见度定义为不足1 km，薄雾的能见度为1~2 km，霾的能见度为2~5 km。

能见度的划分标准如下：

（1）能见度20~30 km，能见度极好，视野清晰。

（2）能见度15～25 km，能见度好，视野较清晰。

（3）能见度10～20 km，能见度一般。

（4）能见度5～15 km，能见度较差，视野不清晰。

（5）能见度1～10 km，轻雾，能见度差，视野不清晰。

（6）能见度0.3～1 km，大雾，能见度很差。

（7）能见度小于0.3 km，重雾，能见度极差。

（8）能见度小于0.1 km，浓雾，能见度极差。

当然，气象要素还远不止这些，以上仅是最主要的气象要素而已。一般地说，气象要素选择得越多，就越能客观地表达出大气的各种状况。

第八章　游艇安全航行

第一节　水上助航标志

《中国海区水上助航标志（GB4696-1999）》是我国在国际海上浮标制度（A区域）的基础上结合我国实际情况，在1999年制定并公布实施的。该标准适用于中国海区及其海港、通海河口的所有浮标和水中固定标志。水中固定标志是指水中的立标和灯桩，其设置标点的高程在平均大潮高潮面以下，标志的基础或标身的一部分被平均大潮高潮淹没。

一、航道走向

航道走向是指游艇在沿海、河口的航道航行时用以确定航道左右侧的根据，即浮标系统习惯走向。其规定如下：

（1）从海上驶近或进入港口、河口、港湾或其他水道的方向。

（2）在外海、海峡或岛屿之间的水道，原则上指围绕大陆顺时针航行的方向。

（3）在复杂的环境中，航道走向由航标管理机关规定，并在海图上用符号"→:"标出。

二、航道的左右侧

航道的左右侧：游艇顺航道走向航行时，其左舷一侧为航道左侧，右舷一侧为航道右侧。

三、助航标志

助航标志是无线电信标和雷达航标、立标（灯立标）、浮标（灯浮）和灯船等的总称。有的航标还附设有雾警设备和无线电导航设备等。

（一）航标的种类与作用

航标是人工设置的助航标志的简称，是设置在沿岸及狭窄水域或重要航段或危险水域附近，引导船舶安全航行的重要设施。

1. 航标的种类

（1）按设置地点分：沿海航标、内河航标、船闸航标。

（2）按设置形态分：固定航标（如灯塔、灯桩、立标等）、浮动航标（如灯船、浮标等）。

固定航标设置在海岸、水中礁石上和浅水区，其位置固定不动。

浮动航标是浮在水面上的标志，用锚或沉锤加锚链系留在指定位置。浮动航标的实际位置也是相对固定的，仅在以锚碇为中心的一定范围内移动，但是，遇大风浪或遭遇船舶碰撞时可能会移位或漂失，因此，漂浮航标一般不能用于测定船位。

（3）按用途分：导航航标（如导灯、区界灯、定向标、定位航标）、避险航标、专用标专等。

（4）按技术装置分：发光航标（如灯塔、灯船、灯浮、灯桩等）、音响航标（如雾钟、雾锣、雾哨、雾角或低音雾角、雾笛、爆音雾钟、雾炮等）、无线电航标（如无线电信标、雷达反射器、雷达航标及无电线电双曲线定位系统的信号发射台等）。

2. 航标的主要作用

指示航道：标示航道的界限（如侧面标）、指示航道的中央线（如安全水域标）等。

船舶定位：利用固定的确知位置的航标测定船位。

标示危险区：指示危险物位置，供避离危险物用的航标（如方位标志）。

其他专门用途：标示特定水域或特征，标示锚地、施工区、禁区、船舶性能测定场、罗经差测定场、通航分道等。

（二）各种标志特征及相应的航行方法

1. 侧面标志

侧面标志是根据航道走向配布的，用以标示航道两侧界限或标示推荐航道，也可以标示特定航道。确定航道走向的原则是：船舶由海向里，即从海上驶近或进入港口、河口、港湾或其他水道的方向。在外海、海峡或岛屿之间的水道，原则上按环绕大陆顺时针航行的方向。在复杂的环境里，航道走向由航标主管部门确定，并在海图上用洋红色的"⇒"表示。当船舶顺航道走向航行时，其左舷一侧为航道的左侧，右舷一侧为航道的右侧。侧面标志包括左侧标、右侧标和推荐航道左侧标、推荐航道右侧标。航道左侧标和右侧标分别设在航道的左右两侧，标示航道左侧和右侧界线。顺航道走向行驶的船舶应将航道左侧标和右侧标置于该船的左舷和右舷通过，如图8.1所示。

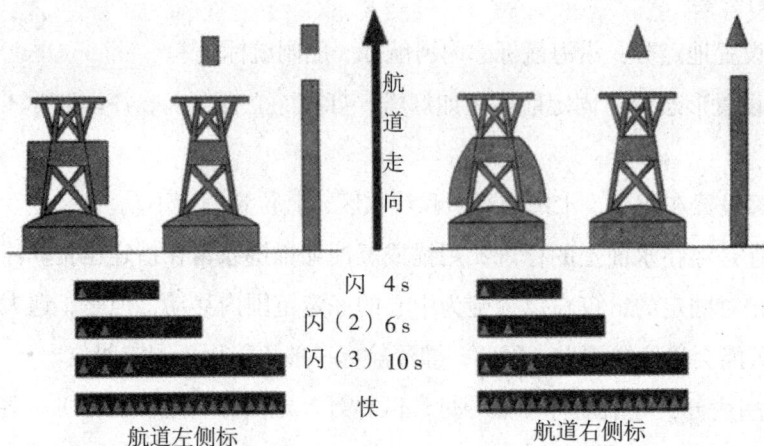

图8.1 航道左侧标和右侧标示意图

航道左侧标和右侧标的特征应符合表8.1的规定。

表8.1 航道左侧标和右侧标的特征

特 征	航道左侧标	航道右侧标
颜 色	红色	绿色
形 状	罐形，或装有顶标的柱形或杆形	锥形，或装有顶标的柱形或杆形
顶 标	单个红色罐形	单个绿色锥形，锥顶向上
灯 质	红光，单闪，周期4 s	绿光，单闪，周期4 s
	红光，联闪2次，周期6 s	绿光，联闪2次，周期6 s
	红光，联闪3次，周期10 s	绿光，联闪3次，周期10 s
	红光，连续快闪	绿光，连续快闪

2. 推荐航道左侧标和右侧标

推荐航道左侧标和右侧标设立在航道分岔处，也可设置在特定航道，船舶沿航道航行时，推荐航道左侧标标示推荐航道或特定航道在其右侧；推荐航道右侧标标示推荐航道或特定航道在其左侧，如图8.2所示。

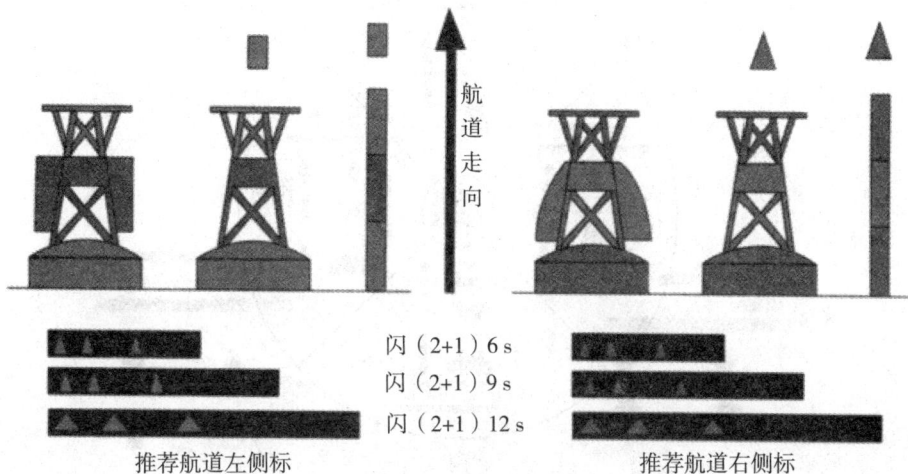

闪（2+1）6 s
闪（2+1）9 s
闪（2+1）12 s

推荐航道左侧标　　　　　　　　　　　　　推荐航道右侧标

图8.2　推荐航道左侧标、右侧标示意图

推荐航道左侧标和右侧标的特征应符合表8.2的规定。

表8.2　推荐航道左侧标和右侧标的特征

特征	推荐航道左侧标	推荐航道右侧标
颜色	红色，中间一条绿色宽横带	绿色，中间一条绿色宽横带
形状	罐形；装有顶标的柱形或杆形	锥形；装有顶标的柱形或杆形
顶标	单个红色罐形	单个绿色锥形，锥顶向上
灯质	红光，混合联闪2次加1次，周期6 s	绿光，混合联闪2次加1次，周期6 s
	红光，混合联闪2次加1次，周期9 s	绿光，混合联闪2次加1次，周期9 s
	红光，混合联闪2次加1次，周期12 s	绿光，混合联闪2次加1次，周期12 s

3. 方位标志

方位标志设在以危险物或危险区为中心的北、东、南、西四个象限内，即真方位西北—东北、东北—东南、东南—西南、西南—西北，并对应所在象限命名为北方位标、东方位标、南方位标、西方位标，分别标示在该标的同名一侧为可航行水域。方位标也可设在航道的转弯、分支汇合处或浅滩的终端。

北方位标设在危险物或危险区的北方，船舶应在本标的北方通过。东方位标设在危险物或危险区的东方，船舶应在本标的东方通过。南方位标设在危险物或危险区的南方，船舶应在本标的南方通过。西方位标设在危险物或危险区的西方，船舶应在本标的西方通过，如图8.3所示。

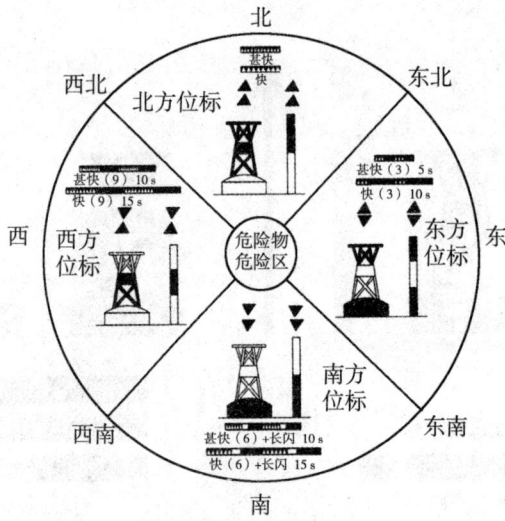

图8.3 方位标志示意图

方位标志的特征应符合表8.3的规定。

表8.3 方位标志的特征应

特征	北方位标	东方位标	南方位标	西方位标
颜色	上黑下黄	黑色，中间一条黄色宽横带	上黄下黑	黄色，中间一条黑色宽横带
形状	装有顶标的柱形或杆形			
顶标	上下垂直设置的两个锥体			
	锥顶均向上	锥底相对	锥顶均向下	锥顶相对
灯质	白光，连续甚快闪	白光，联甚快闪3次，周期5 s	白光，联甚快闪6次加一长闪，周期10 s	白光，联甚快闪9次，周期10 s
	白光，连续快闪	白光，联快闪3次，周期10 s	白光，联快闪6次加一长闪，周期15 s	白光，联快闪9次，周期15 s

4. 孤立危险物标志

孤立危险物标志设置或系泊在孤立危险物之上，或尽量靠近危险物的地方，标示孤立危险物所在。船舶应参照航海资料，避开本标志航行。孤立危险物标志如图8.4所示。

图8.4 孤立危险物标志示意图

孤立危险物标志的特征应符合表8.4的规定。

表8.4 孤立危险物标志的特征

特征	孤立危险物标
颜色	黑色，中间有一条或数条红色宽横带
形状	装有顶标的柱形或杆形
顶标	上下垂直的两个黑色球形
灯质	白光，联闪2次，周期5 s

5. 安全水域标志

安全水域标设在航道中央或航道的中线上，标示其周围均为可航行水域，船舶可在其任何一侧航行，该标也可代替方位标或侧面标指示接近陆地，安全水域标志如图8.5所示。

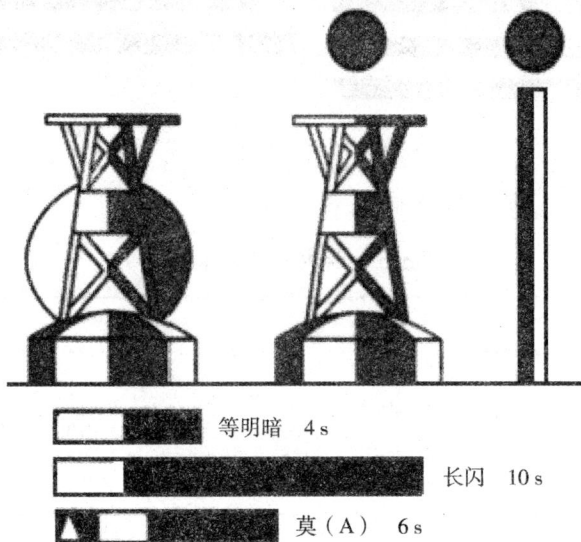

图8.5 安全水域标志示意图

安全水域标的特征应符合表8.5的规定。

表8.5 安全水域标志的特征

特征	安全水域标
颜色	红白相间竖条
形状	球形，或装有顶标的柱形或杆形
顶标	单个红色球形
灯质	白光，等明暗，周期4 s
	白光，长闪，周期10 s
	白光，莫尔斯信号"A"，周期6 s

6. 专用标志

专用标是用于标示特定水域或水域特征的标志，专用标如图8.6所示。

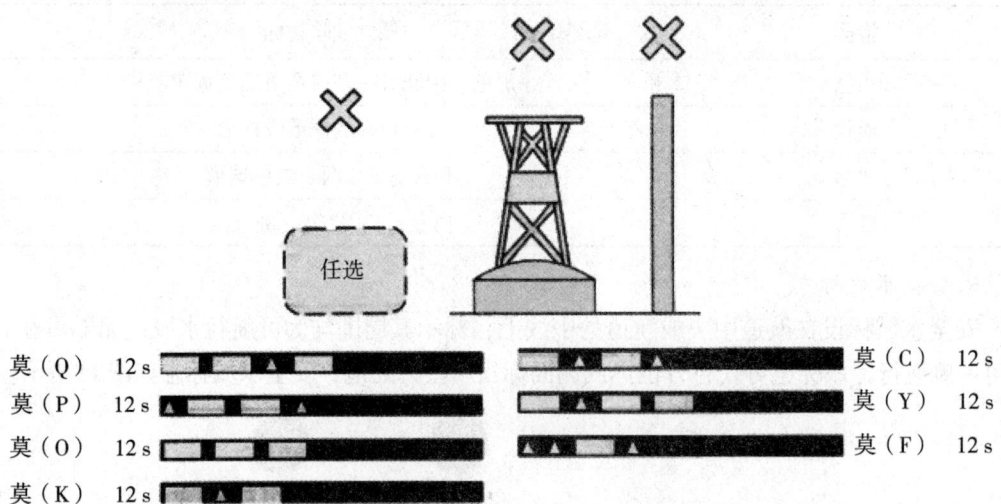

莫（Q） 12 s
莫（P） 12 s
莫（O） 12 s
莫（K） 12 s
莫（C） 12 s
莫（Y） 12 s
莫（F） 12 s

任选

图8.6 专用标示意图

专用标的特征应符合表8.6的规定。

表8.6 专用标志的特征

特征	专用标
颜色	黄色
形状	不与浮标和水中固定标志相抵触的任何形状
顶标	黄色，单个"×"形
灯质	符合表7的规定

专用标志按用途划分，主要包括以下7类：

（1）锚地，船舶停泊及检疫锚地等；

（2）禁航区，军事演习区等；

（3）海上作业区，海洋资料探测、航道测量、水文测验、潜水、打捞、海洋开发、抛泥区、测速场、罗盘校正场等；

（4）分道通航区、分隔带等，当使用常规助航标志标示分道通航可能造成混淆时可使用；

（5）水中构筑物，电缆、管道、进水口、出水口等；

（6）娱乐区，体育训练区、海上娱乐场等；

（7）水产作业区，水产定置网作业区和养殖场等。

专用标志应在标体明显处设置标示其用途的标记，并应在水上从任何水平方向观测时都能看到，具体规定见表8.7。

表8.7　专用标志应标记及灯质

用途种类	标记		灯质		
	颜色	图形标志	光色	闪光节奏	周期（s）*
锚地	黑		黄	莫尔斯信号"Q" — — · —	12
禁航区	黑			莫尔斯信号"P" · — — ·	
海上作业区	红/白			莫尔斯信号"O" — — —	
分道通航	黑			莫尔斯信号"K" — · —	
水中构筑物	黑			莫尔斯信号"C" — · — ·	

用途种类	标记		灯质		
	颜色	图形标志	光色	闪光节奏	周期（s）*
娱乐区	红、白		黄	莫尔斯信号"Y" — · — —	12
水产作业区	黑			莫尔斯信号"F" · · — ·	

注：·可以15 s为备用周期。

在特殊情况下，超出本标准所列专用标志的7种用途时，经航标管理机关批准，可另行确定灯质和标记。

7. 新危险物的标示

（1）新危险物的标示方法。

当航标管理机关认为某一新危险物严重危及船舶航行安全时，应尽快设置标示它的标志。这些标志可以是方位标志或侧面标志，灯光节奏均采用甚快闪或快闪。同时，在这些标志中至少应有一个重复标志，其全部特征要和与它配对的标志相同。

新危险物可用雷达应答器来标示，在雷达荧光屏上显示出一个相当于1n mile长度的图像，其编码为莫尔斯信号"D"（— · ·）。

（2）新危险物重复标志的撤除。

航标管理机关在确认新危险物的信息已被充分通告后，其重复标志方可撤除，并恢复正常航标设置。

第二节　游艇安全航行的基本要素

一、航线设计

航线设计是一项比较复杂和细致的工作，涉及知识面广，选择性和多变性强。由于海区广，活动余地大，各种船舶情况差异不同，选择航线上就各有不同。

为了提高航线设计质量，增加航行的安全性，在选择航线时，一定要阅读大量的相关航海图书资料，才能对航线的全貌有一个深入的了解和掌握，设计出适合本船条件要求的安全且经济的航线。另一方面，通过大量丰富的实航经验的积累，也可逐步掌握某些航线的规律。两方面相加，才能在任何条件变化的情况下，独立果断地选择航线，确定航线。否则，画出的航线没把握，不安全因素多，航行起来将是盲目的，甚至是危险的。

航线设计的原则是安全和经济。首先在确保游艇安全顺利地抵达目的港的前提下，再考虑经济效益。在安全的前提下达到经济，经济必须安全，这才符合航线设计的原则。因此，最佳航线应是在变化着的海洋水文、气象条件下，避开灾害性天气，获得航行安全。

在远洋航行中航线的优劣对提高经济效益有重大的影响，为此，设计出一条理想的航线是至关重要的。它往往是在对各种因素的全面、综合、周密思考基础之上做出的选择，也包括扎实的航海基础知识和多次实航经验，不断丰富、不断提炼得以提高。因为船舶航行的海区和季节不同，所去的港口和水道各异，可能遭遇到的灾害性天气和特殊情况也有较大差异，所以航线拟定要有较强的针对性，必须认真对待。不动脑筋，考虑问题简单片面，甚至随心所欲草率行事的做法是不可取的。只有做好细致充分的各项准备工作，在航线实施中，做到心中有数，险而不慌。

游艇航线设计要考虑的因素：

（1）结构强度。老艇锈蚀严重抗风能力差，如在北太平洋的冬季，常有7～8级偏北大风，如本艇为低速的老艇，设计航线应适当考虑低纬海区，即使免不了要做一些绕航。

（2）吃水。空船吃水浅受风面积大，船摇摆大，不利于发挥车效舵效，满载遇强顶风严重上浪而会损伤船体。

（3）航速。航速快慢对航线选择影响较大，因为航速与顶风浪的能力有关，所以不同航速的游艇应选择不同的推荐航线。

（4）吨位。吨位大的船一般抗风能力大。

（5）客货载情况。航线设计时应考虑是否满载，是否载有危险品，甲板、封舱、衬垫和绑扎情况。如甲板上装有大量货物，舱内装有易滑动的货物而未经平舱或认真绑扎和装有大量易爆、易燃易污染的货物时，都会使游艇在海上的风险大大增强。因此，选择的航线也应有不同，要慎重考虑，游艇一般选择风浪小的航线。

（6）船员情况。航线设计时应考虑船员的素质和船员的技术状况。

（7）船舶尺度。某些航线如海峡、运河、水道包括进出港的航道，对于游艇的长宽、高皆有一项或多项的限制。

（8）船舶续航力。船舶续航力应考虑燃料、淡水和食品等储备量，游艇在航行中需要消耗大量的燃料，对于航线长的游艇，航行时间长，燃料消耗大，开航前需要燃料储备量也大。一般应考虑到游艇航行安全储备一定数量的燃料，不至于在航行途中因缺乏燃料而造成停车漂航，或不得已挂靠港口补充燃料，延误到港时间，增加不必要的开支。

游艇在航行中，如遇冬季、台风季节或其他恶劣天气，游艇顶风顶浪航行，会使船速下降，航行时间增加。为了避离灾害性天气，游艇需要调整航线而增加航程，都将会增加燃料消耗量。因此，游艇在航行中每天检查燃料消耗量，将剩余燃料与剩余的航程进行比较，选用合适的航速，以保证游艇安全顺利地抵达目的港。

二、游艇的定位

定位的方法

为了保证游艇航行安全，驾引人员任何时候都应知道自己游艇所处的位置（即船位）。只有这样才能在海图上根据船位了解游艇周围的航行环境，及时采取适合的航行方法和必要的航行措施，确保航行安全。

游艇在航行中测定位置的方法一般分两类，即推算船位和观测船位。推算船位包括航迹绘算和航迹计算，观测船位包括陆标定位、天文定位和电子定位。下面介绍几种定位方法。

1. 推算船位

推算船位根据航向、航程和风流资料，在不借助于外界导航物标的条件下从已知的推算起始点开始，推算出有一定精度的航迹及某一时刻的船位。它是驾驶最基本的求取船位的方法。推算船位又是天文定位和电子定位的基础，如果没有推算船位，有时这些定位将无法进行。驾驶员应认真而持续地进行航迹推算，同时也必须利用一切机会测定船位，并应将同一时刻的观测船位与推算船位进行比较，以发现可能存在的错误。

2. 陆标定位

陆标是指在海图上标有准确位置，可供海上目视或雷达观测定位的山头、岬角、岛屿、灯塔以及其他显著的固定物标的统称。通过观测陆标的方位、距离或方位差等获得观测船位的方法叫作陆标定位。陆标定位在游艇航行中是一种简便、可靠的基本定位方法，游艇驾驶员必须熟练掌握。

陆标定位时应尽量采用孤立的、明显的物标，这些物标是比较容易识别的。连绵的山头，高度和形状相差不大时，识别比较困难。不同的方位、距离上见到的同一物标，其形状是不同的，这也给物标的识别带来了一定的困难。

3. 天文定位

天文定位是通过六分仪测量太阳、月球、恒星等天体的高度角求出船位的方法。天文定位是一种古老且常用的定位方法，使用的工具有记时计、六分仪、天历、天文计算表等。此法受天气、昼夜等条件限制，精度较差，误差一般在1海里以上。

现代航海中无线电航海技术迅猛发展，海上船位的精度得到了充分的保证，但是作为游艇航行中原始的定位手段之一，航海人员应加以充分掌握和了解天文航海主要研究的内容。

4. 雷达定位

雷达定位是指驾驶员利用雷达测得物标的距离和方位数据，通过海图作业，求取船位的过程。要使雷达定位准确，必须正确选择用作定位的目标，回波识别正确，测量方位或距离的方法正确、数据准确、速度快捷、海图作业正确。

雷达定位方法如下。

（1）单物标方位、距离定位。

在雷达显示器上同时测量某一物标的距离和方位，在海图上从所测物标测量点画出该物标的方位线，再以所测物标测量点为圆心，以所测距离为半径画圆就是船位圆，船位圆与方位线的交点就是雷达船位。单物标方位距离定位时，最重要的问题是要保证所选的物标位置要准确可靠。如果物标位置不准确或认错物标，就会得出错误的船位。

（2）两个或两个以上物标方位定位。

在雷达显示器上测量两个物标的方位，在海图上分别从所测物标测量点画出两个物标的方位线，两条船位线的交点就是雷达船位。测量时要尽量缩短时间间隔，测量顺序应遵循先慢后快、先难后易的原则，即先测方位变化慢的物标，再则方位变化快的物标，提高定位精度。方位变化相同的物标，应先测难测的物标，后测容易测的物标。

（3）两个或两个以上距离定位。

在雷达显示器上测量两个物标的距离，在海图上分别以所测物标测量点为圆心，以所测距离为半径画出两个船位圆，两个船位圆的交点就是雷达船位。测量时要尽量缩短时间间隔，测量顺序应遵循先慢后快、先难后易的原则，即先测距离变化慢的物标，再测距离变化快的物标，提高定位精度。距离变化相同的物标，应先测难测的物标，后测容易测的物标。

5. GPS定位

GPS定位是目前游艇最常用的定位方法，由于现代游艇上都装有先进的GPS，因此可直接从游艇的GPS上读取经纬度，对游艇进行定位。

三、航线选择

（一）水深

吃水10 m以内的游艇，应以20 m（10拓）等深线作为警戒线，吃水大于10 m，应以50 m（25拓）等深线作为警戒线，以避免"浅水效应"。如果夜间或能见度不良，定位有困难时，应在离岸10 n mile以外航行。

（二）离岸距离

离岸距离是根据游艇吃水的大小、航程的长短、测定船位的难易、海图测绘的精度、海岸陡峭及危险物的分布、能见度的好坏、风流影响的大小、航行船只的密度，以及驾驶员的技术水平和经验等因素而设定的。一般应给避让和转向留有足够的余地，在能见度良好的情况下距陡峭无危险的海岸，在2～3 n mile以上通过。对于远洋船舶，习惯上，离岸或转向点保持在10 n mile以外。可以说离岸或转向点越近，遇到意想不到的麻烦会多些，如渔船、渔具、海带养殖等，同时注意急流会把游艇推向岸边，造成搁浅，远航后接近岸边不宜选择太近，应在10 n mile左右为宜。

（三）离危险物距离

设计航线应尽可能离危险物远些，若进水道、岛礁区或进港必经之地，则应将航线设计到危险物附近的物标附近，定得准确船位后再将航线设计过危险区以减小误差。

（四）转向点

转向点应选择在有合适的转向物标或具有定位条件的位置上，例如选择灯标、显著的峡角、山头、岛屿等。一般利用正横距离转向较为方便有利，航线设计时用得较多。

第三节　大风浪中游艇安全操纵方法

一、大风大浪中航行的准备工作

游艇在大风大浪中航行是比较危险的，因此游艇在航行前必须做好一些准备工作。

（1）将艇上一切会移动的物品收好。

（2）将舱底积水抽干。

（3）在海图上确定游艇位置，并拟定周详计划，做到安全航向及航速。

（4）避开浅滩及急流地带，这些地带在恶劣天气中将会非常危险。

（5）检查游艇上安全设备，包括手持式火焰、救生衣及救生圈等。

（6）检查油箱，检查机器，检查电池。

（7）穿上防寒服装。

（8）预先吞服晕船药，非执行任务的船员应尽量休息。

（9）保持瞭望。

二、游艇在大风大浪中安全航行的方法

游艇在大风大浪航行，如操作不小心，或者操作不正确，就容易翻船，造成人员伤亡事故，因此，掌握正确的操作方法非常重要。

游艇在大风大浪中安全航行的方法如下。

（1）降低艇速，避免艇底拍击过大。

（2）艇首与浪向约成30°的角度航行。

（3）开放甲板上排水口，以利排水。

（4）固定船上的移动物体。

三、游艇的应急操纵方法

（一）人员落水时的操纵方法

游艇在发生海损事故、艇员舷外作业或其他原因造成人落水时，应立即做以下工作。

（1）立即停车，向落水者一侧操满舵，使艇尾摆开，以免落水者为螺旋桨或艇尾所伤，旋回半径为2~5倍艇长。

（2）迅速向落水人员抛出救生圈，救生圈应抛向落水人的上风处，无风则直接将救

生圈抛向落水的人。

（3）游艇向落水人的下风处转向。

（4）注意落水人的状况及其漂流情形。

（5）游艇向落水人下风处接近。

（6）至落水人下风处对正落水人，慢车航驶，以驾驶台所在的一侧接近落水人。

（7）至落水人处，停车救起落水人，注意不可撞及落水人。

（二）游艇进水时的应急措施

（1）发现游艇漏损进水，应立即发出警报，船长应及时准确掌握游艇漏损情况。

（2）船长负责现场勘查，抢救指挥工作。

（3）立即采取停车或减速措施，实施行之有效的堵漏措施，并时时监视情况的发展变化。

（4）若进水严重和情况紧急，船长应请求第三方援救，并尽可能择地抢滩，若船长确认堵漏无效，游艇面临沉没时，应宣布弃船。

（5）船长应动员船上人员做好弃船前的准备工作，鼓励大家不要紧张，做到安全弃船。

（三）游艇碰撞时的应急措

当游艇发生碰撞时，应运用良好的操纵技术，采取最有效的行动，减小碰撞的损失。操作方法如下。

（1）紧急倒车，以减小碰撞的冲击能量。

（2）应尽量使两艇相撞前相对速度达到最小。

（3）尽量避免两船直接相撞。

（4）避免本船的机舱被他船的船首撞入。

（5）避免本船的船首撞入他船的机舱。

（6）尽可能使两船擦碰。

如船首撞入他船时，微速进车顶住对方，互用缆绳系住，情况紧急，附近有浅滩时可顶驶抢滩。如被他船撞入时，尽可能使本船停住，关闭破洞舱室前后的水密装置，堵漏器材准备妥当后方可同意对方倒车脱出，使其破损的部位处于下风侧，堵漏，调整纵横倾，抛弃货物。

游艇发生碰撞后，根据当时当地的情况对碰撞损失做出正确的判断，从而采取相应的措施，对于挽救游艇和保障人命安全均具有决定性的意义。

第四节　夜航

一、夜航特点

游艇在夜间航行是常有的事，但稍有不慎，就易发生事故。在能见度不良的夜里，物标在相当近的距离内也难以辨认，特别是下雨的夜晚，海上不点灯的小船、自划艇等尤难发现，甚至连航标灯也不易看清楚，给游艇安全航行带来很大影响。

二、夜航注意事项

（1）对海况、水深分布情况、障碍物、岸嘴、岸标、浮标位置等均应熟悉。

（2）对航行中可供转向或核对船位的天然物标，如山角、凸岸、灯塔等的形状、位置及晚间特征等，也应完全掌握，以便在黑夜中利用这些物标转向或校正船位。

（3）熟记各地和各标之间的航向和距离。

（4）装有雷达的游艇应开启雷达引航，但必须正确识别图形，什么亮点是浮标，什么亮点是船舶等。

（5）采用夜光较好的优质望远镜。

（6）驾驶台内保持黑暗，避免其他光亮的干扰。

（7）接班前，应先在黑暗中停留片刻，使视觉适应于黑暗中视物。

（8）晚上如需查阅有关资料或记录航行日志时，须用不耀眼的弱光或红光，使眼睛在黑暗中视物不受影响。

第五节　雾天航行注意事项

（1）驾驶人员应掌握各航段的特点，随时注意雾况变化。

（2）开启航行灯，减速行驶。

（3）观察航标和显著物标，正确运用罗经，稳住航向，摆正船位，做好应变的准备。

（4）正确鸣放声号，按海上避碰规则之规定每次不超过2 min的间隔，鸣放汽笛。

（5）所有值班人员应坚守岗位，加强瞭望，并做好应急准备。

（6）开启雷达，派专人进行雷达观测，随时报告观测情况。

（7）正确使用雷达、VHF、AIS等助导航设施，及时与过往船只联系，做好避让。

（8）发现雾级有向浓雾转化趋势，及早做好锚泊扎实准备工作。

第九章 游艇的维护与保养

第一节 游艇的维护

一、游艇的分级维护

（一）蓄电池维护

一般来讲，游艇上的蓄电池都是免维护的，但仍需要一些方法来增加蓄电池的效力和使用寿命。

（1）保持蓄电池满充，这样可以使蓄电池保持较长的使用寿命。

（2）至少每30天检查一次蓄电池。

（3）定期清洁蓄电池接头及连接线束。

（4）检查蓄电池电缆是否与接线端可靠连接。用手拧紧后再用扳手将接线端螺母拧紧1/4圈。

（5）长时间充电时将蓄电池放置在凉爽干燥的地方。

（6）利用液体比重计或伏特计每三个月检查一次蓄电池电量，如果比重低于1.225或电压低于12.4 V，则需给蓄电池充电，如图9.1所示。

图9.1 游艇蓄电池示意图

（二）日常游艇维护

至少每周检查一次下面所列部件。

（1）制冷系统，每次使用后冲洗海水区。

（2）海水过滤器，如有需要则需清洁。

（3）动力组外表层，每年清洗及喷漆一次，并定期喷防锈剂。

（4）发动机曲轴箱燃油，每周查看一下数量。

（5）密封冷却剂，每周查看一下数量。

（6）动力操舵液压，每周查看一下数量。

（7）船尾驱动装置燃油，每周查看一下数量。

（8）电池，每周查看一下电量。

（9）动力调平泵燃油，每周查看一下数量。

（10）阳极，查看以防腐蚀。

（11）转动装置外壳吸水装置，检查以防海洋生物滋生及残骸剩余。

（12）螺旋桨轴，润滑。

（13）驱动运转带，查看状况并检验张力。

二、游艇维护工作需要注意以下几个重要方面

（1）避免接触尖锐、坚硬物体。玻璃钢船体与岸边石块、混凝土构筑物、金属构件摩擦碰撞时会产生擦痕等损伤，应采取防护措施。如在经常受摩擦的船首、靠码头部位及舷边等处设置防撞耐磨的金属及橡胶护舷材料，在甲板上铺设耐磨的橡胶、塑料软材等。

（2）发现损坏，及时修补。经常检查船体，如发现树脂剥落、划痕较深、露出纤维时，必须及时修补，否则由于水的渗入，会加速损坏。

（3）不用时，特别在寒冬季节，要上岸放置。由于玻璃钢有一定吸水性，水能沿玻璃纤维与树脂界面的微小通道逐渐渗入内部而使玻璃钢强度逐渐下降。特别在冬季，渗入的水遇冷结冰，使渗水通道扩展，危害更大。因此，每到冬季游艇不用时，应离水上岸搁置，使渗入的水挥发出来，强度可逐渐恢复。这样做可延长船的使用寿命。游艇上岸后应先清洗，用衬垫物将船体搁好摆正，最好放于室内，如放于室外，应用篷布遮盖，并经常通风，防止潮湿。凡游艇暂时不用时，最好离水上岸保养。

（4）游艇内勿长期积水。艇内如有水，应及时排除。如遇电瓶液等酸碱介质洒落艇内，必须及时用水冲洗清洁后擦干。

（5）避免长期在烈日下曝晒。在游艇停泊处应设置凉棚，长期曝晒对玻璃钢不利，胶衣层色泽也会受到影响。

（6）经常清洗保洁。游艇表面要经常保持清洁，甲板也要经常擦洗。被油污等物玷污的表面可用普通家用清洁剂清洗，不可用腐蚀性较强的溶剂，也不可用去污粉、金属丝擦洗，以免留下擦痕，影响美观。若污渍难除，可用汽油、煤油、柴油以及甲苯、二甲苯、苯乙烯、丙酮等清洗，但洗毕一定要立即用清水冲洗，防止侵入结构内部。清洗时也可辅以工具刮铲，但要用硬度低于玻璃钢的竹木片或塑料片等，以免刮伤表面。擦洗时可用棉布、纱布、软毛巾及软质泡沫塑料之类的软性材料。

（7）及时清除盐霜。在海区航行的船艇要及时除去附在游艇表面的盐结晶物（盐

霜），因盐结晶在阳光下有凸透镜的聚焦作用，会使表层玻璃钢在高温作用下加速老化。

（8）定期上蜡抛光。为使艇壳外表光亮并保护胶衣层，应定期对游艇外表上蜡抛光。材料可用游艇蜡或玻璃钢专用上光蜡，可上二至三遍，每遍间隔2小时，使在玻璃钢表面形成一层坚韧的蜡膜。最好用手提抛光机抛光，使表面光亮如新。

（9）施加油漆，保持美观和耐久。带胶衣层的新艇外观漂亮，但在经两三年的使用后，颜色逐渐变淡并失去光泽，深色比浅色更甚。为保持游艇外表的美观，当外表胶衣层色泽陈旧、划痕较多时，可采取施加油漆的方法。在各种油漆中，以聚氨酯及环氧树脂漆为佳。在上漆前，游艇表面应先清洗，除蜡，并用水磨砂纸水磨，深的划痕要嵌环氧泥子，按油漆要求做好前期工作后再喷漆。

第二节　游艇的保养

不准使用含磷或有毒害的化学溶剂清洁艇身，以防污水污染海水，如确需使用清洁剂对游艇进行清洗的，须采用环保、清洁并且对海水无污染的方式进行，如图9.2所示。

图9.2　游艇岸上保养示意图

一、游艇外部保养

游艇应该在每天早晨用软布擦拭，清除清晨雾气留下的水分，并且要特别留心窗、不锈钢件、精加工件以及露天使用的软垫。

（一）船体和水线

船体的清洁一般是每周一次，或者是在需要的时候才进行清洁，这个要根据游艇所在地的水质情况而定。清洁船体可以使用专门的船用清洁液，不过在使用时要留意产品使用说明，因为有些清洁液可能会对船底的防止海生物附着的涂层有影响。

（二）舷窗玻璃

游艇的舷窗玻璃可以使用专门的玻璃保养产品，例如RAIN—X，这种产品具有清洁及防水效果，能够深入玻璃毛细孔，形成表面保护膜，提供清晰视线，它可以阻挡水滴在玻璃上留下痕迹，让玻璃窗每天都保持清洁。

（三）软垫

露天的软垫要尽可能地保持干燥。不使用的时候可以用软垫套将其包裹或者将其竖直的放在储物舱。在雨后或者清洗游艇后，软垫一般会被弄湿，这时候要尽可能地把软垫上的水分擦掉使其保持干燥。

（四）帆布

可以使用温和的清洁液清洗，在有褶皱的地方，例如有扣眼的地方，会聚集一些盐分，可以清洁后涂抹凡士林，并每隔120天涂抹一次。

（五）透明塑胶窗

塑胶窗可以使用清水清洁并用软布擦干。将窗卷起的时候要注意不要造成划痕，不要让窗长时间保持卷起的状态，这样有可能引起变色，最好是白天卷起晚上放下。

有拉链的地方也是容易聚集盐分的，可以每120天用温和的清洁液对其清洗一次。

（六）甲板上的舱口盖

甲板上的舱口盖的下方都有一个凹槽，用以收集并排放流入舱口盖缝隙中的水分。在每次洗船后，要将所有甲板上的舱口盖打开，清洗凹槽，并擦干。在长期不使用的情况下，最好每月将舱口盖打开一次，并用温和的清洁液将舱口盖上的密封条擦拭一遍。

（七）外部的锁扣

甲板上储藏柜的锁扣要保持干净、整洁和干燥，以防止生霉。每次洗船后，应将外部的储藏柜打开，风干。储藏柜内的物品要保持干燥并摆放整齐。最好每隔120天将储藏柜清空，彻底打扫一遍。所有外部的门锁、门闩及铰链都要保持清洁和干燥，并最好每年进行更换。门闩和铰链最好每6个月上一次润滑油加以保护。

（八）游艇外部清洗

不论游艇是在巡航还是停泊在码头，都会沾染赃物、灰尘、鸟粪，以及飞溅到游艇上的海水蒸发后留下的盐分的结晶层，这些物质对游艇表层胶衣有一定的破坏作用，所以每次使用完游艇后，都要用淡水进行清洗，如果长期不使用，至少也要每周清洗一次。

清洗游艇的时候要根据游艇的实际情况选择适合的清洁液。用手抹一下游艇表面，如果并不脏，仅用淡水冲洗并擦干就可以了。

在选用清洁液时，应选择专门为游艇设计的中性清洁产品，不合适的清洁液可能会降低胶衣或者喷漆的寿命。

清洗游艇时，应该按照从高到低，从船首到船尾的方向清洗。因为大多数游艇都是设计成这种排水线路。在清洗完成后，非常重要的一点就是不要让清洗后残留在船体的清洁液或者水分在太阳下自行晾干。残留的清洗液会使船体很快变脏，而残留的水分通常会留下难以清除的水斑。所以在每次清洁完船体后，应用淡水冲净船体并迅速将船体擦干。

（九）外部五金件

游艇外部的不锈钢件，虽然是被设计为海上使用，但由于海上环境较陆地恶劣，这些不锈钢件依然需要一个较好的蜡层的保护。不锈钢件应该每60天或者需要的时候上一次蜡。优质的蜡膜可以抵御海水的侵蚀，增加光泽度，并且使以后的保养变得容易进行。

（十）外部电子设备

在洗船时，所有外部电子设备、按钮及控制台都不能用水冲洗，否则会损坏内部的电子元件，可以使用湿布擦拭。每周将所有电子设备至少打开运行半小时，以驱除线路上的潮气。

（十一）下水前

新船在下水前应先冲洗抛光。如果玻璃纤维表面经历长时间暴晒，每一季至少抛光一次。如果全年用船，每四个月就要给船抛光一次。

（十二）停驶前

如果秋冬季泊船靠岸，盖上船罩以前需要冲洗并抛光。玻璃纤维表面需要涂上凡士林，以防止温度变化引起表面出现裂纹。

（十三）下水前

彻底清洗船体和上层部分，洗净表面的凡士林。给船抛光，最好先用粗砂打磨，再用细砂打磨。每一季重复打磨一次。

二、发动机保养

对发动机来说，机油和水温是至关重要的。机油是游艇的血液，水就像人体内的水分，水温是否合适直接影响发动机工作的质量，机油的好坏也直接影响到发动机内的润滑程度。发动机一定要定期进行水、油的检测和更换。如果发动机不定期换油，打开发动机后就会发现其中有许多像柏油一样的厚重油腻。油腻的产生是由于经常不换油造成油品的变质氧化，或者就是油品质量不过关。其中的防氧化剂添加过少，造成油腻黏附在发动机上，形成一种"油钙"，引起发动机的严重磨损，失去润滑的发动机容易 "咬死"致使游艇抛锚。所以最好是按照厂家规定的小时数来进行发动机的保养。

平时要多留意发动机是否有异响，如果发现发动机有非正常的响声就要及时检修。是否是油路、水路或者是点火系统和风扇出现问题。

水温高的时候发动机的机油变薄，因为机油也是通过水来降温的，一旦机油变薄，这时候发动机中的摩擦间隙变小，会产生类似"哒哒哒"的金属撞击声。如果水温过高的情况没有得到及时的调整，那么就会导致机油温度过高而达到机油的沸点冒烟蒸发，产生机油的燃烧味。

由于现在发动机的缸罩绝大多数是用铝合金制造的，而使用铝合金发动机的目的就是为了更好地帮助游艇的发动机散热，所以它对温度的变化是十分敏感的。一旦水温达到100 ℃以上乃至200 ℃的高温时，铝合金的发动机很容易产生曲变造成水的泄漏，大量的水可能灌入发动机造成发动机熄火、抛锚等事故。

发动机保养方法如下。

（1）定期检查发动机内油量。

（2）定期检查冷却剂状态。

（3）定期检查风扇传动皮带。开动状态下每25 h检查一次海水过滤器。第一次更换发动机汽油过滤器的时间是启动后20 h，以后每200 h更换一次。

每100 h给发动机换一次机油。

每200 h换一次齿轮油。

每200 h更换一次空气过滤器。

（4）燃料过滤器每年更换一次。

综合来讲，对于游艇的保养，通常的做法是：每150～200 h或一年对机器进行全面保养。项目包括：更换机油、更换各级机油滤清器、更换所有燃油过滤器、更换海水泵叶轮、更换海水通道锌棒或块、更换空气过滤器，请正规机器代理商对机器进行全面检测；每两个保养周期或400～500 h更换齿轮油（以上模式适合汽油发动机、柴油发动机、发电机机器的保养），如图9.3所示。

图9.3　游艇柴油发动机示意图

第三节　游艇的操作规程及注意事项

一、游艇航行前

（1）仔细阅读各种机械设备的使用操作手册。

（2）检查游艇尾部水面情况，检查船体各舱室机械设备情况。

（3）合上直流110 V或220 V线路总闸，及12 V或24 V电源闸，之后检查操纵台各仪表及信号灯设备情况。

（4）确认海底阀门是否打开。

（5）确认加油口是否关上。

（6）检查油管是否与燃油箱连接，是否弯曲堵塞或开裂漏油。

（7）确认机油是否加满。

（8）检查燃油开关是否打开。

（9）确认发动机启动电池打开后，启动发电机。

（10）在码头使主机运转10 min，确认游艇声音、振动平稳正常，无异响且各仪表显示正常数值，游艇方可驶离码头。

二、游艇航行时

（1）电机电压和电流不应超过电机铭牌上标注的额定数值，否则将损坏电机。

（2）如电流异常，大于额定电流，请停机检查螺旋桨是否有异物缠绕或轴系存在机械故障，故障排除且电流正常后方可运行主电机。

三、游艇航行后

检查蓄电池电压，出现如下情况的请对蓄电池及时充电。

（1）110 V电源电压表小于100 V。

（2）220 V电源电压表小于200 V。

（3）低于额定电压或正常航行8 h后应给蓄电池充电。

（4）关闭负载后再停止运行发电机，关闭电源阀刀和海水管总阀门。

四、游艇蓄电池充电

（1）首先仔细阅读蓄电池使用维护手册。

（2）打开电瓶舱口盖，保持空气流通。利于舱内热量的散失，同时防止由蓄电池充电所产生易燃气体的堆积。

（3）检查各个电瓶加水盖子的透气孔是否堵塞。

（4）注意充电接头正、负标记，务必不能接错。

（5）检查充电机设定参数的正确性，再合闸充电。

（6）每星期定期检查电瓶，如有需要应及时更换电瓶。

（7）定期检查蓄电池电缆是否与接线端可靠连接。用手拧紧后再用扳手将接线端螺母拧紧1/4圈。

第十章　帆船基础理论与实践

第一节　帆船基本知识

一、帆船运动的起源与发展

帆船运动起源于欧洲，而现代帆船运动却是起源于荷兰。公元17世纪开始，在威尼斯有了定期的大规模的帆船竞赛，18世纪初在俄罗斯的圣彼得堡创建了世界上第一个帆船俱乐部。到19世纪初，现代竞技帆船运动在欧美兴起，这个时期欧洲、美洲各个国家在国内或国际之间举行定期的帆船比赛，其中，有1870年美国和英国举行的第一届著名的横渡大西洋的"美洲杯"帆船比赛，此项比赛，美国人称霸一个多世纪，直到1995年新西兰队才成为第二个"美洲杯"夺冠国家。

由于现代竞技帆船在设计、制造工艺、原材料等方面有较大的差异，为使帆船竞赛公平合理，需要有统一的规定，因此，在19世纪初开始成立帆船级别协会和制定级别规则。1900年，帆船运动被列入第二届现代奥运会之后，使这项运动无论是从规模还是从水平上都进入了一个快速发展的时期。特别是从20世纪中期开始，帆船运动在世界各发达国家得到了较快发展。

国际帆船联合会（International Sailing Federation，ISF），简称国际帆联，1907年成立于法国巴黎，创始国是英国，国际帆联的总部设在英国伦敦，现有协会会员121个，国际帆联的正式用语为英语。

作为管理世界上各种帆船运动的国际组织，国际帆联的任务是不分种族、宗教、性别或政治信仰，开展各类帆船运动；制定、监督和解释帆船比赛的规则，处理项目间的矛盾；决定各类帆船的竞赛资格；组织奥运会帆船赛；管理各种帆船锦标赛等活动；审查、研究、调查有关帆船运动的各种问题，并做出报告，传递信息；维护协会会员的利益；组织各种比赛和活动，激发公众的兴趣，奖励运动员和其他人员，对关心帆船运动的人士和组织提供服务。

中国帆船帆板运动协会，简称"中国帆协"，于1984年3月10日加入国际帆联。中国帆协是中国奥林匹克委员会承认的全国性运动协会，也是具有独立法人资格的全国性群众体育组织。中国帆协是中国帆船帆板运动的领导机构，是代表中国参加国际帆船组织的唯一合法组织。

二、帆船运动在我国的发展

我国帆船运动是从1979年开始的，1980年后，山东、上海、湖北、广东、江苏等省市相继组建起帆船运动队，进行系统的专业训练。

中国的帆船运动历史虽短，但是在中国帆船运动当中，出现了许多优秀的运动员和航海家，他们的事迹激励着每个中国的航海人对帆船运动的向往与追求。

张小冬，中国第一个帆板世界冠军，1992年巴塞罗那奥运会帆板女子A390级亚军，实现亚洲奥运水上项目奖牌零的突破，2017年7月，当选中国帆船帆板运动协会主席。

徐莉佳，2008年获得北京奥运会帆船激光雷迪尔级季军，2012年获得伦敦奥运会帆船激光镭迪尔级金牌，是中国帆船史上激光镭迪尔级的首枚奥运金牌。

殷剑，奥运冠军，中国女子帆板运动员，在2008年北京奥运会上获得女子RS-X级帆板金牌。

郭川，第一位完成沃尔沃环球帆船赛的亚洲人，如图10.1所示。2012年11月18日，郭川开启"单人不间断帆船环球航行"之旅，经历了海上近138天超过21 600海里的艰苦航行，于2013年4月5日上午8时左右驾驶"青岛号"帆船荣归母港青岛，成为第一个成就单人不间断环球航行伟业的中国人，同时创造了40英尺（1英尺=0.304 8米）帆船单人不间断环球航行世界纪录。2016年10月25日，郭川因突发事故落水失联。

图10.1 郭川

翟墨，航海家，2007年1月至2009年8月，用两年半的时间，完成了自驾帆船环球航海一周的壮举，成为"单人无动力帆船环球航海中国第一人"，2009年当选"感动中国"十大人物。

驾驶帆船环球的中国人还有魏军、刘宁生、翁以煊、腾江河、陈锦浩、杨济儒、郑英杰、刘明、刘学、孔诚成、宋坤等，他们都驾驶帆船，都用自己的生命、心血和意志征服了海洋。

第二节 世界上著名的帆船赛事

一、奥运会帆船赛

奥运会帆船赛是运动帆船最重要的赛事，四年一届。参赛船数受到严格限制，每个国家在每个级别只允许一条船参赛。目前有11个奥运会级别，以轻型的稳向板船为多。帆板比赛项目是第23届列入的项目。女子帆板是第25届奥运会列入的项目，夏季奥运会后半个月举行残疾人奥运会。

二、美洲杯帆船赛

美洲杯帆船赛起源于19世纪中叶，迄今已有超过150年的历史。1870年，美国和英国首次举行了横渡大西洋的美洲杯帆船赛。美洲杯帆船赛是帆船赛中影响最大、声望最高的赛事，与奥运会、世界杯足球赛以及一级方程式赛车并称为"世界范围内影响最大的四项传统体育赛事"，如图10.2所示。

图10.2 美洲杯赛船

美洲杯帆船赛由美洲杯管理公司（ACM）进行管理。目前的电视转播已经覆盖全球200多个国家和地区，观众累计达29亿。该赛事是名副其实的贵族运动，仅仅制造参赛船便需花费上千万乃至数千万美元，从某种意义上说，这项赛事已成为一种经济实力、科技水平的展示。

三、沃尔沃环球帆船赛

沃尔沃环球帆船赛是世界上历时最长的职业体育赛事，也是全球顶尖的离岸帆船赛事，并与美洲杯帆船赛和奥运会帆船比赛并称为世界三大帆船赛事。

沃尔沃环球帆船赛是目前全世界影响力最大的专业帆船赛之一。该赛事创立于1973年，当时名为怀特布莱德环航挑战赛，现在已无可争议地成为世界最高级别的环球帆船赛，被称为"航海的珠穆朗玛峰"，每四年举行一次。这项航海马拉松赛最初鲜有人知，如今已成为国际航海界最重要的远洋帆船赛。

如今的赛船变得更快，船员也更专业，而比赛所使用的科技设备也有了巨大的进步，尤其是在通信技术方面。即便如此，沃尔沃环球帆船赛的精神仍然如初——人类与大自然抗争的极限挑战，如图10.3所示。

图10.3　沃尔沃环球帆船赛赛船

四、世界帆船锦标赛

每年在世界各地举行的各类世界锦标赛。主要有以下几类：① ISAF奥林匹克级别综合世界锦标赛，每四年一届。② 各级别举行的单项世界帆船锦标赛，每年一届。③ ISAF世界青年帆船锦标赛，每年一届。④ ISAF世界帆船团体锦标赛，每年一届。⑤ ISAF世界帆船对抗锦标赛，每年一届。⑥ ISAF世界女子帆船对抗锦标赛，每年一届。⑦ ISAF世界女子龙骨帆船锦标赛，每年一届。

五、欧洲三大赛（奥林匹克周）

欧洲三大赛是指每年4月下旬的法国伊尔国际帆船赛、5月下旬的荷兰斯巴帆船赛和6月下旬的德国基尔周国际帆船赛。每年都有来自世界各地的大批帆船选手涌入欧洲参加这三大赛事。三大赛的规模和水平都大大高于奥运会。中国帆船队多次参加过该三项赛事并取得过冠军等优异成绩。近几年这三个国家运用赛事的带动，已经将这几项比赛办成了闻名全球的帆船节。其中尤以德国基尔帆船赛的节日气氛最为浓烈，场面最为宏大。比赛期间，来自欧洲各国的人们纷纷赶来度假。会聚一堂，期间还同时举办大型船艇展、汽车展及大型文艺活动等。

六、悉尼–霍巴特帆船赛

悉尼–霍巴特帆船赛是创建于1945年的世界著名远洋帆船赛事，每年在澳大利亚举行一次，它吸引着来自世界各地的航海爱好者。起点为悉尼湾，终点为澳洲第二古城霍巴特，全程640海里，最快不到三天就可以到达，最长需七八天才能到达。1997年，中国香港帆船协会会长郭志梁先生亲自驾船参赛，为亚洲第一次获得了该项赛事的冠军。1998年的比赛碰到了历史上少见的风暴，当时风速达每小时135千米，5条帆船在狂风掀起的20米巨浪中沉没，6人失踪，这一事件成为一次历史性灾难而被人们铭记。

七、特奥世界运动会帆船赛

该项赛事是专为残疾人设立的特别奥运会，20世纪60年代末在美国创立，每四年一届，前10届都在美国举行。第11届特奥世界运动会于2003年6月下旬在爱尔兰举行，帆船比赛是其中一项。

第三节　帆船的分类

帆船按运动特点分，可分为三大类。

（1）稳向板船：船体的中部有稳向槽，槽中有一块可升降的稳向板，根据操作的需要稳向板进行调整。稳向板船小巧、灵活、造价低、便于操纵、易于普及，但对操作技术的要求相对较高，操作不当容易翻船，目前奥运会帆船比赛项目中多数是这种船。

（2）多体船：由2或3个船体组成，速度较快，操作起来惊险刺激。多体船没有压舱物，具有船身轻、吃水极浅、水底体积小、阻力小、船速快的特点。

（3）龙骨船：船底有一个龙骨，用以稳定船体和减少船体的横移。龙骨船的船身大，排水量大，稳定性好，适合在深水中驾驶，因此适合进行长距离的竞赛和远洋探险。

第四节　帆船技术用语

一、真风向

真风向是帆船静止时所测得的风向，即为实际风向。

二、航行风

航行风是帆船航行时所产生的风，其风向与航行方向相反。

三、视风向

帆船航行时，由风向标测得的风向，它是真风和航行风的合成风，如图10.4所示。

四、风向角

风向角又称风舷角，是指风向与帆船首尾线之间的夹角，从船首起算向两舷各0°～180°止。帆船前进速度的快慢与风力的大小有关外，与风向角也是密切相关的。风向角越是合理，帆的作用力就越大，帆船前进速度就越快，船的横移减少。为此，作为帆船操作人员只有正确掌握风向角的基础上，才能充分地利用风力来驾驶船。

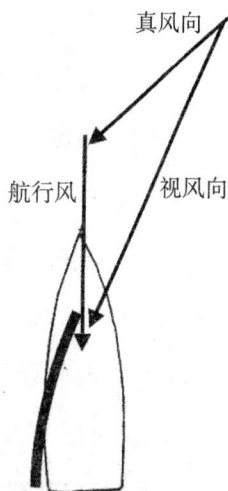

10.4　风向示意图

五、帆位角

帆位角是帆舷线与船首尾线之间的夹角，从艇尾起算向两舷各0°～90°。

六、迎角

迎角是帆舷线与船首尾线之间的夹角，如图10.5所示。

七、顶风

顶风是指从船首吹来的风，风向角在0°～10°之间，该风向不能驶帆。

八、逆风

逆风的风向角在10°～80°之间。

九、迎风

迎风的风向角在30°～60°之间。

十、横风

横风的风向角在80°～100°之间，该风向驶帆，船速较快，船的横移量也较大。

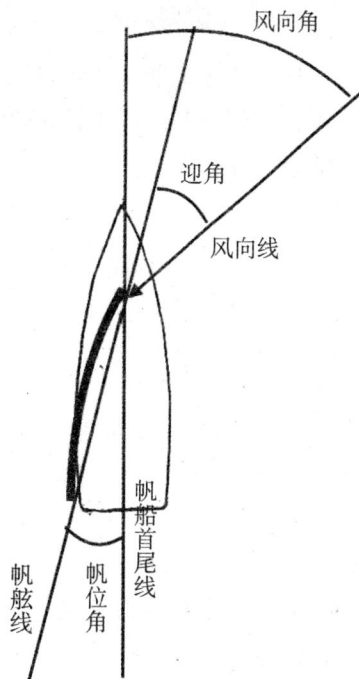

图10.5　帆船各种角度示意图

十一、侧顺风

侧顺风的风向角在100°～170°之间，该船的横移量较横风时小。

十二、顺风

顺风的风向角在170°～180°之间，该风向驶帆，船速最快，船几乎没有横移。

十三、左舷

帆船的两侧称为舷，从船尾向船首的视向，船的右侧称为左舷。

十四、右舷

帆船的两侧称为舷，从船尾向船首的视向，船的右侧称为右舷。

十五、左舷受风

风从船的左舷吹来，帆在船的右舷，这时的帆船就是左舷受风。

十六、右舷受风

风从船的右舷吹来，帆在船的左舷，这时的帆船就是右舷受风。

十七、迎风换舷

推舵使船首向上风偏转，并迎风越过风向线，从而改变受风舷的操作技术为迎风换舷。迎风换舷的特点是旋回水域小和退距小，容易操作。

十八、顺风换舷

拉舵使船首向下风偏转，并使船尾顺风越过风向线，从而改变受风舷侧的操作技术为顺风换舷。顺风换舷的特点是旋回水域及退距都较大，产生的横倾较大，比较危险。

第五节　帆船的航行原理

一般人对于帆船往往会有一个错误观念，以为帆船是被风推着跑的。其实帆船的最大动力来源是所谓的"伯努利效应"，也就是说当空气流经类似机翼的弧面时，会产生向前向上的吸引力，因此，帆船才有可能朝某角度的逆风方向前进。而正顺风航行时，伯努利效应消失，船只反而不能达到最高速。

帆船的航向也不是完全没有限制，在正逆风左右各约45°角内，是无法产生有效益的前进力，但是太顺风也不是很好，这时伯努利效应消失，船速在再度慢下来，同时也进入不稳定状态。而有逆风航行能力的船，若要往逆风方向前进，必须采取"Z"字形的路线才能到达目的地。

第六节　帆船基本操作技术

一、迎风操作技术

帆船在迎风航行时，风向角约45°，船身倾斜力最大，向前力最小，速度最低。此时，根据风力的大小，将主帆和前帆尽量收紧，稳向板降到最底部，以减少船的横移。由于风的变化特点，因此舵手要据风的角度和帆面上气流线的指示，不停地对船进行调整，以保证最佳的帆位角和风向角，使船的性能发挥到最佳状态。

帆船在迎风航行时，对气流线的观察非常重要。主帆和前帆的气流线在帆不同的位置，主帆的气流线在主帆的前沿部位和后帆边上，而前帆的气流线只在前帆的前沿部位。迎风航行时风向角的调整是以前帆上的气流线为主，当迎风角度达到最佳状态时，前帆内侧和背面的气流线同时平行飘起，此时的操作是稳住舵，保持航向如图10.6所示。当迎风角度变大时，此时船的风向角也变大，船速变慢，前帆内侧的气流线横飘，而帆背面的气流线下落，此时的操作是推舵，使船首迎风偏转，直至前帆背面和内侧的气流线同时平行飘起，如图10.7所示。

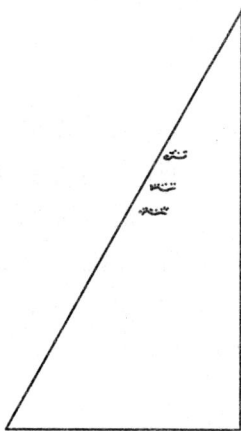

图10.6　前帆气流线示意图　　　　图10.7　前帆气流线示意图

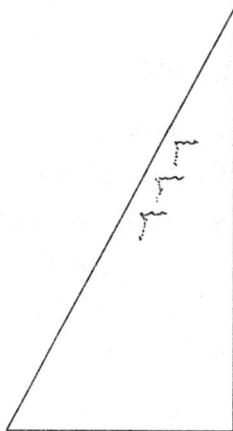

当迎风角度变小时，此时船的风向角也变小，船速变慢，前帆内侧的气流线下落，而前帆背面的气流线横飘，此时的操作是拉舵，使船首顺风偏转，直至前帆内侧和背面的气流线同时平行飘起，如图10.8所示。当船的风向角超过90°时，船速变得很慢，前帆内侧的气流线和背面的气流线都下落，此时的操作是推舵，使船首迎风偏转，直至前帆内侧和背面的气流线同时平行飘起，回到正常的迎风角度，如图10.9所示。

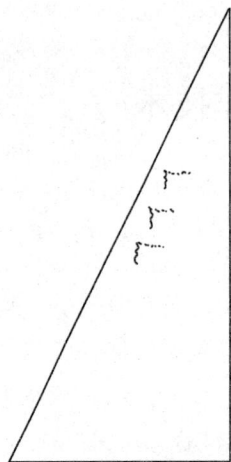

图10.8　前帆气流线示意图　　　　　　图10.9　前帆气流线示意图

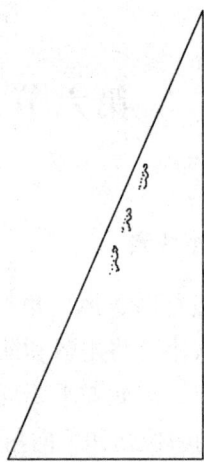

为了到达逆风方向的某个位置，帆船必须进行迎风航行的操作，在航行的过程中要进行迎风换舷，因此航行的路线为"Z"字形。

二、横风操作技术

当风从船的正横方向吹来时，风向角约为90°，此时的操作要把主帆和前帆放出二分之一，帆位角变大，稳向板提升起二分之一（如果有），船的速度比迎风时的速度快。

三、侧顺风操作技术

侧顺风航行是顺风航行的一种，侧顺风航行时，风由侧后方吹来，帆面上的气流线已无法发挥它的作用，因为此时已不是迎风航行时所利用的浮升力效应，而是降落伞效应。侧顺风航行时，主帆和前帆要放出四分之三的位置，同时提升稳向板至四分之三的位置，升起球帆，风向角在100°~170°之间。帆船在120°的风向角航行，效果最佳，如果是龙骨帆船，必须升起球帆，降下前帆。船在侧顺风航行中升起球帆之后，船的受力增加，船速增快，因此操作难度增大。如操作如有失误，就容易发生意外。

四、正顺风操作技术

正顺风航行时，风向角在170°~180°之间，风从船的正尾方向吹来，主帆放出约与船舷成90°，此时视风比真风弱，因此感觉船的速度比在迎风航行时慢。正顺风航行到达下风标的距离最短，但速度比侧顺风的速度慢，因此帆船选手在比赛中，常常选择侧顺风的方式到达下风标。正顺风的操作方法与侧顺风的操作方法相似，两者只是风向角的不同，在帆船比赛中要根据实际情况，而采取不同的方法。

第七节　帆船基本航行规则

一、相对舷风

当船只在相对舷风行驶时，左舷风船应避让右舷风船，如图10.10所示。

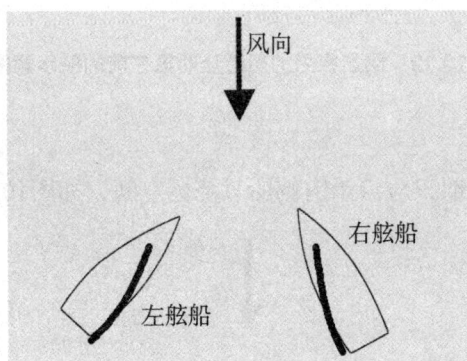

图10.10　左舷风船避让右舷风船示意图

二、同舷风、相联

当船只位于同舷风并相联行驶时，上风船应避让下风船，如图10.11所示。

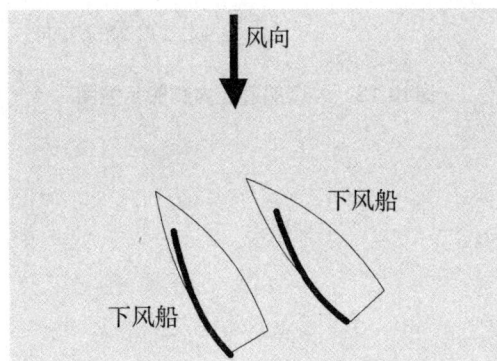

图10.11　上风船避让下风船示意图

三、同舷风、不相联

当船只处于同舷风但未相联时，明显在后的船只应避让明显在前的船只，如图10.12所示。

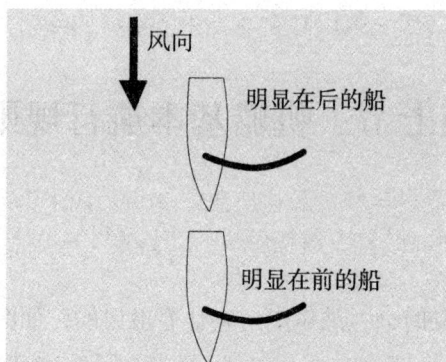

图10.12　明显在后的船避让明显在前的船示意图

四、给予绕标空间

当船只相联时，外侧船只应给予内侧船只绕标空间，如图10.13所示。

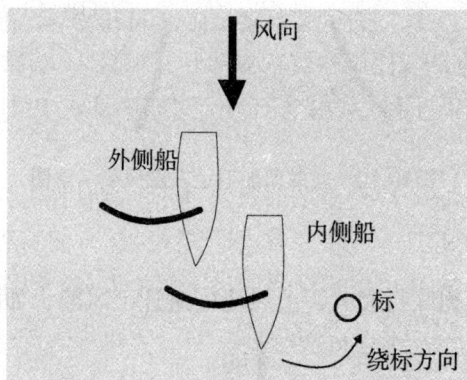

图10.13　外侧船避让内侧船示意图

第十一章　游艇法律法规

第一节　《国际海上避碰规则》

《国际海上避碰规则》（International Regulations for Preventing Collisions at Sea，COLREGS），原是政府间海事协商组织制定的《国际海上人命安全公约》的附件，1972年修改后成为《1972年国际海上避碰规则》。它是为确保船舶航行安全，预防和减少船舶碰撞，规定在公海和连接于公海的一切通航水域共同遵守的海上交通规则。

该规则规定凡船舶及水上飞机在公海及与其相连可以通航海船的水域，除在港口、河流实施地方性的规则外，都应遵守该规则。规则主要是有关定义、号灯及标记、驾驶及航行规则等。规则对船舶悬挂的号灯、号型及发出的号声，在航船舶自应悬挂的号灯的位置和颜色，锚泊的船舶悬挂号灯的位置和颜色，失去控制的船舶必须使用的号灯和号型表示，船舶在雾中航行以及驾驶规则等，都做了详细的规定。

第一章　总则

第一条　适用范围

1. 本规则条款适用于在公海和连接公海可供海船航行的一切水域中的一切船舶。

2. 本规则条款不妨碍有关主管机关为连接公海而可供海船航行的任何港外锚地、港口、江河、湖泊或内陆水道所制定的特殊规定的实施。这种特殊规定，应尽可能符合本规则条款。

3. 本规则条款不妨碍各国政府为军舰及护航下的船舶所制定的关于额外的队形灯、信号灯、号型或笛号，或者为结队从事捕鱼的渔船所制定的关于额外的队形灯、信号灯或号型的任何特殊规定的实施。这些额外的队形灯、信号灯、号型或笛号，应尽可能不致被误认为本规则其他条文所规定的任何信号灯、号型或信号。

4. 为实施本规则，本组织可以采纳分道通航制。

5. 凡经有关政府确定，某种特殊构造或用途的船舶，如不能完全遵守本规则任何一条关于号灯或号型的数量、位置、能见距离或弧度以及声号设备的配置和特性的规定，则应遵守其政府在号灯或号型的数量、位置、能见距离或弧度以及声号设备的配置和特性方面为之另行确定的、尽可能符合本规则所要求的规定。

第二条　责任

1. 本规则条款并不免除任何船舶或其所有人、船长或船员由于遵守本规则条款的任何疏忽，或者按海员通常做法或当时特殊情况所要求的任何戒备上的疏忽而产生的各种后果的责任。

2. 在解释和遵行本规则条款时，应充分考虑一切航行和碰撞的危险以及包括当事船舶条件限制在内的任何特殊情况，这些危险和特殊情况可能需要背离规则条款以避免紧迫危险。

第三条　一般定义

除条文另有解释外，在本规则中：

1. "船舶"一词，指用作或者能够用作水上运输工具的各类水上船筏，包括非排水船筏、地效船和水上飞机。

2. "机动船"一词，指用机器推进的任何船舶。

3. "帆船"一词，指任何驶帆的船舶，如果装有推进器但不在使用。

4. "从事捕鱼的船舶"一词，指使用网具、绳钓、拖网或其他使其操纵性能受到限制的渔具捕鱼的任何船舶，但不包括使用曳绳钓或其他并不使其操纵性能受到限制的渔具捕鱼的船舶。

5. "水上飞机"一词，包括为能在水面操纵而设计的任何航空器。

6. "失去控制的船舶"一词，指由于某种异常的情况，不能按本规则条款的要求进行操纵，因而不能给他船让路的船舶。

7. "操纵能力受到限制的船舶"一词，指由于工作性质，使其按本规则条款要求进行操纵的能力受到限制，因而不能给他船让路的船舶。"操纵能力受到限制的船舶"一词应包括，但不限于下列船舶：

（1）从事敷设、维修或起捞助航标志、海底电缆或管道的船舶；

（2）从事疏浚、测量或水下作业的船舶；

（3）在航中从事补给或转运人员、食品或货物的船舶；

（4）从事发射或回收航空器的船舶；

（5）从事清除水雷作业的船舶；

（6）从事拖带作业的船舶，而该项拖带作业使该拖船及其拖带物驶离其航向的能力严重受到限制者。

8. "限于吃水的船舶"一词，指由于吃水与可航水域的可用水深和宽度的关系，致使其驶离航向的能力严重地受到限制的机动船。

9. "在航"一词，指船舶不在锚泊、系岸或搁浅。

10. 船舶的"长度"和"宽度"是指其总长度和最大宽度。

11. 只有当两船中的一船能自他船以视觉看到时，才应认为两船是在互见中。

12. "能见度不良"一词，指任何由于雾、霾、下雪、暴风雨、沙暴或任何其他类似原因而使能见度受到限制的情况。

13. "地效船"一词，系指多式船艇，其主要操作方式是利用表面效应贴近水面飞行。

第二章　驾驶和航行规则

第一节　船舶在任何能见度情况下的行动规则

第四条　适用范围
本节条款适用于任何能见度的情况。

第五条　瞭望
每一船在任何时候都应使用视觉、听觉以及适合当时环境和情况的一切可用手段保持正规的瞭望，以便对局面和碰撞危险做出充分的估计。

第六条　安全航速
每一船在任何时候都应以安全航速行驶，以便能采取适当而有效的避碰行动，并能在适合当时环境和情况的距离以内把船停住。 在决定安全航速时，考虑的因素中应包括下列各点：

1. 对所有船舶：

（1）能见度情况；

（2）交通密度，包括渔船或者任何其他船舶的密集程度；

（3）船舶的操纵性能，特别是在当时情况下的冲程和旋回性能：

（4）夜间出现的背景亮光，诸如来自岸上的灯光或本船灯光的反向散射；

（5）风、浪和流的状况以及靠近航海危险物的情况；

（6）吃水与可用水深的关系。

2. 对备有可使用的雷达的船舶，还应考虑：

（1）雷达设备的特性、效率和局限性；

（2）所选用的雷达距离标尺带来的任何限制：

（3）海况、天气和其他干扰源对雷达探测的影响；

（4）在适当距离内，雷达对小船、浮冰和其他漂浮物有探测不到的可能性：

（5）雷达探测到的船舶数目、位置和动态；

（6）当用雷达测定附近船舶或其他物体的距离时，可能对能见度做出更确切的估计。

第七条　碰撞危险
1. 每一船都应使用适合当时环境和情况的一切可用手段判断是否存在碰撞危险，如有任何怀疑，则应认为存在这种危险。

2. 如装有雷达设备并可使用，则应正确予以使用，包括远距离扫描，以便获得碰撞危险的早期警报，并对探测到的物标进行雷达标绘或与其相当的系统观察。

3. 不应当根据不充分的信息，特别是不充分的雷达观测信息做出推断。

4. 在判断是否存在碰撞危险时，考虑的因素中应包括下列各点：

（1）如果来船的罗经方位没有明显的变化，则应认为存在这种危险；

（2）即使有明显的方位变化，有时也可能存在这种危险，特别是在驶近一艘很大的船或拖带船组时，或是在近距离驶近他船时。

第八条　避免碰撞的行动

1. 为避免碰撞所采取的任何行动必须遵循本章各条规定，如当时环境许可，应是积极的，应及早地进行和充分注意运用良好的船艺。

2. 为避免碰撞而作的航向和（或）航速的任何改变，如当时环境许可，应大得足以使他船用视觉或雷达观测时容易察觉到；应避免对航向和（或）航速作一连串的小改变。

3. 如有足够的水域，则单用转向可能是避免紧迫局面的最有效行动，只要这种行动是及时的、大幅度的并且不致造成另一紧迫局面。

4. 为避免与他船碰撞而采取的行动，应能导致在安全的距离驶过。应细心查核避让行动的有效性，直到最后驶过让清他船为止。

5. 如需为避免碰撞或须留有更多时间来估计局面，船舶应当减速或者停止或倒转推进器把船停住。

6. （1）根据本规则任何规定，要求不得妨碍另一船通行或安全通行的船舶应根据当时环境的需要及早地采取行动以留出足够的水域供他船安全通行。

（2）如果在接近他船致有碰撞危险时，被要求不得妨碍另一船通行或安全通行的船舶并不解除这一责任，且当采取行动时，应充分考虑到本章各条可能要求的行动。

（3）当两船相互接近致有碰撞危险时，其通行不得被妨碍的船舶仍有完全遵守本章各条规定的责任。

第九条　狭水道

1. 沿狭水道或航道行驶的船舶，只要安全可行，应尽量靠近其右舷的该水道或航道的外缘行驶。

2. 帆船或者长度小于20米的船舶，不应妨碍只能在狭水道或航道以内安全航行的船舶通行。

3. 从事捕鱼的船舶，不应妨碍任何其他在狭水道或航道以内航行的船舶通行。

4. 船舶不应穿越狭水道或航道，如果这种穿越会妨碍只能在这种水道或航道以内安全航行的船舶通行。后者若对穿越船的意图有怀疑，可以使用第三十四条4款规定的声号。

5. （1）在狭水道或航道内，如只有在被追越船必须采取行动以允许安全通过才能追越时，则企图追越的船，应鸣放第三十四条3款（1）项所规定的相应声号，以表示其意图。被追越船如果同意，应鸣放第三十四条3款（2）项所规定的相应声号，并采取使之能安全通过的措施。如有怀疑，则可以鸣放第三十四条4款所规定的声号。

（2）本条并不解除追越船根据第十三条所负的义务。

6. 船舶在驶近可能有其他船舶被居间障碍物遮蔽的狭水道或航道的弯头或地段时，应特别机警和谨慎地驾驶，并鸣放第三十四条5款规定的相应声号。

7. 任何船舶，如当时环境许可，都应避免在狭水道内锚泊。

第十条　分道通航制

1. 本条适用于本组织所采纳的分道通航制，但并不解除任何船舶遵守任何其他各条规定的责任。

2. 使用分道通航制的船舶应：

（1）在相应的通航分道内顺着该分道的交通总流向行驶；

（2）尽可能让开通航分隔线或分隔带；

（3）通常在通航分道的端部驶进或驶出，但从分道的任何一侧驶进或驶出时，应与分道的交通总流向形成尽可能小的角度。

3. 船舶应尽可能避免穿越通航分道，但如不得不穿越时，应尽可能以与分道的交通总流向成直角的船首向穿越。

4.（1）当船舶可安全使用临近分道通航制区域中相应通航分道时，不应使用沿岸通航带。但长度小于20米的船舶、帆船和从事捕鱼的船舶可使用沿岸通航带。

（2）尽管有本条4（1）规定，当船舶抵离位于沿岸通航带中的港口、近岸设施或建筑物、引航站或任何其他地方或为避免紧迫危险时，可使用沿岸通航带。

5. 除穿越船或者驶进或驶出通航分道的船舶外，船舶通常不应进入分隔带或穿越分隔线，除非：

（1）在紧急情况下避免紧迫危险；

（2）在分隔带内从事捕鱼。

6. 船舶在分道通航制端部附近区域行驶时，应特别谨慎。

7. 船舶应尽可能避免在分道通航制内或其端部附近区域锚泊。

8. 不使用分道通航制的船舶，应尽可能远离该区域。

9. 从事捕鱼的船舶，不应妨碍按通航分道行驶的任何船舶的通行。

10. 帆船或长度小于20米的船舶，不应妨碍按通航分道行驶的机动船的安全通行。

11. 操纵能力受到限制的船舶，当在分道通航制区域内从事维护航行安全的作业时，在执行该作业所必需的限度内，可免受本条规定的约束。

12. 操纵能力受到限制的船舶，当在分道通航制区域内从事敷设、维修或起捞海底电缆时，在执行该作业所必需的限度内，可免受本条规定的约束。

第二节　船舶在互见中的行动规则

第十一条　适用范围

本节条款适用于互见中的船舶。

第十二条　帆船

1. 两艘帆船相互驶近致有构成碰撞危险时，其中一船应按下列规定给他船让路：

（1）两船在不同舷受风时，左舷受风的船应给他船让路；

（2）两船在同舷受风时，上风船应给下风船让路；

（3）如左舷受风的船看到在上风的船而不能断定究竟该船是左舷受风还是右舷受风，则应给该船让路。

2. 就本条规定而言，船舶的受风舷侧应认为是主帆被吹向的一舷的对面舷侧；对方帆船，则应认为是最大纵帆被吹向的一舷的对面舷侧。

第十三条 追越

1. 不论第二章第一节和第二节的各条规定如何，任何船舶在追越任何他船时，均应给被追越船让路。

2. 一船正从他船正横后大于22.5度的某一方向赶上他船时，即该船对其所追越的船所处位置，在夜间只能看见被追越船的尾灯而不能看见它的任一舷灯时，应认为是在追越中。

3. 当一船对其是否在追越他船有任何怀疑时，该船应假定是在追越，并应采取相应行动。

4. 随后两船间方位的任何改变，都不应把追越船作为本规则条款含义中所指的交叉相遇船，或者免除其让开被追越船的责任，直到最后驶过让清为止。

第十四条 对遇局面

1. 当两艘机动船在相反的或接近相反的航向上相遇致有构成碰撞危险时，各应向右转向，从而各从他船的左舷驶过。

2. 当一船看见他船在正前方或接近正前方，在夜间能看见他船的前后桅灯成一直线或接近一直线和（或）两盏舷灯；在白天能看到他船的上述相应形态时，则应认为存在这样的局面。

3. 当一船对是否存在这样的局面有任何怀疑时，该船应假定确实存在这种局面，并应采取相应的行动。

第十五条 交叉相遇局面

当两艘机动船交叉相遇致有构成碰撞危险时，有他船在本船右舷的船舶应给他船让路，如当时环境许可，还应避免横越他船的前方。

第十六条 让路船的行动

须给他船让路的船舶，应尽可能及早地采取大幅度的行动，宽裕地让清他船。

第十七条 直航船的行动

1.（1）两船中的一船应给另一船让路时，另一船应保持航向和航速。

（2）然而，当保持航向和航速的船一经发觉规定的让路船显然没有遵照本规则条款采取适当行动时，该船即可独自采取操纵行动，以避免碰撞。

2. 当规定保持航向和航速的船，发觉本船不论由于何种原因逼近到单凭让路船的行动不能避免碰撞时，也应采取最有助于避碰的行动。

3. 在交叉相遇局面下，机动船按照本条1款（2）项采取行动以避免与另一艘机动船碰撞时，如当时环境许可，不应对在本船左舷的船采取向左转向。

4. 本条并不解除让路船的让路义务。

第十八条　船舶之间的责任

除第九、十和十三条另有规定外:

1. 机动船在航时应给下述船舶让路:

（1）失去控制的船舶;

（2）操纵能力受到限制的船舶;

（3）从事捕鱼的船舶;

（4）帆船。

2. 帆船在航时应给下述船舶让路:

（1）失去控制的船舶;

（2）操纵能力受到限制的船舶;

（3）从事捕鱼的船舶;

3. 从事捕鱼的船舶在航时,应尽可能给下述船舶让路:

（1）失去控制的船舶;

（2）操纵能力受到限制的船舶。

4.（1）除失去控制的船舶或操纵能力受到限制的船舶外,任何船舶,如当时环境许可,应避免妨碍显示第二十八条规定信号的限于吃水的船舶的安全通行。

（2）限于吃水的船舶应充分注意到其特殊条件,特别谨慎地驾驶。

5. 在水面的水上飞机,通常应宽裕地让清所有船舶并避免妨碍其航行。然而在有碰撞危险的情况下,则应遵守本章条款的规定。

6.（1）地效船在起飞、降落和贴近水面飞行时应宽裕地让清所有其他船舶并避免妨碍他们的航行;

（2）在水面上操作的地效船应作为机动船遵守本章条款的规定。

第三节　船舶在能见度不良时的行动规则

第十九条　船舶在能见度不良时的行动规则

1. 本条适用于在能见度不良的水域中或在其附近航行时不在互见中的船舶。

2. 每一船应以适合当时能见度不良的环境和情况的安全航速行驶,机动船应将机器做好随时操纵的准备。

3. 在遵守本章第一节各条时,每一船应充分考虑到当时能见度不良的环境和情况。

4. 一船仅凭雷达测到他船时,应判定是否正在形成紧迫局面和（或）存在着碰撞危险。若是如此,应及早地采取避让行动,如果这种行动包括转向,则应尽可能避免如下各点:

（1）除对被追越船外,对正横前的船舶采取向左转向;

（2）对正横或正横后的船舶采取朝着它转向。

5. 除已断定不存在碰撞危险外,每一船当听到他船的雾号显似在本船正横以前,或者与正横以前的他船不能避免紧迫局面时,应将航速减到能维持其航向的最小速度。

必要时，应把船完全停住，而且，无论如何，应极其谨慎地驾驶，直到碰撞危险过去为止。

第三章　号灯和号型

第二十条　适用范围

1. 本章条款在各种天气中都应遵守。

2. 有关号灯的各条规定，从日没到日出时都应遵守。在此期间不应显示别的灯光，但那些不会被误认为本规则各条款订明的号灯，或者不会削弱号灯的能见距离或显著特性，或者不会妨碍正规瞭望的灯光除外。

3. 本规则条款所规定的号灯，如已设置，也应在能见度不良的情况下从日出到日没时显示，并可在一切其他认为必要的情况下显示。

4. 有关号型的各条规定，在白天都应遵守。

5. 本规则条款订明的号灯和号型，应符合本规则附录一的规定。

第二十一条　定义

1. "桅灯"是指安置在船的首尾中心线上方的白灯，在225度的水平弧内显示不间断的灯光，其安装要使灯光从船的正前方到每一舷正横后22.5度内显示。

2. "舷灯"是指右舷的绿灯和左舷的红灯，各在112.5度的水平弧内显示不间断的灯光，其装置要使灯光从船的正前方到各自一舷的正横后22.5度内分别显示。长度小于20米的船舶，其舷灯可以合并成一盏，装设于船的首尾中心线上。

3. "尾灯"是指安置在尽可能接近船尾的白灯，在135度的水平弧内显示不间断的灯光，其装置要使灯光从船的正后方到每一舷67.5度内显示。

4. "拖带灯"是指具有与本条3款所述"尾灯"相同特性的黄灯。

5. "环照灯"是指在360度的水平弧内显示不间断灯光的号灯。

6. "闪光灯"是指每隔一定时间以频率为每分钟闪120次或120次以上的号灯。

第二十二条　号灯的能见距离

本规则条款规定的号灯，应具有本规则附录一第8款订明的发光强度，以便在下列最小距离上能被看到：

1. 长度为50米或50米以上的船舶：

—桅灯，6海里；

—舷灯，3海里；

—尾灯，3海里；

—拖带灯，3海里；

—白、红、绿或黄色环照灯，3海里。

2. 长度为12米或12米以上但小于50米的船舶：

—桅灯，5海里；但长度小于20米的船舶，3海里；

—舷灯，2海里；

一尾灯，2海里；

一拖带灯，2海里；

一白、红、绿或黄色环照灯，2海里。

3. 长度小于12米的船舶：

一桅灯，2海里；

一舷灯，1海里；

一尾灯，2海里；

一拖带灯，2海里；

一白、红、绿或黄色环照灯，2海里。

4. 不易察觉的、部分淹没的被拖带船舶或物体：

一白色环照灯，3海里；

第二十三条　在航机动船

1. 在航机动船应显示：

（1）在前部一盏桅灯；

（2）第二盏桅灯，后于并高于前桅灯；长度小于50米的船舶，不要求显示该桅灯，但可以这样做；

（3）两盏舷灯；

（4）一盏尾灯。

2. 气垫船在非排水状态下航行时，除本条1款规定的号灯外，还应显示一盏环照黄色闪光灯。

3. 除本条1款规定的号灯外，地效船只有在起飞、降落和贴近水面飞行时，才应显示高亮度的环照红色闪光灯。

4.（1）长度小于12米的机动船，可以显示一盏环照白灯和舷灯以代替本条1款规定的号灯；

（2）长度小于7米且其最高速度不超过7节的机动船，可以显示一盏环照白灯以代替本条1款规定的号灯。如可行，也应显示舷灯；

（3）长度小于12米的机动船的桅灯或环照白灯，如果不可能装设在船的首尾中心线上，可以离开中心线显示，条件是其舷灯合并成一盏，并应装设在船的首尾中心线上或尽可能地装设在接近该桅灯或环照灯所在的首尾线处。

第二十四条　拖带和顶推

1. 机动船当拖带时应显示：

（1）垂直两盏桅灯，以取代第二十三条1款（1）项或1款（2）项规定的号灯。当从拖船船尾至被拖物体后端的拖带长度超过200米时，垂直显示三盏这样的号灯；

（2）两盏舷灯；

（3）一盏尾灯；

（4）一盏拖带灯位于尾灯垂直上方；

（5）当拖带长度超过200米时，在最易见处显示一个菱形体号型。

2. 当一顶推船和一被顶推船牢固地连接成为一组合体时，则应作为一艘机动船，显示第二十三条规定的号灯。

3. 机动船当顶推或旁拖时，除组合体外，应显示：

（1）垂直两盏桅灯，以取代第二十三条1款（1）项或1款（2）项规定的号灯；

（2）两盏舷灯；

（3）一盏尾灯。

4. 适用本条1或3款的机动船，还应遵守第二十三条1款（2）项的规定。

5. 除本条7款所述外，一被拖船或被拖物体应显示：

（1）两盏舷灯；

（2）一盏尾灯；

（3）当拖带长度超过200米时，在最易见处显示一个菱形体号型。

6. 任何数目的船舶如作为一组被旁拖或顶推时，应作为一艘船来显示号灯：

（1）一艘被顶推船，但不是组合体的组成部分，应在前端显示两盏舷灯；

（2）一艘被旁拖的船应显示一盏尾灯，并在前端显示两盏舷灯。

7. 一不易觉察的、部分淹没的被拖船或物体或者这类船舶或物体的组合体应显示：

（1）除弹性拖曳体不需要在前端或接近前端处显示灯光外，如宽度小于25米，在前后两端或接近前后两端处各显示一盏环照白灯；

（2）如宽度为25米或25米以上时，在两侧最宽处或接近最宽处，另加两盏环照白灯；

（3）如长度超过100米，在（1）和（2）项规定的号灯之间，另加若干环照白灯，使得这些灯之间的距离不超过100米；

（4）在最后的被拖船或物体的末端或接近末端处，显示一个菱形体号型，如果拖带长度超过200米时，在尽可能前部的最易见处另加一个菱形体号型。

8. 凡由于任何充分理由，被拖船舶或物体不可能显示本条5款或7款规定的号灯或号型时，应采取一切可能的措施使被拖船舶或物体上有灯光，或至少能表明这种船舶或物体的存在。

9. 凡由于任何充分理由，使得一艘通常不从事拖带作业的船不可能按本条1或3款的规定显示号灯，这种船舶在从事拖带另一遇险或需要救助的船时，就不要求显示这些号灯。但应采取如第三十六条所准许的一切可能措施来表明拖带船与被拖船之间关系的性质，尤其应将拖缆照亮。

第二十五条　在航帆船和划桨船

1. 在航帆船应显示：

（1）两盏舷灯；

（2）一盏尾灯。

2. 在长度小于20米的帆船上，本条1款规定的号灯可以合并成一盏，装设在桅顶或接近桅顶的最易见处。

3. 在航帆船，除本条1款规定的号灯外，还可在桅顶或接近桅顶的最易见处，垂直显示两盏环照灯，上红下绿。但这些环照灯不应和本条2款所允许的合色灯同时显示。

4.（1）长度小于7米的帆船，如可行，应显示本条1或2款规定的号灯。但如果不这样做，则应在手边备妥白光的电筒一个或点着的白灯一盏，及早显示，以防碰撞。

（2）划桨船可以显示本条为帆船规定的号灯，但如不这样做，则应在手边备妥白光的电筒一个或点着的白灯一盏，及早显示，以防碰撞。

5. 用帆行驶同时也用机器推进的船舶，应在前部最易见处显示一个圆锥体号型，尖端向下。

第二十六条　渔船

1. 从事捕鱼的船舶，不论在航还是锚泊，只应显示本条规定的号灯和号型。

2. 船舶从事拖网作业，即在水中拖曳爬网或其他用作渔具的装置时，应显示：

（1）垂直两盏环照灯，上绿下白，或一个由上下垂直、尖端对接的两个圆锥体所组成的号型；

（2）一盏桅灯，后于并高于那盏环照绿灯；长度小于50米的船舶，则不要求显示该桅灯，但可以这样做；

（3）当对水移动时，除本款规定的号灯外，还应显示两盏舷灯和一盏尾灯。

3. 从事捕鱼作业的船舶，除拖网作业者外，应显示：

（1）垂直两盏环照灯，上红下白，或一个由上下垂直、尖端对接的两个圆锥体所组成的号型；

（2）当有外伸渔具，其从船边伸出的水平距离大于150米时，应朝着渔具的方向显示一盏环照白灯或一个尖端向上的圆锥体号型；

（3）当对水移动时，除本款规定的号灯外，还应显示两盏舷灯和一盏尾灯。

4. 本规定附录二所述的额外信号，适用于在其他捕鱼船舶附近从事捕鱼的船舶。

5. 船舶不从事捕鱼时，不应显示本条规定的号灯或号型，而只应显示为其同样长度的船舶所规定的号灯或号型。

第二十七条　失去控制或操纵能力受到限制的船舶

1. 失去控制的船舶应显示：

（1）在最易见处，垂直两盏环照红灯；

（2）在最易见处，垂直两个球体或类似的号型；

（3）当对水移动时，除本款规定的号灯外，还应显示两盏舷灯和一盏尾灯。

2. 操纵能力受到限制的船舶，除从事清除水雷作业的船舶外，应显示：

（1）在最易见处，垂直三盏环照灯，最上和最下者应是红色，中间一盏应是白色；

（2）在最易见处，垂直三个号型，最上和最下者应是球体，中间一个应是菱形体；

（3）当对水移动时，除本款（1）项规定的号灯外，还应显示桅灯、舷灯和尾灯；

（4）当锚泊时，除本款（1）和（2）项规定的号灯或号型外，还应显示第三十条规定的号灯号型。

3. 从事一项使拖船和被拖物体双方在驶离其航向的能力上受到严重限制的拖带作业的机动船，除显示第二十四条1款规定的号灯或号型外，还应显示本条2款（1）和（2）项规定的号灯或号型。

4. 从事疏浚或水下作业的船舶，当其操纵能力受到限制时，应显示本条2款（1）、（2）和（3）项规定的号灯和号型。此外，当存在障碍物时，还应显示：

（1）在障碍物存在的一舷，垂直两盏环照红灯或两个球体；

（2）在他船可以通过的一舷，垂直两盏环照绿灯或两个菱形体；

（3）当锚泊时，应显示本款规定的号灯或号型以取代第三十条规定的号灯或号型。

5. 当从事潜水作业的船舶其尺度使之不可能显示本条4款规定的号灯和号型时，则应显示：

（1）在最易见处垂直三盏环照灯，最上和最下者应是红色，中间一盏应是白色；

（2）一个国际信号旗"A"的硬质复制品，其高度不小于1米，并应采取措施以保证周围都能见到。

6. 从事清除水雷作业的船舶，除显示第二十三条为机动船规定的号灯或第三十条为锚泊船规定的号灯或号型外，还应显示三盏环照绿灯或三个球体。这些号灯或号型之一应在接近前桅桅顶处显示，其余应在前桅桁两端各显示一个。这些号灯或号型表示他船驶近至清除水雷船1 000米以内是危险的。

7. 除从事潜水作业的船舶外，长度小于12米的船舶，不要求显示本条规定的号灯和号型。

8. 本条规定的信号不是船舶遇险求救的信号。船舶遇险求救的信号载于本规则附录四内。

第二十八条　限于吃水的船舶

限于吃水的船舶，除第二十三条为机动船规定的号灯外，还可在最易见处垂直显示三盏环照红灯，或者一个圆柱体。

第二十九条　引航船舶

1. 执行引航任务的船舶应显示：

（1）在桅顶或接近桅顶处，垂直两盏环照灯，上白下红；

（2）当在航时，外加舷灯和尾灯；

（3）当锚泊时，除本款（1）项规定的号灯外，还应显示第三十条对锚泊船规定的号灯或号型。

2. 引航船当不执行引航任务时，应显示为其同样长度的同类船舶规定的号灯或号型。

第三十条　锚泊船舶和搁浅船舶

1. 锚泊中的船舶应在最易见处显示：

（1）在船的前部，一盏环照白灯或一个球体；

（2）在船尾或接近船尾并低于本款（1）项规定的号灯处，一盏环照白灯。

2. 长度小于50米的船舶，可以在最易见处显示一盏环照白灯，以取代本条1款规定的号灯。

3. 锚泊中的船舶，还可以使用现有的工作灯或同等的灯照明甲板，而长度为100米及100米以上的船舶应当使用这类灯。

4. 搁浅的船舶应显示本条1或2款规定的号灯，并在最易见处外加：

（1）垂直两盏环照红灯；

（2）垂直三个球体。

5. 长度小于7米的船舶，不在狭水道、航道、锚地或其他船舶通常航行的水域中或其附近锚泊时，不要求显示本条1和2款规定的号灯或号型。

6. 长度小于12米的船舶搁浅时，不要求显示本条4款（1）项和（2）项规定的号灯或号型。

第三十一条　水上飞机

当水上飞机或地效船不可能显示按本章各条规定的各种特性或位置的号灯和号型时，则应显示尽可能近似于这种特性和位置的号灯和号型。

第四章　声响和灯光信号

第三十二条　定义

1. "号笛"一词，指能够发出规定笛声并符合本规则附录三所载规格的任何声响信号器具。

2. "短声"一词，指历时约1秒的笛声。

3. "长声"一词，指历时4～6秒钟的笛声。

第三十三条　声号设备

1. 长度为12米或12米以上的船舶，应配备一个号笛，长度为20米或20米以上的船舶除了号笛以外还应配备一个号钟，长度为100米或100米以上的船舶，除了号笛和号钟以外，还应配备一面号锣。号锣的音调和声音不可与号钟相混淆。号笛、号钟和号锣应符合本规则附录三所载规格。号钟、号锣或二者均可用与其各自声音特性相同的其他设备代替，只要这些设备随时能以手动鸣放规定的声号。

2. 长度小于12米的船舶，不要求备有本条1款规定的声响信号器具。如不备有，则应配置能够鸣放有效声号的其他设备。

第三十四条　操纵和警告信号

1. 当船舶在互见中，在航机动船按本规则准许或要求进行操纵时，应用号笛发出下列声号表明之：

——一短声　表示"我船正在向右转向"；

——二短声　表示"我船正在向左转向"；

——三短声　表示"我船正在向后推进"。

2. 在操纵过程中，任何船舶均可用灯号补充本条1款规定的笛号，这种灯号可根据情况予以重复：

（1）这些灯号应具有以下意义：

——一闪　表示"我船正在向右转向"；

——二闪　表示"我船正在向左转向"；

——三闪　表示"我船正在向后推进"。

（2）每闪历时应约1秒，各闪应间隔约1秒，前后信号的间隔应不少于10秒；

（3）如设有用作本信号的号灯，则应是一盏环照白灯，其能见距离至少为5海里，并应符合本规则附录一所载规定。

3. 在狭水道或航道内互见时：

（1）一艘企图追越他船的船应遵照第九条5款（1）项的规定，以号笛发出下列声号表示其意图：

——二长声继以一短声，表示"我船企图从你船的右舷追越"；

——二长声继以二短声，表示"我船企图从你船的左舷追越"；

（2）将要被追越的船舶，当按照第九条5款（1）项行动时，应以号笛依次发出下列声号表示同意：

——一长、一短、一长、一短声。

4. 当互见中的船舶正在互相驶近，并且不论由于何种原因，任何一船无法了解他船的意图或行动，或者怀疑他船是否正在采取足够的行动以避免碰撞时，存在怀疑的船应立即用号笛鸣放至少五声短而急的声号以表示这种怀疑。该声号可以用至少五次短而急的闪光来补充。

5. 船舶在驶近可能被居间障碍物遮蔽他船的水道或航道的弯头或地段时，应鸣放一长声。该声号应由弯头另一面或居间障碍物后方可能听到它的任何来船回答一长声。

6. 如船上所装几个号笛，其间距大于100米，则只应使用一个号笛鸣放操纵和警告声号。

第三十五条　能见度不良时使用的声号

在能见度不良的水域中或其附近时，不论白天还是夜间，本条规定的声号应使用如下：

1. 机动船对水移动时，应以每次不超过2分钟的间隔鸣放一长声。

2. 机动船在航但已停车，并且不对水移动时，应以每次不超过2分钟的间隔连续鸣放二长声，二长声间的间隔约2秒钟。

3. 失去控制的船舶、操纵能力受到限制的船舶、限于吃水的船舶、帆船、从事捕鱼的船舶，以及从事拖带或顶推他船的船舶，应以每次不超过2分钟的间隔连续鸣放三声，即一长声继以二短声，以取代本条1或2款规定的声号。

4. 从事捕鱼的船舶锚泊时，以及操纵能力受到限制的船舶在锚泊中执行任务时，应当鸣放本条3款规定的声号以取代本条7款规定的声号。

5. 一艘被拖船或者多艘被拖船的最后一艘，如配有船员，应以每次不超过2分钟的间隔连续鸣放四声，即一长声继以三短声。当可行时，这种声号应在拖船鸣放声号之后立即鸣放。

6. 当一顶推船和一被顶推船牢固地连接成为一个组合体时，应作为一艘机动船，鸣放本条1或2款规定的声号。

7. 锚泊中的船舶，应以每次不超过1分钟的间隔急敲号钟约5秒。长度为100米或100米以上的船舶，应在船的前部敲打号钟，并应在紧接钟声之后，在船的后部急敲号锣约5秒钟。此外，锚泊中的船舶，还可以连续鸣放三声，即一短、一长和一短声，以警告驶近的船舶注意本船位置和碰撞的可能性。

8. 搁浅的船舶应鸣放本条7款规定的钟号，如有要求，应加发该款规定的锣号。此外，还应在紧接急敲号钟之前和之后各分隔而清楚地敲打号钟三下。搁浅的船舶还可以鸣放合适的笛号。

9. 长度为12米或12米以上但小于20米的船舶，不要求鸣放本21条7款和8款规定的声号。但如不鸣放上述声号，则应鸣放他种有效的声号，每次间隔不超过2分钟。

10. 长度小于12米的船舶，不要求鸣放上述声号，但如不鸣放上述声号，则应以每次不超过2分钟的间隔鸣放其他有效的声号；

11. 引航船当执行引航任务时，除本条1、2或7款规定的声号外，还可以鸣放由四短声组成的识别声号。

第三十六条　招引注意的信号

如需招引他船注意，任何船舶可以发出灯光或声响信号，但这种信号应不致被误认为本规则其他条款所准许的任何信号，或者可用不致妨碍任何船舶的方式把探照灯的光束朝着危险的方向。任何招引他船注意的灯光，应不致被误认为是任何助航标志的灯光。为此目的，应避免使用诸如频闪灯这样高亮度的间歇灯或旋转灯。

第三十七条　遇险信号

船舶遇险并需要救助时，应使用或显示本规则附录四所述的信号。

第五章　豁免

第三十八条　豁免

在本规则生效之前安放龙骨或处于相应建造阶段的任何船舶（或任何一类船舶）只要符合1960年国际海上避碰规则的要求，则可：

1. 在本规则生效之日后4年内，免除安装达到第二十二条规定能见距离的号灯。

2. 在本规则生效之日后4年内，免除安装符合本规则附录一第7款规定的颜色规格的号灯。

3. 永远免除由于从英制单位变换为米制单位以及丈量数字凑整而产生的号灯位置的调整。

4.（1）永远免除长度小于150米的船舶由于本规则附录一第3款（1）规定而产生的桅灯位置的调整。

（2）在本规则生效之日后9年内，免除长度为150米或150米以上的船舶由于本规则附录一第3款（1）规定而产生的桅灯位置的调整。

5. 在本规则生效之日后9年内，免除由于本规则附录一第2款（2）规定而产生的桅灯位置的调整。

6. 在本规则生效之日后9年内，免除由于本规则附录一第2款（7）和第3款（2）规定而产生的舷灯位置的调整。

7. 在本规则生效之日后9年内，免除本规则附录三对声号器具所规定的要求。

8. 永远免除由于本规则附录一第9款（2）规定而产生的环照灯位置的调整。

附录一

号灯和号型的位置和技术细节

1. 定义

"船体以上的高度"一词，指最上层连续甲板以上的高度。这一高度应从灯的位置垂直下方处量起。

2. 号灯的垂向位置和间距

（1）长度为20米或20米以上的机动船，桅灯应安置如下：

① 前桅灯，或如只装设一盏桅灯，则该桅灯在船体以上的高度应不小于6米，如船的宽度超过6米，则在船体以上的高度应不小于该宽度，但是该灯安置在船体以上的高度不必大于12米；

② 当装设两盏桅灯时，后灯高于前灯的垂向距离应至少为4.5米。

（2）机动船的两盏桅灯的垂向距离应是这样：即在一切正常纵倾的情况下，当从距离船首1 000米的海面观看时，应能看出后灯在前灯的上方并且分开。

（3）长度为12米或12米以上但小于20米的机动船，其桅灯安置在舷边以上的高度应不小于2.5米。

（4）长度小于12米的机动船，可以把最上面的一盏号灯装在舷边以上小于2.5米的高度，但当除舷灯和尾灯之外还设有一盏桅灯或者除舷灯之外还设有第二十三条4（1）所规定的环照白灯时，则该桅灯或该环照白灯的设置至少应高于舷灯1米。

（5）为从事拖带或顶推他船的机动船所规定的两盏或三盏桅灯中的一盏，应安置在前桅灯或后桅灯相同的位置。如果该灯装在后桅上，则该最低的后桅灯高于前桅灯的垂向距离应不少于4.5米。

（6）① 第二十三条1款规定的桅灯，除本款②项所述外，应安置在高于并离开其他一切灯光和遮蔽物的位置上。

② 当在低于桅灯的位置上不可能装设第二十七条2款（1）项或第二十八条规定的环照灯时，这些环照灯可以装设在后桅灯上方或悬挂于前桅灯和后桅灯垂向之间，如属后一种情况，则应符合本附录第3款（3）的要求。

（7）机动船的舷灯安置在船体以上的高度，应不超过前桅灯高度的四分之三。这些舷灯不应低到受甲板灯光的干扰。

（8）长度小于20米的机动船的舷灯，如并为一盏，则应安置在低于桅灯不小于1

米处。

（9）当本规则规定垂直装设两盏或三盏号灯时，这些号灯的间距如下：

① 长度为20米或20米以上的船舶，这些号灯的间距应不小于2米，而且除需要拖带号灯的情况外，这些号灯的最低一盏，应装设在船体以上高度不小于4米处。

② 长度小于20米的船舶，这些号灯的间距应不小于1米，而且除需要拖带号灯的情况外，这些号灯的最低一盏，应装设在舷边以上高度不小于2米处。

③ 当装设三盏号灯时，其间距应相等。

（10）为从事捕鱼的船所规定的两盏环照灯的较低一盏，在舷灯以上的高度应不小于这两盏号灯垂向间距的2倍。

（11）当装设两盏锚灯时，第三十条1款（1）项规定的前锚灯应高于后锚灯不小于4.5米。长度为50米或50米以上的船舶，前锚灯应装设在船体以上高度不小于6米处。

3. 号灯的水平位置和间距

（1）当机动船按规定有两盏桅灯时，两灯之间的水平距离应不小于船长的一半，但不必大于100米。前桅灯应安置在离船首不大于船长的四分之一处。

（2）长度为20米或20米以上的机动船，舷灯不应安置在前桅灯的前面。这些舷灯应安置在舷侧或接近舷侧处。

（3）当第二十七条2款（1）项或第二十八条规定的号灯设置在前桅灯和后桅灯垂向之间时，这些环照灯应安置在与该首尾中心线正交的横向水平距离不小于2米处。

（4）当机动船按规定仅有一盏桅灯时，该灯应在船中之前显示；长度小于20米的船舶不必在船中之前显示该灯，但应在尽可能靠前的位置上显示。

4. 渔船、疏浚船及从事水下作业船舶的示向号灯的位置细节

（1）从事捕鱼的船舶，按照第二十六条3款（2）项规定用以指示船边外伸渔具的方向的号灯，应安置在离开那两盏环照红和白灯不小于2米但不大于6米的水平距离处。该号灯的安置应不高于第二十六条3款（1）项规定的环照白灯但也不低于舷灯。

（2）从事疏浚或水下作业的船舶，按照第二十七条4款（1）和（2）项规定用以指示有障碍物的一舷和（或）能安全通过的一舷的号灯和号型，应安置在离开第二十七条2款处，但绝不应小于2米。这些号灯或号型的上面一个的安置高度绝不高于第二十七条2款（1）和（2）项规定的三个号灯或号型中的下面一个。

5. 舷灯遮板

长度在20米或20米以上的船舶的舷灯，应装有无光黑色的内侧遮板，并符合本附录第9款的要求。长度小于20米的船舶的舷灯，如需为符合本附录第9款的要求，应装设无光黑色的内侧遮板。用单一直立灯丝并在绿色和红色两部分之间有一条很窄分界线的合座灯，可不必装配外部遮板。

6. 号型

（1）号型应是黑色并具有以下尺度：

① 球体的直径应不小于0.6米；

② 圆锥体的底部直径应不小于0.6米，其高度应与直径相等；

③ 圆柱体的直径至少为0.6米，其高度应两倍于直径；

④ 菱形体应由两个本款②所述的圆锥体以底相合组成。

（2）号型间的垂直距离应至少为1.5米。

（3）长度小于20米的船舶，可用与船舶尺度相称的较小尺度的号型，号型间距亦可相应减少。

7. 号灯的颜色规格所有航海号灯的色度应符合下列标准，这些标准是包括在国际照明委员会（CIE）为每种颜色所规定的图解区域界限以内的。每种颜色的区域界限是用折角点的坐标表示的。这些坐标如下：

（1）白色

x　0.525　0.525　0.452　0.310　0.310　0.443

y　0.382　0.440　0.440　0.348　0.283　0.382

（2）绿色

x　0.028　0.009　0.300　0.203

y　0.385　0.723　0.511　0.356

（3）红色

x　0.680　0.660　0.735　0.721

y　0.320　0.320　0.265　0.259

（4）黄色

x　0.612　0.618　0.575　0.575

y　0.382　0.382　0.425　0.406

8. 号灯的发光强度

（1）号灯的最低发光强度应用下述公式计算：

$$I=3.43 \times 10^6 \times T \times D^2 \times K^{-D}$$

式中，I——在使用情况下，以堪（Candelas）为单位计算的发光强度；

T——临阈系数，为2×10^{-7}勒克司；

D——号灯的能见距离（照明距离），以海里计算；

K——大气透射率。用于规定的号灯，K值应是0.8，相当于约13海里的气象能见度。

（2）从上述公式导出的数值示例如下：

以海里为单位的号灯能见距离（照明距离） 海里D	以堪为单位的号灯发光强度（$K = 0.8$） 新烛光I
1	0.9
2	4.3
3	12
4	27
5	52
6	94

注：航海号灯的最大发光强度应予限制，以防止过度的眩光，但不应该使用发光强度可变控制的办法。

9. 水平光弧

（1）① 船上所装的舷灯，在朝前的方向上，应显示最低要求的发光强度，发光强度在规定光弧外的1~3度之间，应减弱以达到切实断光。

② 尾灯和桅灯，以及舷灯在正横后22.5度处，应在水平弧内保持最低要求的发光强度，直到第二十一条规定的光弧界限内5度。从规定的光弧内5度起，发光强度可减弱50%，直到规定的界限；然后，发光强度应不断减弱，以达到在规定光弧外至多5度处切实断光。

（2）① 环照灯应安置在不被桅、顶桅或建筑物遮蔽大于6度角光弧的位置上，但第三十条规定的锚灯除外，锚灯不必安置在船体以上不切实际的高度。

② 如果仅显示一盏环照灯无法符合本段第（2）①小段的要求，则应使用两盏环照灯，固定于适当位置或用挡板遮挡，使其在1海里距离上尽可能像是一盏灯。

10. 垂向光弧

（1）所装电气号灯的垂向光弧，除在航帆船的号灯外，应保证：

① 从水平上方5度到水平下方5度的所有角度内，至少保持所要求的最低发光强度；

② 从水平上方7.5度到水平下方7.5度，至少保持所要求的最低发光强度的60%。

（2）在航帆船所装电气号灯的垂向光弧，应保证：

① 从水平上方5度到水平下方5度的所有角度内，至少保持所要求的最低发光强度；

② 从水平上方25度到水平下方25度，至少保持所要求的最低 发光强度的50%。

（3）电气号灯以外的灯应尽可能符合这些规格。

11. 非电气号灯的发光强度

非电气号灯应尽可能符合本附录第8款表中规定的最低发光强度。

12. 操纵号灯

尽管有本附录第2款（6）规定，第三十四条2款所述的操纵号灯应安置在一盏或多盏桅灯的同一首尾垂直面上，如可行，并且操纵号灯高于或低于后桅灯的距离不小于2米，则操纵号灯应高于前桅灯的垂向距离至少为2米。只装设一盏桅灯的船舶，如装有操纵号灯，则应将其装设在与桅灯的垂向距离不小于2米的最易见处。

13. 高速船

（1）高速船的桅灯可装设在相应于船的宽度、低于本附录第2款（1）①规定的高度上，其条件是由两盏舷灯和一盏桅灯形成的等腰三角形的底角，在正视时不应小于27度。

（2）长度为50米或50米以上的高速船上，本附录第2款（1）②规定的前桅灯和主桅灯之间4.5米的垂向距离可以修改，但此距离应不少于下列公式规定的数值：

$$y = [2 + (a + 17\Psi)C]/1\,000$$

式中，y——主桅灯高于前桅灯的高度（米）；

a——航行状态下前桅灯高于水面的高度（米）；

Ψ——可为航行状态下的纵倾（度）；

C——为桅灯之间的水平距离（米）。

14. 认可

号灯和号型的构造以及号灯在船上的安装，应符合有关主管机关的要求。

附录二

在相互邻近处捕鱼的渔船的额外信号

1. 通则

本附录中所述的号灯，如为履行第二十六条4款而显示时，应安置在最易见处。这些号灯的间距至少应为0.9米，但要低于第二十六条2款（1）项和3款（1）项规定的号灯。这些号灯，应能在水平四周至少1海里的距离上被见到，但应小于本规则为渔船规定的号灯的能见距离。

2. 拖网渔船的信号

（1）长度等于或大于20米的船舶在从事拖网作业时，不论使用海底还是深海渔具，应显示：

① 放网时：垂直两盏白灯；

② 起网时：垂直两盏灯，上白下红灯；

③ 网挂住障碍物时：垂直两盏红灯。

（2）长度等于或大于20米、从事对拖网作业的每一船应显示：

① 在夜间，朝着前方并向本对拖网中另一船的方向照射的探照灯；

② 当放网或起网或网挂住障碍物时，按附录第2款（1）规定的号灯。

（3）长度小于20米、从事拖网作业的船舶，不论使用海底或深海渔具还是从事对拖网作业，可视情显示本段（1）或（2）中规定的号灯。

3. 围网船的信号 从事围网捕鱼的船舶，可垂直显示两盏黄色号灯。这些号灯应每秒钟交替闪光一次，而且明暗历时相等。这些号灯仅在船舶的行动为其渔具所妨碍时才可显示。

附录三

声号器具的技术细节

1. 号笛

（1）频率和可听距离

笛号的基频应在70～700赫兹的范围内。

笛号的可听距离应通过其频率来确定，这些频率可包括基频和（或）一种或多种较高的频率，并具下文第1（3）款规定的声压级。对于长度为20米或20米以上的船舶，频率范围为180～700赫兹（±1%）；对于长度为20米以下的船舶，频率范围为180～2 000赫兹（±1%）。

（2）基频的界限为保证号笛的多样特性，号笛的基频应介于下列界限以内：

① 70～200赫兹，用于长度200米或200米以上的船舶；

② 130～350赫兹，用于长度75米或75米以上但小于200米的船舶；

③ 250～700赫兹，用于长度小于75米的船舶。

（3）笛号的声强和可听距离

船上所装的号笛，在其最大声强方向上，距离1米处，在频率为180～700赫兹（±1%）（长度20米或20米以上的船舶）或180～2 100赫兹（±1%）（长度20米以下的船舶）范围内的至少每个1/3倍频带宽中，应具有不小于下表所订相应数值的声压级。

船舶长度（米）	1/3倍频程带宽声压相对值，距离1米相对于2×10^{-5}牛/米（分贝）	可听距离（海里）
200或200以上	143	2
75或75以上，但小于200	138	1.5
20或20以上，但小于75	130	1
小于20	120 *1 115*2 111*3	0.5

*1当量测频率在180～450赫兹时。

*2当量测频率在450～800赫兹时。

*3当量测频率在800～2100赫兹时。

表中的可听距离是参考性的而且是在号笛的前方轴线上，在无风条件下，有90%的概率可在有一般背景噪声（用中心频率为250赫兹的倍频程带宽时取68分贝，用中心频率为500赫兹的倍频程带宽时取63分贝）的船上收听到的大约距离。实际上，号笛的可听距离极易变化。而且主要取决于天气情况，所订数值可作为典型值，但在强风或在收听点周围有高背景噪声的情况下，可听距离可大大减小。

（4）方向性

方向性号笛的声压值，在轴线±45°内的任何水平方向上，比轴线上的规定声压级至多只应低4分贝，在任何其他水平方向上的声压级，比轴线上的规定声压值至多只应低10分贝，以使任何方向上的可听距离至少是轴线前方上可听距离的一半。声压级应在决定可听距离的那个1/3倍频带中测定。

（5）号笛的安装

当方向性号笛作为船上唯一的号笛使用时。其安装应使最大声强朝着正前方。号笛应安置在船上尽可能高的地方。发出的声音少受遮蔽物的阻截，并使人员听觉受损害的危险降到最低程度。在船上收听到本船声号的声压值不应超过110分贝（A）。并应尽可能不超过100分贝（A）。

（6）一个以上号笛的安装如各号笛配置的间距大于100米，则应做出安排使其不致同时鸣放。

（7）组合号笛系统

如果由于遮蔽物的存在，以致单一号笛或本节（6）所指号笛之一的声场可能有一个声压值大为降低的区域时，建议用一组合号笛系统以克服这种降低。就本规则而言，组合号笛系统作为单一号笛论。组合系统中各号笛的间距应不大于100米，并应做出安排使其同时鸣放。任一号笛的频率应与其他号笛频率至少相差10赫兹。

2. 号钟和号锣

（1）声号的强度

号钟、号锣或其他具有类似声音特性的器具所发出的声压值，在距它1米处，应不少于110分贝。

（2）构造

号钟和号锣应用抗蚀材料制成，其设计应能使之发出清晰的音调。长度为20米或20米以上的船舶，号钟口的直径应不小于300毫米。如可行，建议用一个机动

钟锤，以保证敲力稳定，但仍应可能用手操作，钟锤的质量应不小于号钟质量的3%。

3. 认可

声号器具的构造性能及其在船上的安装，应符合船旗国的有关主管机关的要求。

附录四

遇险信号

1 下列信号在一起或单独使用或展示时，表示遇险和需要救助：

（1）约每隔1分钟开一枪或发出其他爆炸信号；

（2）用任何雾号装置连续发声；

（3）火箭或炮弹，以短暂间隔每次一发抛出红星；

（4）以《摩斯信号规则》的…—…（SOS）信号组构成的任何信号方法发出的信号；

（5）用无线电话发出的由口说的"MAYDAY"一词组成的信号；

（6）由N.C.表示的《国际信号规则》的遇险信号；

（7）由下列者构成的信号：在一四方旗的上方或下方有一个球或球状物；

（8）船舶上的火焰（如点燃的沥青桶或油桶等发出的火焰）；

（9）发出红光的火箭降落伞闪光信号或手提火焰信号；

（10）发出橙色烟的烟号；

（11）将从两侧伸展的手臂慢慢反复举起和放下；

（12）通过在下列频道或频率上发出的数字选择性呼叫（DSC）发出的遇险警戒：

（a）甚高频第70频道，或

（b）2 187.5 kHz、8 414.5 kHz、4 207.5 kHz、6 312 kHz、12 577 kHz或16 804.5 kHz频率上的中频/高频；

（13）船舶的Inmarsat或其他移动卫星业务提供商的船舶地球站发出的船到岸遇险报警；

（14）应急无线电示位标发送的信号；

（15）包括救生筏雷达应答器在内的无线电通信系统发出的经核准的信号。

2　禁止为指示遇险和援助需要以外的其他目的使用或展示任何上述信号，还禁止使用可能与任何上述信号混淆的其他信号。

3　请注意《国际信号规则》《国际空中和海上搜救手册》第Ⅲ卷的有关章节和下列信号：

（1）带有一个黑色方块和圆圈或其他适当符号的一块橙色帆布（供从空中识别）；

（2）一个染色标志。

第二节　《中华人民共和国海上交通安全法》

1983年9月2日第六届全国人民代表大会常务委员会第二次会议通过

1983年9月2日中华人民共和国主席令第七号公布

自1984年1月1日起施行

2016年11月7日，全国人大常委会对《中华人民共和国海上交通安全法》做出修改，将第十二条修改为："国际航行船舶进出中华人民共和国港口，必须接受主管机关的检查。本国籍国内航行船舶进出港口，必须向主管机关报告船舶的航次计划、适航状态、船员配备和载货载客等情况。"

第一章　总则

第一条　为加强海上交通管理，保障船舶、设施和人命财产的安全，维护国家权益，特制定本法。

第二条　本法适用于在中华人民共和国沿海水域航行、停泊和作业的一切船舶、设施和人员以及船舶、设施的所有人、经营人。

第三条　中华人民共和国港务监督机构，是对沿海水域的交通安全实施统一监督管理的主管机关。

第二章　船舶检验和登记

第四条　船舶和船上有关航行安全的重要设备必须具有船舶检验部门签发的有效技术证书。

第五条　船舶必须持有船舶国籍证书，或船舶登记证书，或船舶执照。

第三章　船舶、设施上的人员

第六条　船舶应当按照标准定额配备足以保证船舶安全的合格船员。

第七条　船长、轮机长、驾驶员、轮机员、无线电报务员话务员以及水上飞机、潜水器的相应人员，必须持有合格的职务证书。

其他船员必须经过相应的专业技术训练。

第八条　设施应当按照国家规定，配备掌握避碰、信号、通信、消防、救生等专业技能的人员。

第九条　船舶、设施上的人员必须遵守有关海上交通安全的规章制度和操作规程，保障船舶、设施航行、停泊和作业的安全。第四章　航行、停泊和作业

第十条　船舶、设施航行、停泊和作业，必须遵守中华人民共和国的有关法律、行政法规和规章。

第十一条　外国籍非军用船舶，未经主管机关批准，不得进入中华人民共和国的内水和港口。但是，因人员病急、机件故障、遇难、避风等意外情况，未及获得批准，可以在进入的同时向主管机关紧急报告，并听从指挥。

外国籍军用船舶，未经中华人民共和国政府批准，不得进入中华人民共和国领海。

第十二条　国际航行船舶进出中华人民共和国港口，必须接受主管机关的检查。本国籍国内航行船舶进出港口，必须办理进出港签证。

第十三条　外国籍船舶进出中华人民共和国港口或者在港内航行、移泊以及靠离港外系泊点、装卸站等，必须由主管机关指派引航员引航。

第十四条　船舶进出港口或者通过交通管制区、通航密集区和航行条件受到限制的区域时，必须遵守中华人民共和国政府或主管机关公布的特别规定。

第十五条　除经主管机关特别许可外，禁止船舶进入或穿越禁航区。

第十六条　大型设施和移动式平台的海上拖带，必须经船舶检验部门进行拖航检验，并报主管机关核准。

第十七条　主管机关发现船舶的实际状况同证书所载不相符合时，有权责成其申请重新检验或者通知其所有人、经营人采取有效的安全措施。

第十八条　主管机关认为船舶对港口安全具有威胁时，有权禁止其进港或令其离港。

第十九条　船舶、设施有下列情况之一的，主管机关有权禁止其离港，或令其停航、改航、停止作业：

一、违反中华人民共和国有关的法律、行政法规或规章；

二、处于不适航或不适拖状态；

三、发生交通事故，手续未清；

四、未向主管机关或有关部门交付应承担的费用，也未提供适当的担保；

五、主管机关认为有其他妨害或者可能妨害海上交通安全的情况。

第五章　安全保障

第二十条　在沿海水域进行水上水下施工以及划定相应的安全作业区，必须报经主管机关核准公告。无关的船舶不得进入安全作业区。施工单位不得擅自扩大安全作业区的范围。

在港区内使用岸线或者进行水上水下施工包括架空施工，还必须附图报经主管机关审核同意。

第二十一条　在沿海水域划定禁航区，必须经国务院或主管机关批准。但是，为军事需要划定禁航区，可以由国家军事主管部门批准。

禁航区由主管机关公布。

第二十二条　未经主管机关批准，不得在港区、锚地、航　道、通航密集区以及主管机关公布的航路内设置、构筑设施或者进行其他有碍航行安全的活动。

对在上述区域内擅自设置、构筑的设施，主管机关有权责令其所有人限期搬迁或拆除。

第二十三条　禁止损坏助航标志和导航设施。损坏助航标志或导航设施的，应当立即向主管机关报告，并承担赔偿责任。

第二十四条　船舶、设施发现下列情况，应当迅速报告主管机关：

一、助航标志或导航设施变异、失常；

二、有妨碍航行安全的障碍物、漂流物；

三、其他有碍航行安全的异常情况。

第二十五条　航标周围不得建造或设置影响其工作效能的障碍物。航标和航道附近有碍航行安全的灯光，应当妥善遮蔽。

第二十六条　设施的搬迁、拆除，沉船沉物的打捞清除，水下工程的善后处理，都不得遗留有碍航行和作业安全的隐患。在未妥善处理前，其所有人或经营人必须负责设置规定的标志，并将碍航物的名称、形状、尺寸、位置和深度准确地报告主管机关。

第二十七条　港口码头、港外系泊点、装卸站和船闸，应当加强安全管理，保持良好状态。

第二十八条　主管机关根据海上交通安全的需要，确定、调整交通管制区和港口锚地。港外锚地的划定，由主管机关报上级机关批准后公告。

第二十九条　主管机关按照国家规定，负责统一发布航行警告和航行通告。

第三十条　为保障航行、停泊和作业的安全，有关部门应当保持通信联络畅通，保持助航标志、导航设施明显有效，及时提供海洋气象预报和必要的航海图书资料。

第三十一条　船舶、设施发生事故，对交通安全造成或者可能造成危害时，主管机关有权采取必要的强制性处置措施。

第六章　危险货物运输

第三十二条　船舶、设施储存、装卸、运输危险货物，必须具备安全可靠的设备和条件，遵守国家关于危险货物管理和运输的规定。

第三十三条　船舶装运危险货物，必须向主管机关办理申报手续，经批准后，方可进出港口或装卸。

第七章　海难救助

第三十四条　船舶、设施或飞机遇难时，除发出呼救信号外，还应当以最迅速的方式将出事时间、地点、受损情况、救助要求以及发生事故的原因，向主管机关报告。

第三十五条　遇难船舶、设施或飞机及其所有人、经营人应当采取一切有效措施组织自救。

第三十六条　事故现场附近的船舶、设施，收到求救信号或发现有人遭遇生命危险时，在不严重危及自身安全的情况下，应当尽力救助遇难人员，并迅速向主管机关报告现场情况和本船舶、设施的名称、呼号和位置。

第三十七条　发生碰撞事故的船舶、设施，应当互通名称、国籍和登记港，并尽一切可能救助遇难人员。在不严重危及自身安全的情况下，当事船舶不得擅自离开事故现场。

第三十八条　主管机关接到求救报告后，应当立即组织救助。有关单位和在事故现场附近的船舶、设施，必须听从主管机关的统一指挥。

第三十九条　外国派遣船舶或飞机进入中华人民共和国领海或领海上空搜寻救助遇难的船舶或人员，必须经主管机关批准。

第八章　打捞清除

第四十条　对影响安全航行、航道整治以及有潜在爆炸危险的沉没物、漂浮物，其所有人、经营人应当在主管机关限定的时间内打捞清除。否则，主管机关有权采取措施强制打捞清除，其全部费用由沉没物、漂浮物的所有人、经营人承担。

本条规定不影响沉没物、漂浮物的所有人、经营人向第三方索赔的权利。

第四十一条　未经主管机关批准，不得擅自打捞或拆除沿海水域内的沉船沉物。

第九章　交通事故的调查处理

第四十二条　船舶、设施发生交通事故，应当向主管机关递交事故报告书和有关资料，并接受调查处理。

事故的当事人和有关人员，在接受主管机关调查时，必须如实提供现场情况和与事故有关的情节。

第四十三条　船舶、设施发生的交通事故，由主管机关查明原因，判明责任。

第十章　法律责任

第四十四条　对违反本法的，主管机关可视情节，给予下列一种或几种处罚：

一、警告；

二、扣留或吊销职务证书；

三、罚款。

第四十五条　当事人对主管机关给予的罚款、吊销职务证书处罚不服的，可以在接到处罚通知之日起十五天内，向人民法院起诉；期满不起诉又不履行的，由主管机关申请人民法院强制执行。

第四十六条　因海上交通事故引起的民事纠纷，可以由主管机关调解处理，不愿意调解或调解不成的，当事人可以向人民法院起诉；涉外案件的当事人，还可以根据书面协议提交仲裁机构仲裁。

第四十七条　对违反本法构成犯罪的人员，由司法机关依法追究刑事责任。

第十一章　特别规定

第四十八条　国家渔政渔港监督管理机构，在以渔业为主的渔港水域内，行使本法规定的主管机关的职权，负责交通安全的监督管理，并负责沿海水域渔业船舶之间的交通事故的调查处理。具体实施办法由国务院另行规定。

第四十九条　海上军事管辖区和军用船舶、设施的内部管理，为军事目的进行水上水下作业的管理，以及公安船舶的检验登记、人员配备、进出港签证，由国家有关主管部门依据本法另行规定。

第十二章　附则

第五十条　本法下列用语的含义是：

"沿海水域"是指中华人民共和国沿海的港口、内水和领海以及国家管辖的一切其他海域。

"船舶"是指各类排水或非排水船、筏、水上飞机、潜水器和移动式平台。

"设施"是指水上水下各种固定或浮动建筑、装置和固定平台。

"作业"是指在沿海水域调查、勘探、开采、测量、建筑、疏浚、爆破、救助、打捞、拖带、捕捞、养殖、装卸、科学试验和其他水上水下施工。

第五十一条　国务院主管部门依据本法，制定实施细则，报国务院批准施行。

第五十二条　过去颁布的海上交通安全法规与本法相抵触的，以本法为准。

第五十三条　本法自1984年1月1日起施行。

第三节　《游艇安全管理规定》

《游艇安全管理规定》于2008年7月8日经第8次部务会议通过，2009年1月1日起施行。《游艇安全管理规定》是为了规范游艇安全管理，保障水上人命和财产安全，防治游艇污染水域环境，促进游艇业的健康发展，根据水上交通安全管理和防治船舶污染水域环境的法律、行政法规而制定。

总则

第一条

为了规范游艇安全管理，保障水上人命和财产安全，防治游艇污染水域环境，促进游艇业的健康发展，根据水上交通安全管理和防治船舶污染水域环境的法律、行政法规，制定本规定。

第二条

在中华人民共和国管辖水域内游艇航行、停泊等活动的安全和防治污染管理适用本规定。

本规定所称游艇，是指仅限于游艇所有人自身用于游览观光、休闲娱乐等活动的具备机械推进动力装置的船舶。

本规定所称游艇俱乐部，是指为加入游艇俱乐部的会员提供游艇保管及使用服务的依法成立的组织。

第三条

中华人民共和国海事局统一实施全国游艇水上交通安全和防治污染水域环境的监督管理。

各级海事管理机构依照职责，具体负责辖区内游艇水上交通安全和防治污染水域环境的监督管理。

检验登记

第四条

游艇应当经船舶检验机构按照交通运输部批准或者认可的游艇检验规定和规范进行检验，并取得相应的船舶检验证书后方可使用。

第五条

游艇有下列情形之一的，应当向船舶检验机构申请附加检验：

（一）发生事故，影响游艇适航性能的；

（二）改变游艇检验证书所限定类别的；

（三）船舶检验机构签发的证书失效的；

（四）游艇所有人变更、船名变更或者船籍港变更的；

（五）游艇结构或者重要的安全、防污染设施、设备发生改变的。

第六条

在中华人民共和国管辖水域航行、停泊的游艇，应当取得船舶国籍证书。未持有船舶国籍证书的游艇，不得在中华人民共和国管辖水域航行、停泊。

申请办理船舶国籍登记，游艇所有人应当持有船舶检验证书和所有权证书，由海事管理机构审核后颁发《中华人民共和国船舶国籍证书》。

长度小于5米的游艇的国籍登记，参照前款的规定办理。

考试发证

第七条

游艇操作人员应当经过专门的培训、考试，具备与驾驶的游艇、航行的水域相适应的专业知识和技能，掌握水上消防、救生和应急反应的基本要求，取得海事管理机构颁发的游艇操作人员适任证书。

未取得游艇操作人员适任证书的人员不得驾驶游艇。

第八条

申请游艇操作人员适任证书，应当符合下列条件：

（一）年满18周岁未满60周岁；

（二）视力、色觉、听力、口头表达、肢体健康等符合航行安全的要求；

（三）通过规定的游艇操作人员培训，并经考试合格。

第九条

申请游艇操作人员适任证书的，应当通过中华人民共和国海事局授权的海事管理机构组织的考试。

申请游艇操作人员适任证书的，应到培训或者考试所在地的海事管理机构办理，并提交申请书以及证明其符合发证条件的有关材料。

经过海事管理机构审核符合发证条件的，发给有效期为5年的相应类别的游艇操作人员适任证书。

第十条

游艇操作人员适任证书的类别分为海上游艇操作人员适任证书和内河游艇操作人员适任证书。

第十一条

持有海船、内河船舶的船长、驾驶员适任证书或者引航员适任证书的人员，按照游艇操作人员考试大纲的规定，通过相应的实际操作培训，可以分别取得海上游艇操作人员适任证书和内河游艇操作人员适任证书。

第十二条

游艇操作人员适任证书的有效期不足6个月时，持证人应当向原发证海事管理机构申请办理换证手续。符合换证条件中有关要求的，海事管理机构应当给予换发同类别的游艇操作人员适任证书。

游艇操作人员适任证书丢失或者损坏的，可以按照规定程序向海事管理机构申请补发。

第十三条

依法设立的从事游艇操作人员培训的机构，应当具备相应的条件，并按照国家有关船员培训管理规定的要求，经过中华人民共和国海事局批准。

航行停泊

第十四条

游艇在开航之前，游艇操作人员应当做好安全检查，确保游艇适航。

第十五条

游艇应当随船携带有关船舶证书、文书及必备的航行资料，并做好航行等相关记录。

游艇应当随船携带与当地海事管理机构、游艇俱乐部进行通信的无线电通信工具，并确保与岸基有效沟通。

游艇操作人员驾驶游艇时应当携带游艇操作人员适任证书。

第十六条

游艇应当按照《船舶签证管理规则》的规定，办理为期12个月的定期签证。

第十七条

游艇应当在其检验证书所确定的适航范围内航行。

游艇所有人或者游艇俱乐部在第一次出航前，应当将游艇的航行水域向当地海事管理机构备案。游艇每一次航行时，如果航行水域超出备案范围，游艇所有人或者游艇俱乐部应当在游艇出航前向海事管理机构报告船名、航行计划、游艇操作人员或者乘员的名单、应急联系方式。

第十八条

游艇航行时，除应当遵守避碰规则和当地海事管理机构发布的特别航行规定外，还应当遵守下列规定：

（一）游艇应当避免在恶劣天气以及其他危及航行安全的情况下航行；

（二）游艇应当避免在船舶定线制水域、主航道、锚地、养殖区、渡口附近水域以及交通密集区及其他交通管制水域航行，确需进入上述水域航行的，应当听从海事管理机构的指挥，并遵守限速规定；游艇不得在禁航区、安全作业区航行；

（三）不具备号灯及其他夜航条件的游艇不得夜航；

（四）游艇不得超过核定乘员航行。

第十九条

游艇操作人员不得酒后驾驶、疲劳驾驶。

第二十条

游艇应当在海事管理机构公布的专用停泊水域或者停泊点停泊。

游艇的专用停泊水域或者停泊点，应当符合游艇安全靠泊、避风以及便利人员安全登离的要求。

游艇停泊的专用水域属于港口水域的，应当符合有关港口规划。

第二十一条

游艇在航行中的临时性停泊，应当选择不妨碍其他船舶航行、停泊、作业的水域。不得在主航道、锚地、禁航区、安全作业区、渡口附近以及海事管理机构公布的禁止停泊的水域内停泊。

第二十二条

在港口水域内建设游艇停泊码头、防波堤、系泊设施的，应当按照《港口法》的规定申请办理相应许可手续。

第二十三条

航行国际航线的游艇进出中华人民共和国口岸，应当按照国家有关船舶进出口岸的规定办理进出口岸手续。

第二十四条

游艇不得违反有关防治船舶污染的法律、法规和规章的规定向水域排放油类物质、生活污水、垃圾和其他有毒有害物质。

游艇应当配备必要的污油水回收装置、垃圾储集容器，并正确使用。

游艇产生的废弃蓄电池等废弃物、油类物质、生活垃圾应当送交岸上接收处理，并做好记录。

安全保障

第二十五条

游艇的安全和防污染由游艇所有人负责。游艇所有人应当负责游艇的日常安全管理和维护保养，确保游艇处于良好的安全、技术状态，保证游艇航行、停泊以及游艇上人员的安全。

委托游艇俱乐部保管的游艇，游艇所有人应当与游艇俱乐部签订协议，明确双方在游艇航行、停泊安全以及游艇的日常维护、保养及安全与防污染管理方面的责任。

游艇俱乐部应当按照海事管理机构的规定及其与游艇所有人的约定，承担游艇的安全和防污染责任。

第二十六条

游艇俱乐部应当具备法人资格，并具备下列安全和防污染能力：

（一）建立游艇安全和防污染管理制度，配备相应的专职管理人员；

（二）具有相应的游艇安全停泊水域，配备保障游艇安全和防治污染的设施，配备水上安全通信设施、设备；

（三）具有为游艇进行日常检修、维护、保养的设施和能力；

（四）具有回收游艇废弃物、残油和垃圾的能力；

（五）具有安全和防污染的措施和应急预案，并具备相应的应急救助能力。

第二十七条

游艇俱乐部依法注册后，应当报所在地直属海事局或者省级地方海事局备案。

交通运输部直属海事局或者省级地方海事局对备案的游艇俱乐部的安全和防污染能力应当进行核查。具备第二十六条规定能力的，予以备案公布。

第二十八条

游艇俱乐部应当对其会员和管理的游艇承担下列安全义务：

（一）对游艇操作人员和乘员开展游艇安全、防治污染环境知识和应急反应的宣传、培训和教育；

（二）督促游艇操作人员和乘员遵守水上交通安全和防治污染管理规定，落实相应的措施；

（三）保障停泊水域或者停泊点的游艇的安全；

（四）核查游艇、游艇操作人员的持证情况，保证出航游艇、游艇操作人员持有相应有效证书；

（五）向游艇提供航行所需的气象、水文情况和海事管理机构发布的航行通（警）告等信息服务；遇有恶劣气候条件等不适合出航的情况或者海事管理机构禁止出航的警示时，应当制止游艇出航并通知已经出航的游艇返航；

（六）掌握游艇的每次出航、返航以及乘员情况，并做好记录备查；

（七）保持与游艇、海事管理机构之间的通信畅通；

（八）按照向海事管理机构备案的应急预案，定期组织内部管理的应急演练和游艇成员参加的应急演习。

第二十九条

游艇必须在明显位置标明水上搜救专用电话号码、当地海事管理机构公布的水上安全频道和使用须知等内容。

第三十条

游艇遇险或者发生水上交通事故、污染事故，游艇操作人员及其他乘员、游艇俱乐部以及发现险情或者事故的船舶、人员应当立即向海事管理机构报告。游艇俱乐部应当立即启动应急预案。在救援到达之前，游艇上的人员应当尽力自救。

游艇操作人员及其他乘员对在航行、停泊时发现的水上交通事故、污染事故、求救信息或者违法行为应当及时向海事管理机构报告。需要施救的，在不严重危及游艇自身安全的情况下，游艇应当尽力救助水上遇险的人员。

监督检查

第三十一条

海事管理机构应当依法对游艇、游艇俱乐部和游艇操作人员培训机构实施监督检查。游艇俱乐部和游艇所有人应当配合，对发现的安全缺陷和隐患，应当及时进行整改、消除。

第三十二条

海事管理机构发现游艇违反水上交通安全管理和防治船舶污染环境管理秩序的行为，应当责令游艇立即纠正；未按照要求纠正或者情节严重的，海事管理机构可以责令游艇临时停航、改航、驶向指定地点、强制拖离、禁止进出港。

第三十三条

海事管理机构发现游艇俱乐部不再具备安全和防治污染能力的，应当责令其限期整改；对未按照要求整改或者情节严重的，可以将其从备案公布的游艇俱乐部名录中删除。

第三十四条

海事管理机构的工作人员依法实施监督检查，应当出示执法证件，表明身份。

法律责任

第三十五条

违反本规定，未取得游艇操作人员培训许可擅自从事游艇操作人员培训的，由海事管理机构责令改正，处5万元以上25万元以下罚款；有违法所得的，还应当没收违法所得。

第三十六条

游艇操作人员培训机构有下列行为之一的，由海事管理机构责令改正，可以处2万元以上10万元以下罚款；情节严重的，给予暂扣培训许可证6个月以上2年以下直至吊销的处罚：

（一）不按照本规定要求和游艇操作人员培训纲要进行培训，或者擅自降低培训标准；

（二）培训质量低下，达不到规定要求。

第三十七条

违反本规定，在海上航行的游艇未持有合格的检验证书、登记证书和必备的航行资料的，海事管理机构责令改正，并可处以1 000元以下罚款，情节严重的，海事管理机构有权责令其停止航行；对游艇操作人员，可以处以1 000元以下罚款，并扣留游艇操作人员适任证书3至12个月。

违反本规定，在内河航行的游艇未持有合格的检验证书、登记证书的，由海事管理机构责令其停止航行，拒不停止的，暂扣游艇；情节严重的，予以没收。

第三十八条

违反本规定，游艇操作人员操作游艇时未携带合格的适任证书的，由海事管理机构责令改正，并可处以2 000元以下罚款。

第三十九条

游艇操作人员持有的适任证书是以欺骗、贿赂等不正当手段取得的，海事管理机构应当吊销该适任证书，并处2 000元以上2万元以下的罚款。

第四十条

违反本规定，游艇有下列行为之一的，由海事管理机构责令改正，并可处以1 000元以下罚款：

（一）未在海事管理机构公布的专用停泊水域或者停泊点停泊，或者临时停泊的水域不符合本规定的要求；

（二）游艇的航行水域超出备案范围，而游艇所有人或者游艇俱乐部未在游艇出航前将船名、航行计划、游艇操作人员或者乘员的名单、应急联系方式等向海事管理机构备案。

第四十一条

其他违反本规定的行为，按照有关法律、行政法规、规章进行处罚。

第四十二条

海事管理机构工作人员玩忽职守、徇私舞弊、滥用职权的，应当依法给予行政处分。

附　则

第四十三条

游艇从事营业性运输，应当按照国家有关营运船舶的管理规定，办理船舶检验、登记和船舶营运许可等手续。

第四十四条

游艇应当按照国家的规定，交纳相应的船舶税费和规费。

第四十五条

乘员定额12人以上的游艇，按照客船进行安全监督管理。

第四十六条

本规定自2009年1月1日起施行。

附录：练习题及参考答案

第一部分　是非题

1. 舵轮（方向盘）的作用为控制游艇的航行方向。　　　　　　　　（　　）
2. 引擎控制杆（车钟）的作用为控制引擎的转速、前进和后退。　（　　）
3. 一公制海里大约等于1 852米。　　　　　　　　　　　　　　（　　）
4. 吃水：表示船体在水面以下的深度。船体前后垂直的深度，分别叫前吃水和后吃水，中间的垂直深度，叫平均吃水。　　　　　　　　　　　　　　　（　　）
5. 排水量：船体入水部分所排开的水的质量，以吨为计算单位。船舶空载时浮在水面，这时船体所排开的水的质量，称为"空载排水量"。　　　　　　　（　　）
6. 游艇的摇摆性是受外力作用下，做周期性的横、纵向摇摆和偏荡运动的性能，摇摆周期的长短与GM值无关。　　　　　　　　　　　　　　　　　　（　　）
7. 游艇通常规格划分为：36英尺以下为小型游艇、36～60英尺为中型游艇和60尺以上为大型豪华游艇。　　　　　　　　　　　　　　　　　　　　　（　　）
8. 游艇的前方称为"艏"，后方称为"艉"。　　　　　　　　　　（　　）
9. 游艇中间线称为舯线，正横就是舯线位置垂直于艏艉线的方位。（　　）
10. 罗经的作用为确定船舶的经纬度。　　　　　　　　　　　　　（　　）
11. 罗经的作用为指示航行的航向。　　　　　　　　　　　　　　（　　）
12. 境外购入的非营业性自用游艇，应当持有境外有关主管机关认可的游艇检验证书或者认可的组织签发的游艇合格证，并向经中华人民共和国海事局认可的船舶检验机构申请初次检验。　　　　　　　　　　　　　　　　　　　　　　　（　　）
13. 游艇是指用于旅游观光、休闲娱乐的营业游艇。　　　　　　　（　　）
14. 游艇的规格是以英尺计算的。　　　　　　　　　　　　　　　（　　）
15. 续航能力是指游艇带额定燃料，中途不再补给，以一定的速度连续航行所能达到的大航程。　　　　　　　　　　　　　　　　　　　　　　　　　（　　）
16. "正横"就是垂直于船舶首尾线的方位。　　　　　　　　　　　（　　）
17. 游艇强度是指船体结构抵抗船体发生极度变形和损坏的能力。　（　　）

18. 各级海事局管辖本辖区内的所有海事行政处罚案件。（   ）

19. 对海事行政处罚案件管辖发生争议的，报请共同的下一级海事管理机构指定管辖。（   ）

20. 海事行政违法事实确凿，并有法定依据的，对自然人处以警告或处以50元以下罚款，对法人或其他组织处以警告或1 000元以下罚款的海事行政处罚的，不可以当场做出海事行政处罚决定。（   ）

21. 海事管理机构对海事行政处罚案件，应当全面、客观、公正地进行调查，收集有关证据；必要时，可以依法进行检查。（   ）

22. 游艇应当符合交通部批准或者认可的游艇检验技术法规或者规范，经中华人民共和国海事局认可的船舶检验机构检验合格并取得相应的船舶检验证书。（   ）

23. 对同型号批量生产的游艇，无需经船舶检验机构的型式认可签发相应的船舶检验证书。（   ）

24. 海事行政处罚，由海事管理机构依法实施。（   ）

25. 船员职务证书，包括船员培训合格证、船员服务簿、船员适任证书及其他适任证件。（   ）

26. 船舶登记证书，包括船舶国籍证书、船舶所有权登记证书、船舶抵押权登记证书、光船租赁登记证书。（   ）

27. 海事管理机构实施海事行政处罚时，应该责令当事人改正或限期改正海事行政违法行为。（   ）

28. 实施海事行政处罚，应当遵循合法、公开、公正，处罚与教育相结合的原。（   ）

29. AIS提供的信息主要包括静态信息、动态信息、与航次有关信息和安全相关信息。（   ）

30. AIS静态信息在安装时输入，并只在船舶改变其名称或从一种船舶类型转换到另外一种类型时才需要改变。（   ）

31. AIS动态信息由连接的传感器自动更新。（   ）

32. UTC时间由与AIS连接的主要位置传感器GPS自动更新。（   ）

33. 大连海上安全监督局通航管理处：CH13；大连海上交管站：CH06；大窑湾交管台：CH08；所有在港航行、锚泊的船舶必须守听在主管机关公布的守听频道。呼叫：位于（或驶往）大连湾水域的船舶呼叫"大连海上交管"；位于（或驶往）大窑湾水域的船舶呼叫"大窑湾交管"。（   ）

34. 长江口雾天航行时，船舶在视程小于2海里时，应缓速航行；视程小于1 000米时。禁止大型船舶航行；视程小于100米时，禁止小型船只航行。（   ）

35. 进入青岛各船可以用甚高频无线电话与交管中心联系。呼叫名称为青岛交管中心；守听与呼叫频率为8频道；工作频道，通话后由指挥中心指定；管理服务对象为500总吨以上的本国籍船舶和有引航员在船的外国籍船舶。（   ）

36. 天津港大沽灯塔，位于大沽口，是船舶识别和进出天津港的重要助航标志。（   ）

37. 冰冻期，船舶在港内航行锚泊，特别是在海河内航行、锚泊时，应注意：倒车时务必正舵，防止后退时舵叶与冰相撞而损坏。 （　　）

38. AIS由导航传感信息接口电路，信息处理器，监视器和收发机组成。 （　　）

39. 广州海事局，在广州至黄埔水域呼叫频道为第08频道，黄埔至桂山水域呼叫频道为第09频道。 （　　）

40. 按技术装置不同，航标可分为发光航标、不发光航标、音响航标、无线电航标。 （　　）

41. 孤立危险标的灯质特征为Fl（2）。 （　　）

42. 北方位标的涂色为上黄下黑。 （　　）

43. 当海流流经水下隆起的地形时，在上爬过程中，流速增大。 （　　）

44. 雾是影响海面能见度的主要因素。 （　　）

45. 台湾海峡西部低能见度主要出现于3~5月。 （　　）

46. 干球温度计表示湿度，湿球温度计表示温度。 （　　）

47. 平流雾对海上航行安全危害巨大。 （　　）

48. 当气压降低时表示天气会转好。 （　　）

49. 目前船舶获取天气和海况图资料常用的途径为气象传真广播。 （　　）

50. "高潮间隙"是指从满月到大潮高潮发生的时间间隔。 （　　）

51. 海浪和海流的方向都是指去向。 （　　）

52. "无风不起浪"是指风浪。 （　　）

53. 波长较长，波面平坦和光滑的海浪是近岸浪。 （　　）

54. 对于特定的船舶，其实际航速主要受制于浪高和浪向。 （　　）

55. 海风始于早上8~11点，陆风始于晚上8点。 （　　）

56. 在西北太平洋，将近中心大风力≥12级的热带气旋，称为台风。 （　　）

57. 中国东部沿海夏季盛行东南风。 （　　）

58. 雾是影响海面能见度的主要因素。 （　　）

59. 通常适宜于平流雾形成的风力条件是2~4级。 （　　）

60. 所谓"能见"是指目力能清晰看到远目标物。 （　　）

61. 海上交通事故引起民事赔偿纠纷，需要申请调解的必须在事故发生30天内提出申请。 （　　）

62. 船舶生活垃圾经粉碎的直径小于二十五毫米的可近据陆地三海里以外投放，塑料制品粉碎后应据陆地近十二海里投放。 （　　）

63. 当气压升高时表示天气会转好。 （　　）

64. 在天气图上风向的表示方法通常采用32方位。 （　　）

65. 空气的水平运动称为风。 （　　）

66. 据统计，引起船舶海上碰撞事故多的海洋气象环境因素是风。 （　　）

67. 港口海域能见距离不足1 200米时，所有船舶停止进出港。 （　　）

68. 海西深水港湾是由兴化湾、湄洲湾、泉州湾、厦门湾、东山湾等组成。（　　）

69. 福州港由江阴港区、罗源湾港区、松下港区和闽江口内港区组成。　（　　）

77. 所有船舶进出港都应申请引航。　　　　　　　　　　　　　　　　（　　）

71. 海岸电台定时向船舶双向播发各种航行警告信息。　　　　　　　　（　　）

72. 为保证油轮安全引航、靠泊所有进港的空载油船留存的压舱水不得少于该油轮载重量的1/4。　　　　　　　　　　　　　　　　　　　　　　　　　　　（　　）

73. VHF 16频道为国际遇险安全频道。　　　　　　　　　　　　　　　（　　）

74. 厦门受热带风暴、强热带风暴和台风影响在6～10月，其中主要影响在7～9月。　　　　　　　　　　　　　　　　　　　　　　　　　　　　　（　　）

75. 厦门的雾季主要从3月上旬到5月下旬。　　　　　　　　　　　　　（　　）

76. 船舶在港内航行，无论怎样，都应尽量靠经本船左舷的航道行使。　（　　）

77. 小型船只在港内航行，遇有大型船舶驶近时，应及早让出深水航道，并不得抢越大型船舶的船首。　　　　　　　　　　　　　　　　　　　　　　　　　（　　）

78. AIS是个辅助的助航信息源，它支持而且能代替雷达目标跟踪和VIS系统。（　　）

79. 航海上常用罗经测定物标的方位。　　　　　　　　　　　　　　　　（　　）

80. 磁罗经罗盆内混合液体中放入酒精其作用是降低结冰点。　　　　　（　　）

81. 船用导航雷达可以测量船舶周围水面物标的距离、高度。　　　　　（　　）

82. GPS卫星导航仪可为水面、空中定位。　　　　　　　　　　　　　　（　　）

83. AIS用于船舶避碰，可以克服ARPA避碰的盲区的缺陷。　　　　　　（　　）

84. COG是对地航速。　　　　　　　　　　　　　　　　　　　　　　　（　　）

85. SOG是对地航向。　　　　　　　　　　　　　　　　　　　　　　　（　　）

86. 磁差是由于磁极与地极不重合而产生的。　　　　　　　　　　　　（　　）

87. 在大比例尺港泊图上，磁差资料通常刊印在海图标题栏内。　　　　（　　）

88. 我国和国际上大多数国家都将1 852 m定为1海里的标准长度。　　　（　　）

89. 船舶报告制的种类包括航行计划报告、最终报告、事故报告和其他报告。　　　　　　　　　　　　　　　　　　　　　　　　　　　　　　　　（　　）

90. 海图使用前，应根据航海通告和有关的无线电航海警告及时加以改正。（　　）

91. 每改完一则航海通告，就要在海图左下角"小改正"处作登记。　　（　　）

92. 航海上为了简化计算，通常将地球当作圆球体。　　　　　　　　　（　　）

93. 某点地理纬度的度量方法是自赤道向南或向北度量到该点等纬圈，度量范围0°～180°。　　　　　　　　　　　　　　　　　　　　　　　　　　　　（　　）

94. 用罗经点划分方向，相邻两罗经点间的夹角为11° 15′。　　　　　　（　　）

95. 真方位是船首尾线至物标方位线的夹角。　　　　　　　　　　　　（　　）

96. 海图水面处直体数字注记的水深数字表示深度不准或采自旧水深资料或小比例尺图的水深。　　　　　　　　　　　　　　　　　　　　　　　　　　　　（　　）

97. 中版海图图式中，缩写"疑存"是指对危险物的位置有怀疑。　　　（　　）

98. 适淹礁是指深度基准面适淹的礁石。　　　　　　　　　　（　　）

99. 颜色不变，明暗交替且时间相等的灯质为明暗光。　　　　（　　）

100. 使用海图时，应尽可能选择已改正至新的现行版海图。　　（　　）

101.《航路指南》是拟定沿岸航线和沿岸及狭窄水道航行的重要参考书。（　　）

102. 安全水域标的顶标为垂直两黑球。　　　　　　　　　　　（　　）

103. 海图比例尺越大，海图的极限精度越高。　　　　　　　　（　　）

104. 在同张墨卡托海图上，1′纬度的图长随着纬度的升高而渐长。（　　）

105. 船舶在任何能见度下应保持"正确瞭望"。　　　　　　　　（　　）

106. 长度小于7 m的帆船可以用白光手电筒当作号灯。　　　　（　　）

107. 在操作过程中，任何船舶均可用灯号补充规定的笛号。　　（　　）

108. 任何船舶在追越他船时，均应给被追越船让路，直到后驶过让清为止。（　　）

109. 游艇，一般单车右旋桨叶正舵进车时，艉易偏右操纵游艇，逆流、逆风时，舵效比顺流、顺风时佳。　　　　　　　　　　　　　　　　（　　）

110. 游艇在互见中，夜间当在右舷看到来船的红色舷灯，或在左舷看到来船的绿色舷灯，说明存在有碰撞的可能。　　　　　　　　　　　　（　　）

111. 长度小于20 m的船舶，其舷灯可以合并成一盏，装设于船的首尾中心线上。　　　　　　　　　　　　　　　　　　　　　　　　（　　）

112. "环照灯（All-round light）"是指在360°的水平弧内显示不间断灯光的号灯。（　　）

113. L < 7 m，且高速度 V ≤ 7 kn的机动船可显示1盏环照白灯以取代桅灯，舷灯与尾灯。　　　　　　　　　　　　　　　　　　　　　　　（　　）

114.《1972年国际海上避碰规则》是游艇驾驶人员的避碰行动指南又是判定双方碰撞责任的依据。　　　　　　　　　　　　　　　　　　　（　　）

115. 在海上习惯上把本船船首左右各5度的范围内，同时看见来船的两盏舷灯作为接近正前方的对遇局面来处理。　　　　　　　　　　　　　（　　）

116. 对遇局面是互让关系，交叉相遇时两船不是互让关系。　　（　　）

117. 游艇按推进器装置位置分为舷外机船和船内机船两种。　　（　　）

118. 油隔及润滑油需每年更换一次。　　　　　　　　　　　　（　　）

119. 大型游艇一般都用舷内机。　　　　　　　　　　　　　　（　　）

120. 标准艇用电瓶，电压是24 V。　　　　　　　　　　　　（　　）

121. 燃油滤清器每隔100小时，应检查及清洁滤清器。　　　　（　　）

122. 阳极块剩下部分小于原尺寸的三分之一，就需要更换。　　（　　）

123. 在空挡位置时，转速不可超过1 500转/分钟。　　　　　（　　）

124. 长时间空挡时，转速不可超过2 500转/分钟。　　　　　（　　）

125. 汽油发动机和柴油发动机比较，体积小。　　　　　　　　（　　）

126. 从马力角度说，柴油机马力比汽油机马力大。　　　　　　（　　）

127. 发动机按照使用燃料分汽油机和柴油机。 （　　）

128. 发动机使用一百小时后，需要清除燃烧室内的积炭。 （　　）

129. 弃船入水时，外面应穿妥救生衣。 （　　）

130. 救生衣是游艇上简便的救生工具能使落水者仰浮。 （　　）

131. 每艘游艇都应配备必需的手提灭火器。 （　　）

132. 游艇求生须知之一：除非有足够的饮水，否则不可进食。 （　　）

133. 游艇若有人因意外落水，应立即转向使船尾螺旋桨避开落水者。 （　　）

134. 游艇上每人配备一件救生衣，驾驶室每人增设一件就可以满足要求。 （　　）

135. 游艇方便灵活，有火灾时易于控制，尤其是在大海上，海水充足。 （　　）

136. 弃船入水时，尽可能不从6米以上高度跳入冷水中，不得已时，应按正确姿态跳水，不应慌乱。 （　　）

137. 落水者不应做不必要的游泳，在冷水中，可能会猛烈颤抖甚至全身感到强烈疼痛，但这仅是人体在冷水中一种本能的反应，没有死亡的危险。要紧的是在水中尽可能地静止不动才能使体温下降减缓。 （　　）

138. 饮用含酒精的饮料，因它不仅能帮助保持身体的温暖，而且会减少体温的散失。 （　　）

139. 必须有求生获救的坚定信心和积极的思想状态。经验证明，有无求生的意志，会产生完全不同的效果。 （　　）

140. 在能见度比较好的情况下，烟火信号不是最佳的选择。 （　　）

141. 救生圈上都印刷有游艇名，游艇籍港名。 （　　）

142. 弃船入水时，应多穿保暖防水的衣服；尽量将头、颈、手、脚遮护好，袖口、裤管口，腰带等扎紧。 （　　）

143. 在大风浪中驶帆逆风曲折航行时，顺风转向比逆风转向较为危险。 （　　）

144. 风舷角是指风向与艇首尾线间的夹角，从艇首向左右两舷各为0°～180°。 （　　）

145. 游艇驶帆时，风力作用于帆面上，既可推艇前进，同时也推艇横移，如果风舷角很小，推艇横移的力大于推艇前时的力，则艇就不能前进。 （　　）

146. 正横受风是指风从左右舷80°～100°范围内吹来的风。 （　　）

147. 顶风是指风从艇首左右10°～20°范围内吹来的风。 （　　）

148. 风从艇首左右各10°以上方向吹来艇便可驶帆前进，风舷角越大，行进速度越快。 （　　）

149. 风从艇的左右0°～10°范围内吹来，这种风难以驶帆。 （　　）

150. 所谓上风舵是指将舵柄转向下风，使舵叶指向上风。 （　　）

151. 电路板着火，要马上用泡沫灭火器扑救。 （　　）

152. 泡沫灭火要对准液面喷射，确保迅速灭火。 （　　）

153. 游艇驾驶帆逆风曲折航行，如风舷角不变，而帆位角越大，则艇前进速度

越快。　　　　　　　　　　　　　　　　　　　　　　　　　（　　　）

144. 游艇驶帆中，左舷受风是指左舷为上风舷，而帆张于右舷。（　　　）

155. 驶帆航行时，顺风转向是将艇首向下风转动，而改变受风舷。（　　　）

156. 风从艇的左右舷10°~80°范围内吹来的风，叫作逆风。　（　　　）

157. 帆位角是指艇首尾线与帆面的夹角，从艇尾线向左右两舷各为0°~90°。
　　　　　　　　　　　　　　　　　　　　　　　　　（　　　）

第二部分　选择题

1. 通常情况下，小型游艇的尺寸为（　　　）。

A. 36英尺以下　　　B. 36~60英尺　　　C. 60尺以上　　　D. 100尺以上

2. 通常情况下，中型游艇的尺寸为（　　　）。

A. 36英尺以下　　　B. 36~60英尺　　　C. 60尺以上　　　D. 100尺以上

3. 通常情况下，大型豪华游艇的尺寸为（　　　）。

A. 36英尺以下　　　B. 36~60英尺　　　C. 60尺以上　　　D. 100尺以上

4. 发生海上交通事故应当处以海事行政处罚的，应当自海上交通事故调查完结之日起（　　　）日内填写海事行政处罚立案呈批表，报本海事管理机构负责人批准。

A. 3　　　　　　　B. 4　　　　　　　C. 5　　　　　　　D. 7

5. "较大数额罚款"，是指对自然人处以（A）元以上罚款，对法人或其他组织处以（　　　）元以上罚款。

A. 1万/10万　　　B. 2万/5万　　　C. 3万/8万　　　D. 5万/10万

6. 当事人无正当理由逾期不缴纳罚款的，海事管理机构依法每日按罚款数额的（　　　）加处罚款。

A. 3%　　　　　　B. 2%　　　　　　C. 3%　　　　　　D. 5%

7. 当事人无正当理由逾期不缴纳罚款的，海事管理机构依法（　　　）按罚款数额的3%加处罚款。

A. 每日　　　　　　B. 每周　　　　　　C. 每月　　　　　　D. 每三个月

8. 上级海事管理机构自收到解决海事行政处罚案件管辖争议或报请移送海事行政处罚案件管辖的请示之日起（　　　）日内做出管辖决定。

A. 3　　　　　　　B. 4　　　　　　　C. 5　　　　　　　D. 7

9. 不属于按功能分类的是（　　　）。

A. 运动型游艇　　　B. 大型豪华游艇　　　C. 休闲型游艇　　　D. 商务游艇

10. 游艇机器一般使用（　　　）冷却。

A. 空气　　　　　　B. 海水或淡水　　　C. 润滑油　　　　　D. 柴油

11. 吃水差用字母 t 表示，当游艇艇首倾时 t 的值（　　）。

A. 大于零　　　　　B. 小于零　　　　　C. 等于零　　　　　D. 都有可能

12. 当水面在最大吃水线上方时，游艇重力（G）与浮力（F）的关系是（　　）。

A. F大于G　　　　　B.F小于G　　　　　C.F等于G　　　　　D. 都有可能

13. 船体结构抵抗总纵弯曲或破坏的能力是指游艇的（　　）。

A. 纵向强度　　　　B. 横向强度　　　　C. 扭转强度　　　　D. 局部强度

14. 初稳性又称为小倾角稳性，其倾角一般小于（　　）度。

A. 60　　　　　　　B. 45　　　　　　　C. 30　　　　　　　D. 15

15. 游艇具有初稳性时，初稳性高度GM的值（　　）。

A. GM 小于零　　　B. GM大于零　　　C. GM等于零　　　D. 都有可能

16. 游艇机舱舱内污水含油量超过（　　）ppm时禁止向海域倾倒。

A. 10　　　　　　　B. 15　　　　　　　C. 25　　　　　　　D. 30

17. 使用中的游艇应当按照规定每（　　）年向船舶检验机构申请定期检验，经检验合格方可继续使用。

A. 1　　　　　　　　B. 2　　　　　　　C. 3　　　　　　　D. 5

18. 游艇业主委托游艇俱乐部按照双方合同规定由俱乐部承担日常维护、保养和管理的游艇，可以每（　　）年申请定期检验，该游艇俱乐部必须符合本通知的有关规定。

A. 2　　　　　　　　B. 3　　　　　　　C.4　　　　　　　　D. 5

19. 消防设备与器材不包括下列（　　）设备？

A. 消防栓　　　　　　　　　　　B. 手提泡沫灭火器

C.火险报警装置　　　　　　　　D. 救生圈

20. 厦门港航道能通过最大的船是（　　）。

A. 5WT　　　　　　B. 10WT　　　　　C. 15WT　　　　　D. 20WT

21. 厦门湾台风季节是（　　）月份。

A. 8～11　　　　　　B. 7～9　　　　　C. 6～10　　　　　D. 5～8

22. 福州港的主要水道是（　　）。

A. 江阴港区　　　　　　　　　　B. 水道罗源湾港区

C. 水道闽江口内港区　　　　　　D. 水道松下港区水道

23. 下面不是福州港区组成部分的是（　　）。

A. 江阴港区　　　　B. 罗源湾港区　　　C. 闽江口内港区　　D. 招银港区

24. 船舶通过台湾海峡，大中型船舶和中小型船舶分别选择（　　）。

A. 外海航线、沿岸航线　　　　　B. 沿岸航线、外海航线

C. 外海航线、外海航线　　　　　D. 沿岸航线、沿岸航线

25. 当港口海域能见距离不足（　　）海里时，港口管理部门应做好停航准备。

A. 1　　　　　　　　B. 2　　　　　　　C. 3　　　　　　　D. 4

26. 游艇有下列情况不需要申请附加检验的是（　　）。

A. 发生事故影响适航性　　　　　　　B. 改变游艇证书限定类别

C. 检验机构证书失效　　　　　　　　D. 有小的事故，不影响航行的

27. 宋元时期（　　　）被誉为"东方第一大港"，也是"海上丝绸之路"的起点港口。

A. 漳州港　　　　　B. 厦门港　　　　　C. 泉州港　　　　　D. 福州港

28. 八级风速的范围是（　　　）。

A. 34 ~ 40 kn　　　B. 41 ~ 47 kn　　　C. 48 ~ 55 kn　　　D. 56 ~ 63 kn

29. 海陆风中的海风是指（　　　）。

A. 白天由陆地吹向海面的风　　　　　B. 白天由海面吹向陆地的风

C. 夜间由陆地吹向海面的风　　　　　D. 夜间由海面吹向陆地的风

30. 通常海风的日间变化为（　　　）。

A. 始于2 ~ 5时，到凌晨时强　　　　　B. 始于8 ~ 11时，到13 ~ 15时强

C. 始于12时左右，到傍晚时强　　　　D. 始于8 ~ 11时，到半夜时强

31. 我国黄海、渤海冬季盛行（　　　）风？

A. 东北风　　　　　B. 西北风　　　　　C. 西南风　　　　　D. 东南风

32. 露点温度是用来表示（　　　）的物理量？

A. 温度　　　　　　B. 密度　　　　　　C. 气压　　　　　　D. 湿度

33. 一般对船舶航行影响较大较常见的雾是（　　　）。

A. 辐射雾　　　　　B. 锋面雾　　　　　C. 平流雾　　　　　D. 蒸汽雾

34. 风向常用16方位来表示，其中NW代表（　　　）。

A. 东北风　　　　　B. 西北风　　　　　C. 西南风　　　　　D. 东南风

35. 游艇船员适任证书有效期（　　　）年，并在期限满前（　　　）个月申请换证。

A. 5/6　　　　　　　B. 6/5　　　　　　　C. 5/5　　　　　　　D. 6/6

36. 浓雾的水平能见距离为（　　　）。

A. Vis<0.5 n mile　　　　　　　　　　B. Vis<1 n mile

C. Vis<5 n mile　　　　　　　　　　　D. Vis<10 n mile

37. 潮差大的潮汐称为（　　　）。

A. 分点潮　　　　　B. 大潮　　　　　　C. 小潮　　　　　　D. 回归潮

38. 下列表示台风正在临近的现象有（　　　）。

A. 气压突然降低　　B. 天气转晴　　　　C. 气压突然升高　　D. 以上三项皆不是

39. 地面天气传真图上，［SW］是（　　　）警报？

A. 大风　　　　　　B.风暴　　　　　　C. 台风　　　　　　D. 浓雾

40. 通常，在彩印图书中地面天气图上（　　　）。

A. 冷锋为红色　　　　　　　　　　　　B. 静止锋为红蓝双色

C. 暖锋为紫色　　　　　　　　　　　　D. 锢囚锋为红色

41. 船舶驾驶人员阅读天气报告后应明确的2个问题是（　　　）。

A. 低压、高压的位置和强度，未来的天气形势和天气状况

B. 船舶处在何种天气系统的何部位，未来的天气形势和天气状况

C. 大风和热带气旋警报，未来的天气形势和天气状况

D. 锋面等天气系统的位置、强度、移向移速，未来的天气形势和天气状况

42. 热带气旋的主要天气特点包括（　　）。

A. 炎热、干旱   B. 浓雾、高潮   C. 狂风、巨浪   D. 微风、晴朗

43. 下列哪种台风预警信号表示：6小时内可能或者已经受到热带气旋影响，平均风力可达12级以上，并可能持续（　　）。

A. 红色预警   B. 橙色预警   C. 黄色预警   D. 蓝色预警

44. 影响海面能见度的因子除雾外，还有（　　）。

A. 风、霾、雨、雪和低云等   B. 沙尘暴、霾、雨、雪和高云等

C. 沙尘暴、霾、雨、雪和低云等   D. 沙尘暴、霾、雨、雪和中云等

45. 高压中心区域的天气特点是（　　）。

A. 晴朗少云，微风或无风   B. 有时有降水或大风

C. 晴朗少云，大风阵雨   D. 微风或无风

46. 生活垃圾未经粉碎处理，可在据陆地近（　　）海里以外投入海。

A. 20   B. 15   C. 12   D. 3

47. 气压是大气压强的简称，它与天气的关系是（　　）。

A. 高气压一般对应阴雨天气   B. 低气压一般对应阴雨天气

C. 高气压中心对应大风天气   D. 低气压对应晴好天气

48. 测得真风向为225°，用16个方位法表示的风向为（　　）。

A. WSW   B. SW   C. SSE   D. SWS

49. 通常，将大范围风向随季节而有规律转变的盛行风称为（　　）。

A. 季风   B. 海陆风   C. 山谷风   D. 焚风

50. 根据游艇安全管理规定，有下列情形可以不向检验机构申请附加检查（　　）。

A. 发生事故，但不影响游艇适航性   B. 改变游艇检验证书限定类别

C. 证书失效   D. 游艇所有人、船名或者船籍更变

51. 海上平流雾趋于消散的条件是（　　）。

A. 风向小角度转变   B. 风力增强

C. 锋面过境   D. 风力减弱

52. 平流雾常产生在冷暖海流交汇海域的（　　）。

A. 暖水面一侧   B. 冷水面一侧

C. 冷暖水面的混合区   D. 混合区两侧

53. 在地面分析图中，STS的意思是（　　）。

A. 热带风暴   B. 强热带风暴   C. 热带气旋   D. 台风

54. 北半球，在台风前进的路上，危险半圆是（　　）。

A. 左半圆   B. 右半圆   C. 两者皆正确   D. 两者皆错误

55. 热带低压（TD）的近中心附近大风力，国际规定是（　　）级。

A. 8 ~ 9　　　　　　B. <8　　　　　　C. <7　　　　　　D. ≥7

56. 对于热带气旋，扇形前面概率圆表示在预报时刻，热带气旋中心进入该圆的概率为（　　）。

A. 0.5　　　　　　B. 0.55　　　　　　C. 0.6　　　　　　D. 0.7

57. 从潮高基准面至平均大潮高潮面的高度称为（　　）。

A. 大潮升　　　　　B. 大潮差　　　　　C. 小潮差　　　　　D. 小潮升

58. 船舶获取海洋气象资料具有快速、彩色、高画质和动画等特点的途径为（　　）。

A. 气象传真广播　　　　　　　　　B. 全球互联网（WWW）

C. 海岸电台（NAVTEX）　　　　　D. 增强群呼

59. 在我国地面分析图上，两条相邻等压线的间隔为（　　）。

A. 2.5 hPa　　　　　B. 3 hPa　　　　　C. 4 hPa　　　　　D. 5 hPa

60. 海浪通常是指（　　）。

A. 风浪、涌浪、近岸浪　　　　　　B. 风浪、涌浪、海啸

C. 涌浪、海啸、潮波　　　　　　　D. 海啸、潮波、内波

61. "无风三尺浪"是指（　　）。

A. 海啸　　　　　　B. 风浪　　　　　　C. 涌浪　　　　　D. 风暴潮

C 潮波内波涌浪海啸

62. 风和海流的方向（　　）。

A. 都是指来向　　　　　　　　　　B. 风是指来向，流是指去向

C. 都是指去向　　　　　　　　　　D. 风是指去向，流是指来向

63. 风浪成长三要素是指（　　）。

A. 风力、水深、风时　　　　　　　B. 水深、风区、风时

C. 风速、风区、风时　　　　　　　D. 风力、风时、水深

64. 影响我国近海的著名暖流是（　　）。

A. 北太平洋海流　　　　　　　　　B. 北赤道流

C. 黑潮　　　　　　　　　　　　　D. 亲潮

65. 下列标示专用标志的顶标是（　　）。

A. 红色罐状　　　　　B. 绿色锥状　　　　　C. 两个黑球　　　　　D. 黄色X状

66. IALA浮标制度A区域中，绿色中间有一道红色横纹的浮标可配备（　　）。

A. 单个红色罐形顶标　　　　　　　B. 单个红色锥形顶标

C. 单个绿色罐形顶标　　　　　　　D. 单个绿色锥形顶标

67. IALA浮标制度的颜色使用情况（　　）。

1. 红、绿用于标示可航道的两侧界限；2. 黄色用于标示特殊用途水域；

3. 其余灯光一般用白色

A. 1　　　　　　　　B. 2　　　　　　　　C. 3　　　　　　　　D. 1 ~ 3

68. 方位标志可用于（　　　）。

1. 指明某个区域内深的水域在标志的同名侧；2. 指明通过危险物时安全一侧；

3. 引起对航道中某些特征如航道弯头、河流汇合处、分支点或浅滩尾端的注意

A. 1 　　　　　　　B. 2 　　　　　　　C. 3 　　　　　　　D. 1 ~ 3

69. 下列标示孤立危险物标志的顶标的是（　　　）。

A. 红色罐状 　　　　B. 绿色锥状 　　　　C. 两个黑球 　　　　D. 黄色X状

70. 从新月到上弦，潮差的变化是（　　　）。

A. 逐渐增大 　　　　B. 逐渐减小 　　　　C. 没有 　　　　　　D. 时大时小

71. 某港口每天有两次高潮两次低潮，潮差和涨落潮时间均不相等，该港口为（　　　）。

A. 正规半日潮港 　　　　　　　　　　　B. 不正规半日潮港

C. 正规日潮港 　　　　　　　　　　　　D. 不正规日潮港

72. 由于大范围盛行风所引起的一种流向和流速都比较稳定的海流，称为（　　　）。

A. 漂流 　　　　　　B. 梯度流 　　　　　C. 风生流 　　　　　D. 潮流

73. 航标的主要作用是（　　　）。

Ⅰ、指示航道 　　Ⅱ、供船舶定位 　　Ⅲ、标示危险区 　　Ⅳ、供特殊需要

A. Ⅰ、Ⅱ 　　　　　B. Ⅱ、Ⅲ 　　　　　C. Ⅲ、Ⅳ 　　　　　D. Ⅰ-Ⅳ

74. 当高潮发生后，海面有一段时间停止升降的现象称为（　　　）。

A. 停潮 　　　　　　B. 平潮 　　　　　　C. 转潮 　　　　　　D. 候潮

75. 安全水域标志只能显示（　　　）。

A. 红色闪光 　　　　B. 绿色闪光 　　　　C. 白色闪光 　　　　D. 黄色闪光

76. 墨卡托海图的投影方法是（　　　）。

A. 等积正圆柱投影 　　　　　　　　　　B. 等积横圆柱投影

C. 等角正圆柱投影 　　　　　　　　　　D. 等角横圆柱投影

77. 海图上所标干出高度是指（　　　）。

A. 物标高出海底的高度 　　　　　　　　B. 海图深度基准面以上的高度

C. 平均海面以上的高度 　　　　　　　　D. 平均大潮高潮面以上的高度

78. 凡危险物外加点线圈者，表示（　　　）。

A. 对水面航行有碍的危险物 　　　　　　B. 位置未经精确测量的危险物

C. 危险物的位置有疑位 　　　　　　　　D. 危险物的存在有疑位

79. 海图水面空白区域，表示该区（　　　）。

A. 不存在航海危险，没有必要测量

B. 经过测量，其内水深足够，无须标注

C. 未经详细测量，应视为不可靠区域

D. 航海危险区

80. 海图中底质为M表示（　　　）。

A. 沙 　　　　　　　B. 泥巴 　　　　　　C. 礁石 　　　　　　D. 岩

81. 暗礁是指（   ）。

A. 平均大潮高潮时露出的孤立岩石

B. 平均大潮高潮面下，深度基准面以上的孤立岩石

C. 深度基准面适淹的礁石

D. 深度基准面以下的孤立岩石

82. 某张海图的深度和高程基准面可在下列哪种资料中查取?（   ）

A.《航海图书总目录》　　　　　　　　B. 海图图廓注记中

C. 海图标题栏内　　　　　　　　　　　D.《航路指南》中

83. 通常情况下，实际灯高比图注灯高之差（   ）。

A. 大于0　　　　　B. 小于0　　　　　C. 等于0　　　　　D. 无法确定

84. 海图水面处斜体数字注记的水深数字表示（   ）。

A. 干出高度

B. 深度不准或采自旧水深资料或小比例尺图的水深

C. 测到一定深度尚未着底的深度

D. 实测水深或小比例尺海图所标水深

85. 中版海图图式中，缩写"概位"是指（   ）。

A. 礁石、浅滩等的存在有疑问　　　　　B. 深度小于已注明的水深注记

C. 对危险物的位置有怀疑　　　　　　　D. 危险物的位置未经精确测量

86. 每分钟闪光50次～80次（我国：60次）的灯质为（   ）。

A. 闪光　　　　　B. 快闪光　　　　　C. 甚快闪　　　　　D. 超快闪

87. 要了解我国沿海无线电信标的详细资料，应查阅中版（   ）。

A.《航路指南》　　　　　　　　　　　B.《航标表》

C.《航海图书目录》　　　　　　　　　D.《船舶定线资料》

88. 要抽选某航线所需的航用图书、表（簿），应查阅中版（   ）。

A.《航路指南》　　　　　　　　　　　B.《航海图书目录》

C.《航标表》　　　　　　　　　　　　D.《航海通告》

89. 要校验本船航海图书是否适用，应查阅中版（   ）。

A.《航路指南》　　　　　　　　　　　B.《航海图书目录》

C.《航标表》　　　　　　　　　　　　D.《航海通告》

90. 中版海图图号是按（   ）顺序编排的。

A. 地区　　　　　B. 新版日期　　　　　C. 出版日期　　　　　D. 改版日期

91.《中国进港指南》主要介绍船舶进港时的（   ）。

A. 航行方法　　　　　　　　　　　　　B. 通讯方法

C. 联检方法　　　　　　　　　　　　　D. 各项与进港有关的港口资料

92.《航路指南》的主要作用是用文字形式（   ）。

A. 描述海图上所提供的航海资料

B. 描述海图上所提供的与航行安全有关的重要航海资料

C. 补充海图上航海资料的不足

D. 介绍沿岸海区推荐航线和航行方法

93. 船上海图一旦受潮，应（　　　）。

A. 尽量平放阴干 　　　　　　　　　　B. 尽快烘烤干

C. 尽可能晒干 　　　　　　　　　　　D. 立即晒干或烤干

94. 地理经度的度量方法是（　　　）。

A. 由该点子午线向东或向西度量到格林子午线，度量范围0°～180°

B. 由该点子午线向东或向西度量到格林子午线，度量范围0°～360°

C. 由格林子午线向东或向西度量到该点子午线，度量范围0°～180°

D. 由格林子午线向东或向西度量到该点子午线，度量范围0°～360°

95. 航海上划分方向的方法有（　　　）。

A. 罗经点法 　　　B. 半圆周法 　　　C. 圆周法 　　　D. 以上都对

96. 真航向是（　　　）。

A. 船舶航行的方向 　　　　　　　　　B. 船首尾线的方向

C. 船首向 　　　　　　　　　　　　　D. 船舶航行时真北至船首尾线的夹角

97. 舷角是（　　　）。

A. 船首尾线至物标方位线的夹角 　　　B. 物标的方向

C. 真航向减去真方位 　　　　　　　　D. 真北至物标方位线的夹角

98. 某船真航向060°，该船右正横某物标的真方位为（　　　）。

A. 150° 　　　B. 330° 　　　C. 090° 　　　D. 060°

99. 航海上进行精度较高的计算时，通常将地球当作（　　　）。

A. 圆球体 　　　B. 椭圆体 　　　C. 椭球体 　　　D. 不规则几何体

100. 船用GPS接收机给出的船位坐标，是在下列（　　　）大地坐标系下确定的椭圆体表面上建立的?

A. WGS-84 　　　　　　　　　　　　B. WGS-72

C. NWL-8D 　　　　　　　　　　　　D. EUROPEAN（1950）

101. 真北与磁北之间的夹角为（　　　）。

A. 磁差 　　　B. 自差 　　　C. 罗经差 　　　D. 陀螺差

102. 航海上1海里的定义是（　　　）。

A. 1 852m

B. 地球圆球体上纬度1′的子午弧长

C. 地球椭圆体上球心角1′所对应的子午弧长

D. 地球椭圆子午线上纬度1′所对应的弧长

103. 船速是船舶在（　　　）情况下的航行速度。

A. 无风流 　　　B. 有风无流 　　　C. 有流无风 　　　D. 有风流

104. 陆标定位中，以下物标应首先选用的是（　　）。

A. 灯塔　　　　　　B. 灯浮　　　　　　C. 岬角　　　　　　D. 山峰

105. 关于两方位定位，以下说法正确的是（　　）。

A. 定位简单、直观，且易判定船位的正确性

B. 定位复杂、烦琐，但易判定船位的正确性

C. 定位简单、直观，但不易判定船位的正确性

D. 定位复杂、烦琐，且不易判定船位的正确性

106. 磁罗经能够指示方向的部件是（　　）。

A. 罗经柜　　　　　B. 罗盘　　　　　　C. 罗盆　　　　　　D. 浮室

107. 国家海事局规定，磁罗经自差每（　　）年需校正一次。

A. 一　　　　　　　B. 二　　　　　　　C. 三　　　　　　　D. 四

108. 船用导航雷达发射的电磁波遇到物标后，可以（　　）。

A. 穿过去　　　　　　　　　　B. 较好的反射回来

C. 全部绕过去　　　　　　　　D. 部分穿透

109. 在雷达荧光屏局部区域上出现的疏松的棉絮状一片的干扰波是（　　）。

A. 雨雪干扰　　　　B. 噪声干扰　　　　C. 海浪干扰　　　　D. 同频干扰

110. 在要求船位精度较高的情况下，应选用（　　）雷达定位方法。

A. 距离定位方法　　　　　　　B. 方位定位方法

C. 距离、方位混合定位方法　　D. 以上各方法均可

111. 对雷达定位使用效果好的是（　　）。

A. 雷达角反射器　　　　　　　B. 雷达指向标

C. 雷达应答器　　　　　　　　D. 回波增幅器

112. GPS卫星导航可提供全球、全天候、高精度（　　）。

A. 连续、非实时定位与导航　　B. 连续、近于实时定位与导航

C. 间断、非实时定位与导航　　D. 间断、近于实时定位与导航

113. 利用CA码GPS卫星导航仪定位，定位精度为（　　）。

A. 0.1海里　　　　B. 0.3海里　　　　C. 100米　　　　　D. 1米

114. AIS可以用于船与船之间的（　　）。

Ⅰ. 识别；Ⅱ. 监视；Ⅲ. 避碰；Ⅳ. 定位；Ⅴ. 通信

A. Ⅰ～Ⅲ　　　　　B. Ⅰ、Ⅲ、Ⅳ　　　C. Ⅰ～Ⅳ　　　　　D. Ⅰ～Ⅴ

115. 《中华人民共和国船舶交通管理系统安全监督管理规则》规定"船舶在VTS区域内（　　）时，必须按主管机关颁布的《VTS用户指南》所明确的报告程序和内容，通过甚高频无线电话或其他有效手段向VTS中心进行船舶动态报告"。

Ⅰ. 航行；Ⅱ. 停泊；Ⅲ. 作业

A. Ⅱ、Ⅲ　　　　　B. Ⅰ、Ⅲ　　　　　C. Ⅰ、Ⅱ　　　　　D. Ⅰ、Ⅱ、Ⅲ

116. 游艇尾部发生火灾，应（　　）。

A. 应迎风航行　　　B. 应顺风航行　　　C. 应傍风而行　　　B. 停车待救援

117. 游艇驾驶人员的避碰指南是（　　）。

A. 1972年国际海上避碰规则　　　　B. 1981年国际海上避碰规则

C. 1991年国际海上避碰规则　　　　D. 1992国际海上避碰规则

118. 游艇操舵后，在转舵阶段将（　　）。

A. 出现速度降低、向转舵一侧横倾现象

B. 出现速度降低、向转舵相反一侧横倾现象

C. 出现速度增大、向转舵一侧横倾现象

D. 出现速度增大、向转舵相反一侧横倾现象

119. 游艇旋回圈中的旋回直径是指（　　）。

A. 自操舵起，至航向改变90°时，其重心在原航向上的横向移动距离

B. 自操舵起，至航向改变180°时，其重心在原航向上的横向移动距离

C. 自操舵起，至角速度达到大时，旋回圈的直径

D. 自操舵起，至角速度达到常量时，旋回圈的直径

120. 游艇启动过程中，为保护主机（　　）。

A. 先开高转速，在船速达到与转速相应的船速时再逐级减小转速。

B. 先开低转速，在船速达到与转速相应的船速时再逐级加大转速。

C. 先开低转速，在螺旋桨转动起来后就开高转速。

D. 先开低转速，在转速达到相应的转速时再逐级增大转速。

121. 在风大浪高，海面状况不佳的天气。风浪大且有涌时，若游艇艇身与海浪平行，游艇易为海浪打翻，此时操艇应（　　）。

（1）减低艇速，避免艇底拍击过大

（2）艇首与浪涌成20°～30°的角度航行

（3）甲板上排水口开放以利排水

A. 1　　　　B. 2　　　　C. 3　　　　D. 1～3

122. 游艇在发生人落水时，应（　　）。

1. 向落水者一侧操满舵　2. 立即停车　3. 迅速向落水人员抛出救生圈

A. 1　　　　B. 2　　　　C. 3　　　　D. 1～3

123. 船舶航行接近弯水道，或狭窄水道，或适航水道，因障碍物遮蔽而可能无法看到其（　　）。

A. 一长声　　　　B. 二长声

C. 三长声　　　　D. 一长声、一短声、一长声

124. 建立船舶交通管理系统（VTS系统）的目的是（　　）。

Ⅰ. 保障船舶交通安全；Ⅱ. 提高交通效率；Ⅲ. 保护水域环境

A. Ⅰ　　　　B. Ⅱ　　　　C. Ⅲ　　　　D. Ⅰ-Ⅲ

125. 锚在港内操纵时的应用不包括（　　）。

A. 控制游艇航速，减小冲程   B. 控制艇身横向移动

C. 游艇漂滞时作海锚用   D. 游艇后退时起稳首作用

126. 游艇系泊时，尾缆的作用是（   ）。

A. 防止游艇后移、防止船尾向外舷移动

B. 防止游艇前移、防止船尾向外舷移动

C. 防止游艇后移、防止船首向外舷移动

D. 防止游艇前移、防止船首向外舷移动

127. 溜缆操作时应注意的事项中，哪项不正确（   ）。

A. 溜缆一般使用钢丝缆

B. 溜缆时应挽得住和溜得出

C. 溜缆速度应快而不宜缓

D. 操作人员应位于溜出相反一舷

128. 游艇所受风动力的大小（   ）。

A. 与风舷角有关，与相对风速无关

B. 与风舷角有关，与相对风速有关

C. 与风舷角无关，与相对风速无关

D. 与风舷角无关，与相对风速有关

129. 游艇停船后的船舶受风时，终将转向（   ）。

A. 船首顶风   B. 船尾迎风

C. 正横附近对风   D. 右舷30° 附近对风

130. 游艇在匀速直线航行时所受的各种阻力之和应（   ）。

A. 等于所受到的推力   B. 大于所受到的推力

C. 小于所受到的推力   D. 等于或小于所受到的推力

131. 有关游艇的舵效，哪一种说法是正确的？（   ）

A. 游艇首倾比尾倾时舵效好，顺流时比顶流时舵效好。

B. 游艇首倾比尾倾时舵效好，顺流时比顶流时舵效差。

C. 游艇首倾比尾倾时舵效差，顺流时比顶流时舵效差。

D. 游艇首倾比尾倾时舵效差，顺流时比顶流时舵效好。

132. 游艇在操纵中用锚时，锚的抓力取决于（   ）。

A. 锚型、锚重、抛锚方法等和风力、水流、海浪

B. 出链长度、水深、排水量、风力、水流

C. 锚型、锚重、抛锚方法、排水量、风力、水流

D. 锚型、锚重、出链长度、水深、底质

133. 游艇系泊时，首缆的作用是（   ）。

A. 防止游艇后移、防止船首向外舷移动

B. 防止游艇前移、防止船首向外舷移动

C. 防止游艇后移、防止船尾向外舷移动

D. 防止游艇前移、防止船尾向外舷移动

134. 船吸现象的危险程度（　　　）。

A. 与两船船速无关，与两船间的横距有关

B. 与两船船速有关，与两船间的横距有关

C. 与两船船速无关，与两船间的横距无关

D. 与两船船速有关，与两船间的横距无关

135. 游艇的操纵特点包括（　　　）。

A. 抗风能力强，易产生较大的漂航

B. 抗风能力差，易产生较大的漂航

C. 抗风能力强，不易产生较大的漂航

D. 抗风能力差，不易产生较大的漂航

136. 顶流过弯应使船舶保持在水道的（　　　）。

A. 中央　　　　　　　　　　　　B. 中央略偏凸岸一侧

C. 中央略偏凹岸一侧　　　　　　D. 以上均可

137. 游艇在大风浪中滞航是指游艇（　　　）。

A. 停车随风漂流　　　　　　　　B. 顶风慢车航行

C. 顶浪慢车航行　　　　　　　　D. 用保持舵效的小速度，并将

138. 游艇在大风浪中顺浪航行的措施（　　　）。

A. 能减弱波浪对船体的冲击，并能保持较高的航速。

B. 能减弱波浪对船体的冲击，并能保持较低的航速。

C. 能增强波浪对船体的冲击，并能保持较高的航速。

D. 能增强波浪对船体的冲击，并能保持较低的航速。

139. 游艇在大风浪中掉头的全过程内都要避免（　　　）。

A. 使用全速和使用满舵角

B. 使用慢速和使用小舵角

C. 操舵引起的横倾与波浪引起横倾的相位相同

D. 操舵引起的横倾与波浪引起横倾的相位相反

140. 游艇旋回圈中的进距是指（　　　）。

A. 自操舵起，至航向改变 90° 时，其重心在原航向上的横向移动距离。

B. 自操舵起，至航向改变 90° 时，其重心在原航向上的纵向移动距离。

C. 自操舵起，至航向改变 180° 时，其重心在原航向上的横向移动距离。

D. 自操舵起，至航向改变 180° 时，其重心在原航向上的纵向移动距离。

141. 游艇旋回时间是指（　　　）。

A. 自转舵起至航向角变化90° 所用的时间

B. 自转舵起至航向角变化180° 所用的时间

C. 自转舵起至航向角变化 270° 所用的时间

D. 自转舵起至航向角变化 360° 所用的时间

142. 下列哪项措施可提高游艇舵效？（　　　）

A. 提高艇速的同时提高螺旋桨转速　　　B. 提高艇速的同时降低螺旋桨转速

C. 降低艇速的同时提高螺旋桨转速　　　D. 降低艇速的同时降低螺旋桨转速

143. 航行中游艇发生火灾，为防止火势蔓延，如何操纵游艇（　　　）。

A. 减速顶风航行

B. 立即抛锚救火

C. 减速顺风航行

D. 使船舶处于横风，且使失火一舷处于下风

144. 当碰撞已不可避免时，船舶应（　　　）。

A. 采取有效的行动减小碰撞的损失　　　B. 取有助于避免碰撞的行动

C. 做坏的打算，做好弃船的准备　　　　D. 采取使本船损失小的措施

145. 安全航速适用范围（　　　）。

A. 每一机动船在任何时候　　　　　　　B. 每一船舶在任何时候

C. 每一在航船在任何能见度　　　　　　D. 机动船舶在任何时候

146. 锚的抓力大小与（　　　）有关。

A. 链长

B. 链长、底质

C. 锚重、链长、底质

D. 锚重、链长、底质、水深、抛锚方式

147. 游艇港内航速是指（　　　）。

A. 主机以额定功率和转速在深水中航行的静水艇速

B. 主机以额定功率和转速在深水、风浪中航行的艇速

C. 主机以港内功率和转速在深水中航行的静水艇速

D. 主机以港内功率和转速在深水、风浪中航行的艇速

148. 游艇的靠泊操纵要领是（　　　）。

1. 控制抵泊余速　　2. 选好横距　　3. 调整好靠拢角

A. 1　　　　　　　B. 2　　　　　　　C. 3　　　　　　　D. 1 ~ 3

149. 一般船舶的离泊操作要领是（　　　）。

① 确定船首先离，还是尾先离或平行离；② 掌握首或尾的摆出角度，注意系缆受力情况；③ 控制船舶进退速度。

A. ①②　　　　　　B. ②③　　　　　　C. ① ~ ③　　　　　D. ①③

150. 游艇搁浅而情况不明时，下列做法错误的是（　　　）。

Ⅰ. 查明舵与推进器的情况；Ⅱ. 查明搁浅损伤情况；Ⅲ. 立即全速倒车使船脱浅。

A. Ⅲ　　　　　　　B. Ⅱ　　　　　　　C. Ⅰ　　　　　　　D. Ⅰ ~ Ⅱ

151. 舷灯是指右舷的绿灯和左舷的红灯（　　　）。

1. 在112.5°的水平弧内显示不间断的灯光　2. 使灯光从船的正前方到每一舷正横后22.5°内分别显示

A. 1　　　　　　　　B. 2　　　　　　　　C. 1和2　　　　　　　　D. 1或2

152. "尾灯（Stern light）"是指安置在尽可能接近船尾的白灯（　　　）。

1. 在135°的水平弧内显示不间断的灯光　2. 使灯光从船的正后方到每一舷67.5°内显示

A. 1　　　　　　　　B. 2　　　　　　　　C. 1和2　　　　　　　　D. 1或2

153. L<12 m的机动船应显示（　　　）。

1. 可显示1盏环照白灯　2. 舷灯

A. 1　　　　　　　　B. 2　　　　　　　　C. 1和2　　　　　　　　D. 1或2

154. 游艇在互见中从哪些方面可以说明存在有碰撞的可能（　　　）。

1. 白天可以从双方的航向看出有无碰撞的可能　2. 夜间当在右舷看到来船的红色舷灯　3. 在左舷看到来船的绿色舷灯

A. 1　　　　　　　　B. 2　　　　　　　　C. 3　　　　　　　　D. 1~3

155. 桅灯是指安置在船的首尾中心线上方的白灯，其特点是（　　　）。

1. 在225°的水平弧内显示不间断的灯光　2. 使灯光从船的正前方到每一舷正横后22.5°内显示

A. 1　　　　　　　　B. 2　　　　　　　　C. 1和2　　　　　　　　D. 1或2

156. 游艇应给以下哪类型船舶让路（　　　）。

1. 失控船　2. 操纵限制船　3. 捕鱼船

A. 1　　　　　　　　B. 2　　　　　　　　C. 3　　　　　　　　D. 1~3

157. 两艘帆船相互驶近致有构成碰撞危险时（　　　）。

1. 两船在不同舷受风时，左舷受风的船应他船让路　2.两船在同舷受风时，上风船应给下风船让路

A. 1　　　　　　　　B. 2　　　　　　　　C. 1和2　　　　　　　　D. 1或2

158. 两船船头对船头，而且首尾线在同一条线上，则两船为（　　　）。

A. 对遇局面　　　　B. 交叉相遇　　　　C. 局面追越　　　　D. 局面紧迫局面

159. 游艇在海上航行时能见度良好，互见中与从事捕鱼的船舶相遇并构成碰撞局面，则（　　　）。

A. 渔船应给游艇让路　　　　　　　　B. 游艇应给渔船让路

C. 视当时情况而定　　　　　　　　　D. 互相避让

160. 游艇在海上航行中与回港的渔船相遇，并构成碰撞局面，则（　　　）。

1. 如对遇，则各自向右转向避让　2. 如交叉相遇，则在他船左舷的船舶向右转向避让

A. 1　　　　　　　　B. 2　　　　　　　　C. 1和2　　　　　　　　D. 1或2

161. 当你驾驶的机动船对两船相遇局面难以断定时，你最好是（　　　）。

A. 减速、停车或把船停住

B. 鸣放警告声号或使用灯光信号警告来船

C. 把自己当作让路船，并及时地采取大幅度的转向

D. 把自己当作直航船，并保向保速

162. 下列情况中，哪个是不能追越的（　　　）。

1. 浅水区　2. 转向点和航道弯曲狭窄处　3. 前方情况不明

A. 1　　　　　　　B. 2　　　　　　　C. 3　　　　　　　D. 1 ~ 3

163. 互见中，在航机动船表示我正在向右转向，应用（　　　）。

A. 一短声笛号或一闪灯号　　　　　　B. 两短声笛号或两闪灯号

C. 三短声笛号或三闪灯号　　　　　　D. 四短声笛号或四闪灯号

164. 游艇在能见度不良时应多长时间鸣放号笛一次（　　　）。

A. 1分钟　　　　　　B. 2分钟　　　　　　C. 3分钟　　　　　　D. 4分钟

165. 互见中，在航机动船表示我正在向左转向，应用（　　　）。

A. 一短声笛号或一闪灯号　　　　　　B. 两短声笛号或两闪灯号

C. 三短声笛号或三闪灯号　　　　　　D. 四短声笛号或四闪灯号

166. 互见中，在航机动船表示我正在向后转向，应用（　　　）。

A. 一短声笛号或一闪灯号　　　　　　B. 两短声笛号或两闪灯号

C. 三短声笛号或三闪灯号　　　　　　D. 四短声笛号或四闪灯号

167. 游艇在海上雾中航行时，应鸣放的雾号是（　　　）。

A. 一长声　　　　　　　　　　　　　B. 两长声

C. 三长声　　　　　　　　　　　　　D. 一长声、一短声、一长声

168. 船舶遇险信号，可以用（　　　）。

1. 以短的间隔，每次放一个抛射红星的火箭或信号弹　2. 船上的火焰（如从燃着的柏油桶、油桶等发出的火焰）　3. 两臂侧伸，缓慢而重复地上下摆动

A. 1　　　　　　　B. 2　　　　　　　C. 3　　　　　　　D. 1 ~ 3

169. 舷灯是指（　　　）。

1. 右舷的绿灯　2. 左舷的红灯

A. 1　　　　　　　B. 2　　　　　　　C. 1和2　　　　　　D. 1或2

170. 长度20 m以上的在航帆船应显示的号灯是（　　　）。

1. 2盏舷灯　2. 1盏尾灯　3. 2盏环照灯，上红下绿

A. 1　　　　　　　B. 2　　　　　　　C. 3　　　　　　　D. 1 ~ 3

171. 用帆行驶同时也用机器推进的船舶，应在前部易见处显示一个号型，应是（　　　）。

A. 一个圆锥体，尖端向下　　　　　　B. 一个圆锥体，尖端向上

C. 一个椭圆体　　　　　　　　　　　D. 一个圆柱体

172. 操纵信号，短声指（　　　）。

A. 历时约1秒的笛声   B. 历时约2～3秒的笛声

C. 历时约4～6秒的笛声   D. 历时约7～8秒的笛声

173. 操纵信号，长声指（　　　）。

A. 历时约1秒的笛声   B. 历时约2～3秒的笛声

C. 历时约4～6秒的笛声   D. 历时约7～8秒的笛声

174. 我国统一海上遇险求救电话是（　　　）。

A. 110   B. 119   C. 12 580   D. 12 395

175. 游艇蓄电池液体比重低于多少，需给蓄电池充电？（　　　）

A. 1.025   B. 1.125   C. 1.225   D. 1.325

176. 发动机运转但游艇只能前进稍许或停顿不前（　　　）。

1. 螺旋桨松动、打滑   2. 螺旋桨轴弯曲   3. 螺旋桨弯曲、断裂、失修或受阻

A. 1   B. 2   C. 3   D. 1-3

177. 游艇发动机启动后，多久更换一次燃料过滤器？（　　　）

A. 每月   B. 每季   C. 每半年   D. 每年

178. 游艇遇险急救遇险时，可拨打我国统一海上遇险求救电话（　　　）。

A. 12 395   B. 12 315   C. 12 345   D. 95 588

179. 游艇遇险急救遇险时，在不得已情况下，可（　　　）。

1. 利用反射镜方法发送求救信号   2. 利用向海水中投放染料方法发送求救信号

A. 1   B. 2   C. 1和2   D. 1或2

180. 起动马达不能起动，可能的原因是（　　　）。

1. 调挡杆未放在空挡位置   2. 电瓶与接线松脱或腐蚀   3. 保险丝熔掉

A. 1   B. 2   C. 3   D. 1～3

181. 什么情况下，需要给游艇蓄电池充电（　　　）。

1. 电解液比重低于1.225；2. 电压低于 12.4 V

A. 1   B. 2   C. 1和2   D. 1或2

182. 游艇蓄电池电压低于多少，需给蓄电池充电？（　　　）

A. 9.6   B. 12   C. 12.4   D. 24

183. 游艇使用柴油发动机比汽油发动机，优点有（　　　）。

1. 经济性好   2. 故障较少   3. 马力大

A. 1   B. 2   C. 3   D. 1～3

184. 游艇发动机使用多少小时后，宜用发动机内用除碳剂将燃烧室内的积炭清除（　　　）。

A. 每50小时   B. 每100小时   C. 每150小时   D. 每200小时

185. 游艇玻璃纤维表面需要涂上什么材料，能防止温度变化引起表面出现裂纹（　　　）。

A. 凡士林   B. 酒精   C. 机油   D. 柴油

186. 游艇发动机启动后，多久更换一次机油?（　　　）

A. 每50小时　　　　B. 每100小时　　　　C. 每150小时　　　　D. 每200小时

187. 游艇发动机启动后，多久更换一次齿轮油?（　　　）

A. 每50小时　　　　B. 每100小时　　　　C. 每150小时　　　　D. 每200小时

188. 游艇发动机启动后，多久更换一次空气过滤器?（　　　）

A. 每50小时　　　　B. 每100小时　　　　C. 每150小时　　　　D. 每200小时

189. 游艇发动机按安装类型分为（　　　）。

1. 舷内机　　2. 舷外机　　3. 喷射引擎

A. 1　　　　　　　B. 2　　　　　　　C. 3　　　　　　　D. 1~3

190. 游艇使用汽油发动机比柴油发动机，优点有（　　　）。

1. 体积小　　2. 噪声低　　3. 容易发动

A. 1　　　　　　　B. 2　　　　　　　C. 3　　　　　　　D. 1~3

191. 水型灭火器灭哪类型火灾好（　　　）。

A. 固体火灾　　　　B. 液体火灾　　　　C. 气体火灾　　　　D. 带电物体

192. 游艇一旦发生火灾就很难控制，灭火较为困难，什么因素影响游艇的灭火（　　　）。

1. 游艇结构紧凑　　2. 游艇空间较小　　3. 游艇装载有燃料油

A. 1　　　　　　　B. 2　　　　　　　C. 3　　　　　　　D. 1~3

193. 灭火器的种类很多，按其移动方式可分为（　　　）。

1. 手提式　　2. 推车式

A. 1　　　　　　　B. 2　　　　　　　C. 1和2　　　　　　D. 1或2

194. 游艇求生须知，自我保护应注意什么（　　　）。

1. 尽量降低恶劣环境的影响　　2. 注意裸身的危害

A. 1　　　　　　　B. 2　　　　　　　C. 1和2　　　　　　D. 1或2

195. 游艇求生须知，饮水供应应注意什么（　　　）。

1. 估计饮水状况，立即进行计划　　2. 实行定量供应　　3. 开始收集雨水

A. 1　　　　　　　B. 2　　　　　　　C. 3　　　　　　　D. 1~3

196. 游艇一旦遇险，应（　　　）。

1. 如手机还有信号，应立即拨打12395，向海事搜救中心求救　　2. 用VHF高频电话MAYDAY，MAYDAY的求救呼叫　　3. 发出一个SOS（求救信号）

A. 1　　　　　　　B. 2　　　　　　　C. 3　　　　　　　D. 1~3

197. 当游艇在海上遇险时，在白天，能见度比较好的情况下，哪种救生应急是最佳的选择?（　　　）

A. 烟火信号　　　　B. 海水染色　　　　C. 弃船　　　　　　D. 鸣笛

198. 游艇上的救生设备主要有（　　　）。

1. 救生圈　　2. 救生衣　　3. 救生筏

A. 1   B. 2   C. 3   D. 1 ~ 3

199. 救生圈的外表有（   ）。

1. 扶手索   2. 印刷有游艇名   3. 印刷有游艇籍港名

A. 1   B. 2   C. 3   D. 1 ~ 3

200. 救生衣是游艇上简便的救生工具，游艇上人员每人配备（   ）。

A. 两人合用一件   B. 一件   C. 二件   D. 三件

201. 游艇开航前的准备工作（   ）。

1. 检查燃油量   2. 量度机油量   3. 量度水位

A. 1   B. 2   C. 3   D. 1 ~ 3

202. 开航后注意事项（   ）。

1. 检查水温表   2. 检查电力系统   3. 检查油压、温度

A. 1   B. 2   C. 3   D. 1 ~ 3

203. 多长时间检查一次游艇蓄电池电量（   ）。

A. 一个月   B. 三个月   C. 六个月   D. 一年

204. 当环境温度低于20℃时，即使颤抖得再厉害，也将无法维持中心温度（   ）的稳定不变，此时体温开始下降。如继续浸泡下去就会出现致命的过冷现象。

A. 35℃（±0.5℃）   B. 36℃（±0.5℃）

C. 37℃（±0.5℃）   D. 38℃（±0.5℃）

205. 弃船入水时，尽可能不从（   ）米以上高度跳入冷水中，不得已时，应按正确姿态跳水，不应慌乱。

A. 5   B. 1   C. 2   D. 3

206. 入水后，应镇静，尽快搜寻并登上救生艇、筏或其他漂浮物以缩短浸水时间，人在水温低于0℃时，人浸于水中预期可生存的时间是（   ）。

A. 少于1/4小时   B. 少于3小时   C. 少于6小时   D. 少于12小时

207. 落水者在低温水中为了保存体温，应采取国际上有名的HELP姿势（注：HELP是HEAT ESCAPE LESSENING POSTURE：减少热量散失的姿势）。这种姿势是两腿弯曲并拢，两肘紧贴身旁，两臂交叉抱在救生衣前面。HELP姿势的优点（   ）。

1. 可大限度地减少身体表面暴露在冷水中；2. 能使头部、颈部尽量露出水面。

A. 1   B. 2   C. 1和2   D. 1或2

208. 检查心脏是否跳动，简易、可靠的是（   ）。

A. 颈动脉   B. 股动脉   C. 腕动脉   D. 颈静脉

209. 胸外按压的位置是胸骨中下交界处（   ）。

A. 1/2   B. 1/3   C. 1/4   D. 1/5

210. 使用止血带时，必须多久缓慢放松一次，直到看见红色血液流出为止（   ）。

A. 10分钟   B. 20分钟   C. 45分钟   D. 两个小时

211. 落水者暴露在寒冷水中，如果缺乏必要的知识而后所采取措施不当，常可于

（　　）之内被冻毙。

　　A. 数分钟　　　　　B. 数小时　　　　　C. 数日　　　　　D. 数月

212. 船艇紧急情况的分类有（　　）。

　　1. 火灾和海损类　2. 机损和污染类　3. 人身安全类

　　A. 1　　　　　　　B. 2　　　　　　　C. 3　　　　　　　D. 1 ~ 3

213. 游艇发生火灾，艇员发现后应（　　）。

　　1. 立即发出火警　2. 用VHF频道发出火警报告通知会所　3. 立即报告海事部门

　　A. 1　　　　　　　B. 2　　　　　　　C. 3　　　　　　　D. 1 ~ 3

214.《海上交通事故报告书》应当如实写明（　　）。

　　1. 船舶、设施概况和主要性能数据　2. 船舶、设施所有人或经营人的名称、地址　3. 事故发生的时间、地点、发生的气象和海况

　　A. 1　　　　　　　B. 2　　　　　　　C. 3　　　　　　　D. 1 ~ 3

215. 救助落水者时，大船应在落水者的哪舷？（　　）

　　A. 上风舷　　　　　B. 下风舷　　　　　C. 左舷　　　　　D. 右舷

216. 救助落水者时，救助艇调整到落水者什么位置？（　　）

　　A. 上风　　　　　　B. 下风　　　　　　C. 四周　　　　　D. 无法确定

217. 口对口人工呼吸中，每次吹气间隔是（　　）秒？

　　A. 3　　　　　　　B. 5　　　　　　　C. 1　　　　　　　D. 1.5

218. 哪种海上求救信号，在晚间或雾中和救援人员联系好？（　　）

　　A. 用哨声与他人联系　　　　　　　　B. 海水染色的标记

　　C. 挥舞衣服　　　　　　　　　　　　D. 搅动水面

219. 稳向板帆艇的特点是（　　）。

　　A. 船体轻、设备简单　　　　　　　　B. 易于制造

　　C. 可在浅水中驶帆　　　　　　　　　D. 操作比较困难

220. 属于桅的各部分名称是（　　）。

　　A. 桅顶　　　　　　B. 桅根　　　　　　C. 桅基　　　　　D. 以上都是

221. 拉帆索是用于（　　）。

　　A. 收帆　　　　　　B. 控制状态　　　　C. 张帆　　　　　D. 固定

222. 不属于帆肋扣板的作用是（　　）。

　　A. 固定帆根　　　　B. 增强强度　　　　C. 升降帆　　　　D. 收缩扩张帆

223. 移动式滑环的作用是（　　）。

　　A. 控制帆高度　　　B. 控制帆收张　　　C. 调节帆位　　　D. 都不对

224. 当升帆并使帆面与真风向成一夹角时，帆面两侧的空气流动速度将会产生差异，迎风面的空气流速比背风面的流速（　　）。

　　A. 一样　　　　　　B. 快　　　　　　　C. 慢　　　　　　D. 不确定

225. 帆杆稳索在帆船（　　），行驶时控制帆杆的（　　），以保证安全。

A. 逆风偏转速度 B. 迎风偏转速度

C. 逆风偏转量 D. 迎风偏转量

226. 驶帆索是一根较短的纤维绳，用来固定帆（　　　），使帆面沿帆杆方向（　　　）。

A. 下梢张开 B. 上梢收缩 C. 下梢收缩 D. 上梢张开

227. 关于主帆帆脚索组合及其作用，正确的是（　　　）。

A. 绳索调整主帆位置 B. 一个滑轮调整主帆位置

C. 一滑车组调整主帆位置 D. 一滑轮组固定帆下梢

228. 帆船在驶帆过程中，使船暂时停滞或横移而不作显著前进或后退运动的技术称（　　　）。

A. 顺风驶帆 B. 逆风驶帆 C. 横走 D. 横风驶帆

229. 对双帆的帆船来说，主帆作用力中心通常在帆船阻力中心的（　　　）。

A. 前方 B. 后方 C. 重合 D. 不确定

230. 在相同条件下偏顺风驶帆与横风驶帆不同的是（　　　）。

A. 偏顺风驶帆时的帆船航速较快，向下风横移较多

B. 偏顺风驶帆时的帆船航速较慢，向下风横移较少

C. 偏顺风驶帆时的帆船航速较慢，向下风横移较多

D. 偏顺风驶帆时的帆船航速较快，向下风横移较少

231. 逆风行驶时，帆位角是依据风向角来确定的，帆位角（　　　）则推力（　　　）。

A. 偏小不变 B. 偏小减小 C. 偏大减小 D. 偏大增大

232. 在帆船航向与风力一定时，若是顺风驶帆，因风向与航向基本一致时，使用大帆位角时（　　　）。

A. 艇速最快，横移量最小 B. 艇速最快，横移量最大

C. 艇速最慢，横移量最小 D. 艇速最慢，横移量最大

233. 逆风驶帆时如果风向角过（　　　）则航速很（　　　）。

A. 小快 B. 小慢 C. 大快 D. 大慢

234. 帆船航行，顶风指的是（　　　）。

A. 从艇首左右 0°～10° 范围内吹来的风

B. 从艇首左右 10°～80° 范围内吹来的风

C. 从艇首左右 80°～100° 范围内吹来的风

D. 从艇首左右 100°～170° 范围内吹来的风

235. 帆船航行，横风指的是（　　　）。

A. 从艇首左右 0°～12° 范围内吹来的风

B. 从艇首左右 10°～82° 范围内吹来的风

C. 从艇首左右 80°～102° 范围内吹来的风

D. 从艇首左右 100°～172° 范围内吹来的风

236. 帆船航行，偏顺风指的是（　　　）。

A. 从艇首左右 0° ~ 13° 范围内吹来的风

B. 从艇首左右 10° ~ 83° 范围内吹来的风

C. 从艇首左右 80° ~ 103° 范围内吹来的风

D. 从艇首左右 100° ~ 173° 范围内吹来的风

237. 帆船航行，顺风指的是（　　　　）。

A. 从艇首左右 0° ~ 14° 范围内吹来的风

B. 从艇首左右 10° ~ 84° 范围内吹来的风

C. 从艇首左右 80° ~ 104° 范围内吹来的风

D. 从艇尾左右 170° ~ 180° 范围内吹来的风

238. 龙骨帆船艇长一般多少？（　　　　）

A. 3.0 ~ 5.5 m   B. 6.50 ~ 22.0 m

C. 23.5 ~ 27.0 m   D. 28.0 ~ 32.5 m

239. 哪个方向角，帆船不能使帆？（　　　　）

A. 顶风   B. 横风   C. 顺风   D. 偏顺风

240. 有关航行风说法错误的是（　　　　）。

A. 因帆船航行所产生的风   B. 其风向与航行方向相反

C. 其风向与航行方向相同   D. 风速与艇速相等

241. 当帆船需从P地驶向位于其顶风方向的A地时，应采用何种航法？（　　　　）

A. C行航法   B. Z行航法   C. L行航法   D. 不能航行到达

242. 有关顶风的风向角大小说法正确的是（　　　　）。

A. 0° ~ 30°   B. 0° ~ 10°   C. 40° ~ -90°   D. 170° ~ 180°

243. 有关横风的风向角大小说法正确的是（　　　　）。

A. 0° ~ 20°   B. 20° ~ 60°   C. 80° ~ 100°   D. 100° ~ 170°

244. 有关顺风的风向角大小说法正确的是（　　　　）。

A. 0° ~ 10°   B. 10° ~ 80°   C. 80° ~ 100°   D. 170° ~ 180°

245. 驶帆时，为了能充分利用帆面积和风力来得到大的帆动力，以保证帆船既能按预定的航向行驶，又能大限度地减小帆船的横倾，达到平稳航行的目的，而把艇员分布到（　　　　）。

A. 上风舷   B. 下风舷   C. 船中   D. 船尾

246. 帆船航行，偏逆风（偏顶风）指的是（　　　　）。

A. 从艇首左右 0° ~11° 范围内吹来的风

B. 从艇首左右 10° ~81° 范围内吹来的风

C. 从艇首左右 80° ~101° 范围内吹来的风

D. 从艇首左右 100° ~171° 范围内吹来的风

247. 不属于桨的各部分名称是（　　　　）。

A. 桨顶   B. 桨中   C. 桨跟   D. 桨基

248. 对于清洁帆及各索具，用的是（　　　）。

A. 酸性　　　　　　B. 碱性　　　　　　C. 淡水　　　　　　D. 海水

249. 帆船前进速度的快慢与（　　　）有关。

A. 风力大小　　　B. 风向角的大小　　C. 帆位角大小　　D. 都有关

250. 下列情况不能使帆是（　　　）。

A. 顺风　　　　　　B. 逆风　　　　　　C. 逆风逆流　　　　D. 顺风顺流

251. 当行驶时遇到帆杆折断时应采取（　　　）。

A. 可把钩篙等物用绳索绑扎在折断处

B. 应使船首顶风或落帆，待接好或替换后再升帆继续驶帆

C. 立即松开帆脚索，并迅速用舵，使船首顶风或调椅使另一舷支索受力，待接好折断的支索后再恢复原航向继续航行

D. 应迅速将帆收入船内，落下桅杆，待接好升帆索后再立桅升帆

252. 每（　　　）个月应检查一次帆及帆的各组成部分，尤其是老化情况。

A. 3　　　　　　　　B. 4　　　　　　　　C. 6　　　　　　　　D. 12

253. 对手动或电动绞盘一般应每（　　　）个月进行一次全面检查、清洁，对需润滑的应加油润滑。

A. 1　　　　　　　　B. 3　　　　　　　　C. 4　　　　　　　　D. 6

参考答案

第一部分　是非题

1. √　2. √　3. √　4. √　5. √　6. ×　7. √　8. √　9. √　10. ×　11. √　12. √

13. ×　14. √　15. √　16. √　17. √　18. √　19. ×　20. ×　21. √　22. √

23. ×　24. √　25. √　26. √　27. √　28. √　29. √　30. √　31. √　32. √

33. √　34. √　35. √　36. √　37. √　38. √　39. √　40. √　41. √　42. ×

43. √　44. √　45. √　46. ×　47. √　48. ×　49. √　50. √　51. √　52. √

53. ×　54. √　55. √　56. √　57. √　58. √　59. √　60. √　61. √　62. ×

63. √　64. ×　65. √　66. ×　67. √　68. √　69. √　70. √　71. √　72. √

73. √　74. √　75. √　76. ×　77. √　78. ×　79. √　80. √　81. ×　82. √

83. √　84. √　85. √　86. √　87. √　88. √　89. √　90. √　91. √　92. √

93. ×　94. √　95. ×　96. √　97. √　98. √　99. ×　100. √　101. √　102. ×

103. √　104. √　105. √　106. √　107. √　108. √　109. √　110. √　111. √

112. √　113. √　114. √　115. √　116. √　117. √　118. √　119. √　120. ×

121. √ 122. × 123. × 124. × 125. √ 126. √ 127. √ 128. √ 129. √
130. √ 131. √ 132. √ 133. √ 134. × 135. × 136. √ 137. √ 138. ×
139. √ 140. × 141. √ 142. √ 143. × 144. √ 145. √ 146. √ 147. ×
148. × 149. √ 150. √ 151. × 152. × 153. × 154. √ 155. √ 156. √
157. √

第二部分　选择题

1. A　2. B　3. C　4. D　5. A　6. C　7. A　8. D　9. B　10. B　11. A　12. C　13. A
14. D　15. B　16. B　17. B　18. D　19. D　20. B　21. B　22. D　23. D　24. A　A
25. A　26. D　27. C　28. A　29. B　30. B　31. B　32. D　33. C　34. B　35. D　D
36. A　37. B　38. A　39. B　40. B　41. B　42. C　43. A　44. C　45. A　46. C
47. B　48. B　49. A　50. A　51. C　52. B　53. B　54. A　55. B　56. A　57. A
58. B　59. A　60. A　61. C　62. C　63. C　64. C　65. D　66. D　67. D　68. D
69. C　70. B　71. B　72. C　73. D　74. B　75. C　76. C　77. B　78. A　79. C
80. B　81. D　82. C　83. A　84. D　85. D　86. B　87. B　88. B　89. B　90. A
91. D　92. C　93. A　94. C　95. D　96. D　97. A　98. A　99. C　100. A　101. A
102. D　103. A　104. A　105. C　106. B　107. A　108. B　109. A　110. A　111. C
112. B　113. C　114. D　115. D　116. A　117. A　118. A　119. D　120. B　121. D
122. D　123. A　124. D　125. C　126. B　127. C　128. B　129. C　130. A　131. C
132. D　133. A　134. B　135. B　136. B　137. D　138. A　139. C　140. B　141. D
142. C　143. D　144. A　145. B　146. D　147. C　148. D　149. C　150. A　151. C
152. C　153. C　154. D　155. C　156. D　157. C　158. A　159. B　160. C　161. A
162. D　163. A　164. B　165. B　166. C　167. A　168. D　169. C　170. D　171. A
172. A　173. C　174. D　175. C　176. D　177. D　178. A　179. D　180. D　181. C
182. C　183. D　184. B　185. A　186. B　187. D　188. D　189. C　190. D　191. A
192. D　193. C　194. C　195. D　196. D　197. A　198. D　199. D　200. B　201. D
202. D　203. B　204. C　205. A　206. A　207. D　208. A　209. B　210. C　211. A
212. D　213. D　214. D　215. A　216. B　217. D　218. A　219. D　220. D　221. B
222. D　223. C　224. C　225. B　B　226. A　A　227. C　228. C　229. B　230. D
231. C　C　232. A　233. B　B　234. A　235. C　236. D　237. D　238. B　239. A
240. C　241. B　242. B　243. C　244. D　245. A　246. B　247. B　248. C　249. D
250. C　251. A　252. A　253. B